Studien zu Kinder- und Jugendliteratur und -medien

Band 14

Reihe herausgegeben von

Ute Dettmar, Frankfurt am Main, Deutschland
Petra Josting, Bielefeld, Deutschland
Caroline Roeder, Ludwigsburg, Deutschland

Die Kinder- und Jugendliteraturforschung hat sich seit ihrer Etablierung an den Universitäten in den 1960er-Jahren zu einer eigenständigen Disziplin der Literaturwissenschaft entwickelt. Angesichts der (inter- und trans-)medialen Entwicklungen im Erzählen und der zunehmenden Adaptionen kinder- und jugendliterarischer Stoffe (Filme, Serien, Hörbücher, Apps etc.) ist insbesondere auch eine (inter-)disziplinäre Weiterentwicklung in Richtung Medienwissenschaften notwendig. Die kulturwissenschaftliche Wende in den Geistes- und Sozialwissenschaften erfordert eine methodische Weiterentwicklung und eine konzeptionelle Öffnung des Forschungsfeldes, die aktuelle theoretische Positionen und Diskurse aufgreift. Die Reihe widmet sich diesen Forschungsfragen in Monographien und Sammelbänden.

Andre Kagelmann · Heidi Lexe · Christine Lötscher
(Hrsg.)

Körper erzählen

Embodiment in Kinder- und Jugendmedien

1682
J.B. METZLER

Hrsg.
Andre Kagelmann
Arbeitsstelle für Kinder- und Jugendmedienforschung (ALEKI)
Universität zu Köln
Köln, Deutschland

Heidi Lexe
Studien- und Beratungsstelle für Kinder- und Jugendliteratur (STUBE)
Wien, Österreich

Christine Lötscher
ISEK – Populäre Literaturen und Medien
Universität Zürich
Zürich, Schweiz

ISSN 2524-8634 ISSN 2524-8642 (electronic)
Studien zu Kinder- und Jugendliteratur und -medien
ISBN 978-3-662-69254-7 ISBN 978-3-662-69255-4 (eBook)
https://doi.org/10.1007/978-3-662-69255-4

Die Deutsche Nationalbibliothek verzeichnet diese Publikation in der Deutschen Nationalbibliografie; detaillierte bibliografische Daten sind im Internet über https://portal.dnb.de abrufbar.

Planung/Lektorat: Oliver Schütze
J.B. Metzler ist ein Imprint der eingetragenen Gesellschaft Springer-Verlag GmbH, DE und ist ein Teil von Springer Nature.
Die Anschrift der Gesellschaft ist: Heidelberger Platz 3, 14197 Berlin, Germany

Vorwort oder *Körper erzählen. Embodiment in Kinder- und Jugendmedien*

Unter dem Titel Körper*haltungen* setzte es sich die 34. Tagung der Gesellschaft für Kinder- und Jugendliteraturforschung (GKJF e. V.) von 26. bis 28. Mai 2022 in Wien zum Ziel, die vielfältigen Narrativierungen, Inszenierungen und (Re-) Präsentationen von Körper und Körperlichkeit in Kinder- und Jugendmedien zu perspektivieren. Dabei wurden sowohl faktuale Werke in den Blick genommen, die menschliche und/oder animale Körper sachorientiert diskursivieren, als auch erzählende Kinder- und Jugendmedien und die in diesen eingeschriebenen Varianten des Embodiment zum Bezugspunkt unterschiedlicher Untersuchungen gemacht. Übergreifend konnte festgehalten werden, dass die Narration von Körper und Körperlichkeit genrespezifisch inszeniert wird und sich von sexualmoralischen (Selbst-)Beschränkungen der Kinderliteratur über die Vielfalt der Körperentdeckung in Aufklärungsbüchern bis hin zu Tabuisierungen erstreckt; sie reicht über Normierungen von Sexualität und deren emanzipatorische Infragestellung bis hin zu adoleszenten Normtransgressionen. All-Age-Medien und die Fantastik erweitern diese Variationsbreite durch Figurationen toter oder untoter Körper sowie durch auf den Körper fokussierte Mensch-Tier-Beziehungen.

Dem Körper sind in all diesen Formvarianten hybride Einschreibungen eigen: Er ist einerseits ein Ort des Privaten, der Intimität, der Selbsterfahrung. Edmund Husserl spricht vor diesem Hintergrund in seinen „Ideen zu einer reinen Phänomenologie und phänomenologischen Philosophie" (1922/2009) vom Leib als „Nullpunkt der Orientierung". Von diesem Leib aus entwirft sich der Mensch, definiert oben und unten, links und rechts. Körper werden somit selbst zum Erzählraum, an dem sich Lebenserfahrungen ablesen lassen – durch Lachfalten, Hautveränderungen, Narben oder Tätowierungen. Gerade deshalb ‚zeigt' sich der Körper niemals unabhängig von politischen, sozialen und gesellschaftlichen Diskursen, wie Sarah Ahmed in „Queer Phenomenology. Orientation, Objects, Others" (2006) herausgearbeitet hat; er wird diskursiv hervorgebracht und dieserart zum Austragungsort politischer Debatten. Der Körper wird also medial inszeniert, vermarktet und sexualisiert; er wird zum Schauplatz sozialer (Selbst-) Inszenierungen und zur Projektionsfläche fremder und eigener Erwartungshaltungen. Dies zeigt sich besonders prominent am Diskurs über die (gesellschaftliche) Hervorbringung von Geschlecht, über das Verhältnis von *sex* und *gender*, der auch in kinder- und jugendmedialen Werken thematisiert und durch sie performiert wird.

Darüber hinaus hat das Spannungsfeld von Körper (*soma*) und Zeichen (*sema*) seinen diskursiven Niederschlag im Feld der allgemeinen Literatur darin gefunden, dass die Zeichenhaftigkeit eines Textes immer wieder gegen die Performativität des Körpers ausgespielt wurde und wird. Dass allerdings Körper und Text symbiotisch zusammenspielen (können), ist eine spezifische Beschaffenheit kinder- und jugendliterarischer Werke – finden Verkörperungen hier doch nicht ausschließlich auf der Handlungsebene von Texten statt, sondern auch durch die vielfältigen Gestaltungsformen, die Varianten der Bild-Text-Interdependenz und die Materialität der Buchkörper.

Gegliedert in vier Kapitel geben die Beiträge dieses Sammelbandes Einblick in ein thematisch und formal breit aufgefächertes Spektrum kinder- und jugendmedialen Embodiments. Eröffnet wird der Band unter der Überschrift **„Körper oder Normierungen / De-Kategorisierungen / Performances“** mit einem Beitrag von Caroline Roeder: „Peinlichkeit und Pirouetten. Leibeserziehung in Kindheit und Jugend erzählenden Texten“ untersucht diachron Körper-Inszenierungen im Kontext des Turnunterrichts in exemplarischen literarischen Werken über Kindheit und Jugend. Ausgehend von Rilkes *Die Turnstunde* (1902) werden zunächst restriktive und disziplinierende Körperpraktiken und Haltungen aufgezeigt. Vor dieser Folie stellt der Beitrag zwei aktuelle kinderliterarische Texte vor und exemplifiziert abschließend anhand der Graphic Novel *Pirouetten* (2018) von Tillie Walden subversive und widerständige Haltungen sowie textuelle Körperformationen.

Der Beitrag von Claudia Sackl, „Den Körper per_formen. Verschränkungen von Physis, Persona und Poetik im (jugendliterarischen Schreiben über) Spoken-Word“, widmet sich dem performativen Genre des gesprochenen Wortes und untersucht zunächst, unter anderem auf der Basis von Werken Elizabeth Acevedos, wie Texte ihre jeweiligen multimodalen Ressourcen nutzen, um die Beziehung zwischen der fiktiven Person und dem Körper der Dichter:in/Darsteller:in auszuhandeln. In einem zweiten und dritten Schritt werden die performative Situation der (fiktiven und realen) künstlerischen Produktion sowie die Verflechtungen zwischen (der jugendlichen) Identitätssuche und intersektionalen Formen der Diskriminierung ausgelotet.

Johannes Mayer widmet sich daran anschließend in seinem Beitrag „Der andere Körper“ der „Inszenierung, Wahrnehmung und (De)Kategorisierung von Körpern und Körperlichkeit im Kinder- und Jugendtheater.“ Ausgehend von der Feststellung, dass das Theater insbesondere für junge Menschen ein zentraler Ort sei, an dem Erzählungen geteilt und Emotionen kommuniziert würden, untersucht er die Inszenierung und Wahrnehmung von Körpern und Verkörperungen. Zudem eruiert er, wie (Ent-)Kategorisierungsprozesse dazu beitragen können, gesellschaftliche Normen und Zuschreibungspraktiken zu hinterfragen und auf diese Weise verhandelbar zu machen.

Das zweite Kapitel **„Körper** oder **Einschreibungen / Markierungen / Entgrenzungen“** wird mit dem Beitrag von Julia Benner „Geschichten, die unter die Haut gehen. Narrationsindizierende Tattoos in Alice Broadways *Ink*-Trilogie“ eröffnet. Um das speziell literarische Potenzial von Tattoos herausarbeiten zu können, befasst sich Benner zunächst übergreifend mit der Tradition des Tätowierens in europäisch geprägten Gesellschaften und mit der damit lange verbundenen sozialen Abwertung. Ergänzend werden Grundannahmen der kulturwissenschaftlichen *Tattoo Studies* erzähltheoretisch beleuchtet. In einem dritten Schritt wird eine Verknüpfung zwischen *Tattoo Studies* und Kinder- und Jugendliteratur hergestellt und am Beispiel von Alice Broadways *Ink*-Trilogie (2017–2019) danach gefragt, wie Tätowierungen literarisch imaginiert werden können.

Maren Conrad arbeitet in ihrem Beitrag „(Nicht-)Markierte Körper. Beobachtungen zum Potenzial eines weiten Inklusionsbegriffes in der Kinder- und Jugendliteraturforschung“ heraus, inwieweit ein umfassender Inklusionsbegriff aus literaturwissenschaftlicher Perspektive mehr sein kann als eine Analyse von Szenen protonormalistischer Ausgrenzung sowie ästhetischer Kategorien und Motivkomplexe wie „Krankheit“ und „Störung“. Der auch dem Fachgebiet der literarischen Behinderungsforschung zuzurechnende Beitrag fokussiert dabei diachron das Konzept der (nicht)markierten Körper als einer alternativen Textstruktur, die dazu befähigt, eine Erfahrung der Diversifizierung und Handlungsfähigkeit sowie eine Annäherung an einen flexiblen Normalismus zu inszenieren.

Julia Boog-Kaminski analysiert in ihrem Beitrag „Drängen, Fallen, Platzen – Menschenfresser:innen im Bilderbuch“ das Motiv des Kannibalismus in der Kinder- und Jugendliteratur Kannibalismus in der Kinder- und Jugendliteratur anhand zweier Bilderbuch-Beispiele. Sowohl *Die Menschenfresserin* (1996) von Valérie Dayre (Text) und Wolf Erlbruch (Illustration) als auch *Die unglaubliche Geschichte des Herrn Fliege* (2006) von Maja Bohne zeigen Protagonist:innen, die zu Monstern werden. Der Beitrag argumentiert, dass diese monströsen Wesen aufgrund ihres Habitus weder als eindeutige Identifikationsfiguren noch als Anti-Held:innen lesbar sind. Vielmehr verkörpern sie einen sich ewig im Wandel befindenden, vertilgenden und auswerfenden Organismus, der nicht von seiner (zivilisierten) Umgebung zu trennen ist.

Das dritte Kapitel **„Körper** oder **Kollektive / Sozionarrative / Transformationen“** wird von Dariya Manovas Beitrag zu „Banden, Crews und Cliquen. Kollektive Körper der Adoleszenz“ eröffnet, der vor dem Hintergrund individueller körperlicher Reifungsprozesse und ihrer literarischen Diskursivierung in Coming-of-Age-Erzählungen nach den Möglichkeiten, Facetten und Ausprägungen einer kollektiven jugendlichen Körperlichkeit in der Repräsentation von Banden, Crews und Cliquen als transitorischen Kollektiven fragt. Am Beispiel von Angela Lehners *2001* (2021) und Sarah Jägers *Die Nacht so groß wie wir* (2021) wird das prekäre Verhältnis zwischen Gruppe(nidentität) und Individuum beleuchtet – im Sinne eines ersten Mosaiksteins einer Literaturgeschichte der Jugendbande.

Anna Stemmann untersucht in ihrem Beitrag „Wut und Weiblichkeit. Der Körper als Zeichenträger von Alteritätserfahrungen“, wie sich Geschlecht, Wut,

Gewalt und das Erleben von Alterität in der Darstellung des Körpers durchdringen. Im Mittelpunkt der Überlegungen steht die Inszenierung von zwar weiblich gelesenen, sich jedoch von traditionellen Geschlechternormen abgrenzenden Charakteren in den Romanen *Ellbogen* von Fatma Aydemir (2017) und *Scherbenpark* von Alina Bronsky (2008). Die prozesshaft erzählten Konflikte erfahren in beiden Romanen ihre Konturierung durch den Migrationshintergrund der Protagonistinnen und schaffen dieserart eine intersektionale Verknüpfung interkultureller Konflikte und körperbestimmter, adoleszenter Erfahrungen.

Astrid Henning-Mohr wiederum widmet sich in ihrem Beitrag „Vom Sprechen der Wale: Die Stimme des Körpers im Wandel" nicht-menschlichen Figuren. Aus intertextueller Perspektive nimmt sie Transformationen von Herman Melvilles ‚Walkonstrukt' *Moby Dick* (1851) in den Texten *Und der Ozean war unser Himmel* von Patrick Ness und Rovina Cai (2021) sowie in Luis Sepúlvedas *Der weiße Wal erzählt seine Geschichte* (2020) in den Blick. Vor dem Hintergrund der Animal Studies untersucht sie Textstrategien, durch die der Wal als stimmhafte Existenz mit dem Sprechen über das Unbekannte verknüpft wird. Körpervermessungen des Wals führen vor diesem Hintergrund zu einer Konstruktion und De-Konstruktion der Walkörper, die zu einem transformierten Echo des Prätextes werden und in einem intertextuellen Gedächtnisraum eine moderne Mensch-Tier-Beziehungen bestimmende *Otherness* diskursiv hervorbringen.

Das den Band abschließende vierte Kapitel **„Körper** oder **Sexualisierung / Gewalt / (Un-)Doing Gender"** wird mit dem Beitrag von Stefanie Jakobi „Unbehagliche weibliche Körper? Inszenierung gegenderter Körper in Cara Delevingnes *Mirror, Mirror* (2017)" eröffnet. Anhand des populärliterarischen Romans werden die Interdependenzen von gegenderten Körpern und körperlicher Gewalt untersucht, um damit einen Zusammenhang von Exploitation und didaktischem Potenzial des Textes anzureißen. Ästhetische Strategien sowie einzelne Privilegierungen im Figurengefüge zeigen einen Modus der Gefährdung von explizit weiblich markierten Körpern und ein damit verbundenes ‚Unbehagen' im Rahmen adoleszenter Entwicklungsaufgaben.

Daran anschließend untersucht Nadine Seidel in ihrem Beitrag „Zur Darstellung von Figuren jenseits binärer Geschlechterzugehörigkeit im Bilderbuch" Werke, in denen Figuren entweder mit nicht-binärer oder ohne geschlechtliche Markierungen narrativiert werden. Dabei fokussiert sie literarische Inszenierungsstrategien sowie das diesen zugrunde liegende Geschlechterverständnis. Zudem wird, bezogen auf ein Korpus exemplarischer Bilderbücher, danach gefragt, ob die bild- sowie verbalsprachlichen Codes Subtexte über Geschlecht evozieren, mit denen Prozesse des *Otherings* einhergehen können.

Carla Plieth analysiert in ihrem Beitrag „Drohende Finger, dunkle Schatten und trostspendende Kuscheltiere: Zur Visualisierung sexualisierter Gewalt im Bilderbuch" Werke, die in therapeutischer Sekundär- und Tertiärprävention eingesetzt werden. Dabei stellt sie unter besonderer Berücksichtigung räumlicher Figureninszenierungen, unterschiedlicher Perspektiven und Darstellungsmuster symbolischer Körper fest, dass der verbale Text Übergriffe expliziter beschreibt als der visuelle. In den Illustrationen hingegen wird eher das Machtungleichgewicht zwischen Kind und Täter:in sowie der Missbrauch dieser Macht betont.

Abgeschlossen wird der Band mit einem Beitrag von Florenz Gilly, Unter dem Titel „Blüten der Identitätspolitik? Körperbilder und Bilderbuchkörper in der neuen Aufklärungsliteratur für Kinder“ widmet er sich dem Sachbuch und analysiert eine Reihe von Aufklärungsbüchern, die aktuelle identitätspolitische Debatten spiegeln. Er zeigt, dass die untersuchten Werke nicht nur das Ziel verfolgen, Körperwissen zu kompilieren oder die Kinder in Akzeptanz fremder und eigener Körper(bilder) zu schulen, sondern auch darauf abzielen, sexuelle Kompetenzen zu vermitteln. Vor dem Hintergrund dieser Kontexte konstatiert der Beitrag, dass die Inszenierung von Vielfalt und Inklusion zwar an der Oberfläche der Texte ‚paradigmatisch‘ sei, damit jedoch nicht das Ende von (Körper-) Normierungen einhergehe.

Unser Dank als Herausgeber:innen gilt allen Beiträger:innen sowie dem Bibliothekar der ALEKI, Thomas Fischer, für seine umfassenden bibliographischen Korrekturen und Andrea-Luca Bossard für die Durchsicht der Beiträge.

Köln
Wien
Zürich
im Herbst 2024

Andre Kagelmann
Heidi Lexe
Christine Lötscher

Inhaltsverzeichnis

Körper oder Kollektive / Sozionarrative / Transformationen

Körper oder Sexualisierung / Gewalt / (Un-)Doing Gender

Autorinnen und Autoren

Die Herausgeberinnen und der Herausgeber

Andre Kagelmann, Dr., ist Geschäftsführer der Arbeitsstelle für Kinder- und Jugendmedienforschung (ALEKI) an der Universität zu Köln. Er ist Vorstandsmitglied der Gesellschaft für Kinder- und Jugendliteraturforschung (GKJF e. V.). Seine aktuellen Forschungs- und Lehrschwerpunkte liegen in den Bereichen Kinder- und Jugendmedien, Erinnerungskultur und ‚Baseballschlägerjahre'.

Heidi Lexe, Dr., ist Leiterin der Studien- und Beratungsstelle für Kinder- und Jugendliteratur (STUBE) in Wien und Lehrbeauftragte für Kinder- und Jugendliteratur am Institut für Germanistik der Universität Wien. Forschungsschwerpunkte sind Österreichische Kinder- und Jugendliteratur und die Motivik der Kinder- und Jugendliteratur im intertextuellen und intermedialen Kontext.

Christine Lötscher, Dr., ist Professorin für Populäre Literaturen und Medien mit Schwerpunkt Kinder- und Jugendmedien am ISEK – Populäre Kulturen der Universität Zürich. Forschungsschwerpunkte sind Populäre Genres, Klima- und Biodiversitätsnarrative sowie neue Lese- und Schreibkulturen auf Social Media.

Die Autorinnen und Autoren

Julia Benner, Dr., ist Professorin für Neuere deutsche Literatur/Kinder- und Jugendliteratur und -medien an der Humboldt-Universität zu Berlin. Forschungsschwerpunkte sind (Kinder- und Jugend-) Literatur des Exils, kolonialistische Kinder- und Jugendliteratur, historische Kinder- und Jugendmedien, Bilderbuch.

Julia Boog-Kaminski, Dr., ist seit 2017 wissenschaftliche Mitarbeiterin und seit 2023 stellvertretende Direktorin am *ifk – Internationales Forschungszentrum*

Kulturwissenschaften. Sie promovierte an der Universität Hamburg mit einer Arbeit zum *Witz der Differenz* in der interkulturellen Literatur. Zurzeit arbeitet sie an einer Habilitation im Bereich der Kinder- und Jugendkultur mit dem Titel: *Kinderfressen – Eine Urphantasie*.

Maren Conrad, Dr., ist Professorin für Kinder- und Jugendliteratur und ihre Didaktik am Institut für deutsche Sprache und Literatur II der Universität zu Köln und leitet dort die Arbeitsstelle für Kinder- und Jugendmedienforschung (ALEKI). Ihre Forschungsschwerpunkte sind Inklusion und Diversität in der Kinderliteratur, engagierte Utopien sowie digitale und multimodale Formate/Literaturen.

Florenz Gilly, M.A., ist Literaturwissenschaftler und freier Journalist aus Berlin. Aktuell Studium der Humanmedizin in Wien. Auftragsarbeiten für diverse Medienoutlets, inkl. Der Tagesspiegel, Deutschlandfunk Kultur, RBB und das Goethe-Institut. Realisierte Podcastprojekte (Auswahl): DINGSDABUMSDA, microform, Anthropocene Soundscapes und THIS is Ithaca. Forschungsinteressen sind Geschichte populärer Text-Bild-Medien, *Medical Humanities*, Sexualwissenschaft.

Astrid Henning-Mohr, Dr., ist wissenschaftliche Mitarbeiterin am Institut für Jugendbuchforschung der Goethe-Universität Frankfurt/Main, Arbeits- und Forschungsschwerpunkte sind Literarische Mehrsprachigkeit, (historische) Kinder- und Jugendliteratur, Identitätsbildung in der Literatur.

Stefanie Jakobi, Dr., Universität Bremen, ist Lektorin am Arbeitsbereich Kinder- und Jugendliteratur/ und -medien. Ihre Arbeits- und Forschungsschwerpunkte sind: Transmediale und transgenerische Narratologie sowie intersektionale Fragestellungen im Bereich Kinder- und Jugendmedien.

Dariya Manova, ist Assistenzprofessorin für Neuere deutsche Literatur mit dem Schwerpunkt Jugend- und Popkultur am Institut für Germanistik der Universität Wien. Zu ihren Forschungsinteressen zählen Literatur der Zwischenkriegszeit, Literatur und Stoffgeschichte, Geschichte und Theorie des Populären sowie die Literaturgeschichte der Jugend.

Johannes Mayer, Dr., ist Professor für Germanistische Literaturwissenschaft mit dem Schwerpunkt Literaturdidaktik an der Goethe-Universität Frankfurt. Neben dem Kinder- und Jugendtheater sind seine Forschungsschwerpunkte gesprächsförmige und theatrale Inszenierungen im Literaturunterricht, Inklusion sowie die Professionalisierung von Lehrpersonen.

Carla Plieth, Dr., ist wissenschaftliche Mitarbeiterin am Institut für Sprach- und Literaturwissenschaft der Technischen Universität Darmstadt. Forschungsschwerpunkte sind internationale Kinder- und Jugendliteratur und -medien, sozialpolitische Diskurse mit Fokus auf Darstellungen von Geschlecht und (sexueller) Gewalt, multimodale Narrative.

Caroline Roeder, Dr., ist Professorin für Literaturwissenschaft und Literaturdidaktik mit Schwerpunkt Kinder- und Jugendliteratur und ihre Medien an der Pädagogischen Hochschule Ludwigsburg. Forschungsschwerpunkte sind aktuelle Kinder- und Jugendliteratur sowie Kindheit und Jugend erzählende Gegenwartsliteratur; Kinder- und Jugendliteratur der DDR sowie der Literatur nach '89; Literaturkritik, Topographieforschung, politische Kinder- und Jugendliteratur; Repräsentationen von Arbeit in Kinder- und Jugendmedien.

Claudia Sackl, M.A. M.A. ist wissenschaftliche Assistentin am ISEK – Populäre Kulturen an der Universität Zürich und Lehrbeauftragte am Institut für Germanistik der Universität Wien. Ihre Forschungsschwerpunkte sind multimodale und transmediale Erzählformen (insbesondere Bilderbuch und Spoken Word) sowie Postcolonial Studies, Critical Race Theory und deren Intersektionen mit Gender Studies, Queer Theory und Ecocriticism. In ihrem Promotionsprojekt forscht sie zu zeitgenössischen deutsch- und englischsprachigen afrodiasporischen Literaturen.

Nadine Seidel, Dr., ist Juniorprofessorin an der Pädagogischen Hochschule Ludwigsburg, aktuelle Forschungsschwerpunkte sind diversitätssensible Literaturdidaktik, intersektionale Perspektiven auf das Bilderbuch, postmigrantische Erzählwelten in der Kinder- und Jugendliteratur.

Anna Stemmann, Dr., ist Juniorprofessorin für Neuere deutsche Literatur mit dem Schwerpunkt Kinder- und Jugendliteratur an der Universität Leipzig. Sie wurde mit einer Arbeit zum zeitgenössischen Adoleszenzroman in topographischer Perspektive an der Goethe-Universität Frankfurt promoviert (Metzler 2019).

Körper oder Normierungen / De-Kategorisierungen / Performanz

Peinlichkeit und Pirouetten. Leibesübungen in Kindheit und Jugend erzählenden Texten

Caroline Roeder

Abstract This article follows the theoretical implications of Body Studies and examines bodies in the context of the staging of physical education and physical training in narrative texts about childhood and adolescence or children's and youth literature (Cf. Winter 2003; Gugutzer 2006b). Starting with Rilke's story "Die Turnstunde" (1902), restrictive and disciplining body practices and attitudes will be demonstrated in this text, which can be named as exemplary for the 19th and early 20th century. Two current children's literary texts will be presented: Davide Calì's picture book *Wanda Walfisch dick und rund* (Whale Wanda fat and round) with illustrations by Sonja Bougaevas (2010) and Anna Gavalda's children's novel *35 Kilo Hoffnung* [35 Kilos of Hope] (2004). Using the example of the graphic novel *Pirouetten* (2018) by Tillie Walden, categories such as the "Körpereigensinn" [sense of the body's own] (Gugutzer 2006b) also become recognizable, which appear as subversive and resistant attitudes and body formations.

Freiübungen

„Erste Riege Reck, zweite Riege Barren, dritte Riege Bock, vierte Riege Klettern! Abtreten!" (Rilke 1961, 601 f.) Bereits die ersten Sätze von Rainer Marias Rilkes kurzem Prosatext *Die Turnstunde* (1899/1902) klingen weniger nach Sport und Spiel denn nach militärischen Exerzitien. Auch die sich anschließende Angabe des Handlungsorts erfolgt im Telegrammstil: „In der Militärschule zu Sankt Severin. Turnsaal" (ebd.). Als Lehrkraft wird „ein junger Offizier mit hartem braunen Gesicht und höhnischen Augen" (ebd.) benannt, während der Zögling Karl Gruber als jugendlicher Protagonist fungiert, der als „Einer" bezeichnet wird, „der sonst

C. Roeder (✉)
Institut für deutsche Sprache und Literatur, PH Ludwigsburg, Ludwigsburg, Deutschland
E-Mail: caroline.roeder@t-online.de

A. Kagelmann et al. (Hrsg.), *Körper erzählen*, Studien zu Kinder- und Jugendliteratur und -medien 14, https://doi.org/10.1007/978-3-662-69255-4_1

der Allerletzte blieb bei solchen Anlässen" (ebd., 602). Doch in dieser Stunde erfasst Gruber als Allererster eine der Kletterstangen und zieht sich an dieser hoch.

> So erwartet er die Riege und betrachtet – wie es scheint – mit besonderem Vergnügen den erstaunten Ärger des kleinen polnischen Unteroffiziers, der ihm zuruft, abzuspringen. Aber Gruber ist diesmal sogar ungehorsam und Jastersky, der blonde Unteroffizier, schreit endlich: „Also, entweder Sie kommen herunter oder Sie klettern hinauf, Gruber! Sonst melde ich dem Herrn Oberstlieutenant ..." Und da beginnt Gruber zu klettern. (Ebd.)

Was mit einer kleinen Ungehorsamkeit beginnt, entwickelt sich rasch zum unerhörten Ereignis. Dabei erweist sich Grubers Kletterleistung weniger als Gipfelstürmerei, denn als ein Ringen mit sich selbst. So zögert Gruber, während er sich nach und nach der Decke nähert, seine Bewegungen verlangsamen sich, doch „wie etwas Neues, Angenehmes, zieht er sich höher als man gewöhnlich zu klettern pflegt." (Ebd., 603) Er übertrifft damit nicht nur seine eigene sonst dargebotene Leistung, sondern offenkundig auch die Grenzen, die in diesem Raumgefüge gesetzt sind und „klettert und klettert, die Blicke immerfort aufwärtsgerichtet, als hätte er einen Ausweg in der Decke des Saales entdeckt und strebte danach, ihn zu erreichen." (Ebd.) Aus der erste Riege der Vorzeigeturner ruft einer ihm ein anerkennendes „Bravo Gruber!" (ebd., 604) zu. Doch dem Schüler scheint es gar nicht um die Aufmerksamkeit zu gehen, die er zunehmend auf sich zieht. Vielmehr macht er

> hoch oben unter der Decke eine Bewegung, als wollte er sie [die Aufmerksamkeit] abschütteln [...] und saust die Stange herunter, so daß alle immer noch hinaufsehen, als er schon längst, schwindelnd und heiß, unten steht und mit seltsam glanzlosen Augen in seine glühenden Handflächen schaut. (Ebd.)

Der weitere Verlauf der Novelle ist bekannt. Ohnmächtig sackt Gruber nach diesem Auftritt zusammen und wird aus der Halle getragen. Und auch wenn die Stunde nach diesem Vorfall weitergeführt wird, ist ein geregelter Fortgang nicht mehr möglich, tritt mehr und mehr Stille in der Halle ein.

> Jetzt hört man das Singen der Gasflammen und das Gehen der Wanduhr. Und dann schnarrt die Glocke, die das Stundenzeichen gibt. Fremd und eigentümlich ist heute ihr Ton; sie hört auch ganz unvermittelt auf, unterbricht sich mitten im Wort. (Ebd., 608)

Mit diesem eindrücklichen Bild der stockenden Zeit greift Rilke dem Fortgang der Handlung voraus: Die Zöglinge erfahren vom Tod ihres ‚Kameraden'. Die Schlusszeilen des Textes führen schließlich die Schüler im geregelten Abzug aus dem Turnsaal heraus. Mit Karbolgeruch unterlegt und einem bösen Kichern eines Zöglings orchestriert, wird die Geschichte zu ihrem albtraumhaften Ende geführt.

Rilkes *Turnstunde* erschien 1899 als Skizze in seinem *Schmargendorfer Tagebuch* (vgl. Engel 2004). Die Novelle wird als einer der wenigen autobiographisch grundierten Texte gedeutet, die Rilke verfasst hat. In ihr greift er Erfahrungen auf, die er als Jugendlicher im Alter zwischen elf und fünfzehn Jahren wohl selbst in Militärschulen erlebt hat (vgl. ebd.). Rilke formt diese Erinnerung zu einer exemplarischen Erzählung, die den wilhelminischen Geist dieser Jahre widerspiegelt. So entsteht ein Denkbild, das zum einen das Thema des Individuums aufgreift, das zur Zeit der Jahrhundertwende vernehmbar wird und zeigt zum anderen auf, wie eben dieses Individuum mit militärischem Drill, Demütigungs- und Unterwerfungsritualen drangsaliert und zugerichtet wird.

Neben diesen zeitbezogenen Diskursen erscheint in der Erzählung die Raumordnung der Turnhalle besonders interessant gestaltet: Die hierarchischen Grundmuster, die an den Leibern der Zöglinge durchexerziert und eingeübt werden, verkörpern zugleich die gesellschaftliche Matrix. Die unerlaubte Kletterpartie des Zöglings Gruber mutet als Ausbruch aus dieser Matrix an, kann als ‚Störung' im systemtheoretischen Sinn verstanden werden, wie Carsten Gansel es dargelegt hat (vgl. Gansel/Ächtler 2013); zugleich kann dieses Ereignis das gesellschaftliche System wohl kaum aus dem Gleichgewicht bringen. Deutlich wird vielmehr: An diesem Ort hat Individualität keine Wirkungsmacht, führt individuelles Handeln zur Exklusion. In diesem Sinn lässt sich Grubers Tod am Ende auch als ein Ausschlussvorgang verstehen. In dieser Lesart lässt sich auf Michel Foucault verweisen, der in seiner grundlegenden Untersuchung *Überwachen und Strafen* (1975) institutionelle und systemische Disziplinierung an Machtdispositiven aufgezeigt hat; Vorgänge, die untrennbar mit dem Körper verwoben sind. Foucaults Studie schließt mit den Worten: „In dieser Humanität ist das Donnerrollen der Schlacht nicht zu überhören" (Foucault 1977, 397); in dieser Tonspur lässt sich auch Rilkes Text vernehmen, als Vorgriff auf die leidvollen Leibeserfahrungen, der diese Generation an jungen Männern dann im Ersten Weltkrieg unterzogen wurden. Diese exemplarische Inszenierung des Körpers, die am Beispiel einer Turnstunde Körper sowohl in Riegen-Formation als auch als ausscherender Einzelkörper vor Augen führte, nebst den hieraus resultierenden Folgen, werden in Fragen nach Körper*haltungen* in aktuellen Texten weitergeführt. Im Folgenden wird die weitere Vorgehensweise und Fragestellungen des Beitrags vorgestellt.

Zur Fragestellung

Der Sportsoziologe Markus Schroer greift in seiner grundlegenden Untersuchung *Soziologie der Körper* ([2]2012/2005) Fragen des Sportunterrichts auf und fokussiert hierbei auf leibliche Aspekte wie die der Körperhaltungen und -routinen sowie der Raumordnung und des Habitus. Schroer bestimmt zudem den Körper als grundlegende Kategorie im Sport:

> Im Sport ist die Thematisierung des Körpers gewissermaßen zu Hause. Hier hat man es mit einem Feld zu tun, das definitiv nicht vom Körper abstrahieren zu können scheint. Anders als in anderen Zusammenhängen, aus denen er (vorübergehend?) verbannt schien, war er hier immer anwesend und unübersehbar. (Schroer [2]2012, 33)

Ausgehend von dieser Grundannahme und von den Erkenntnissen der *body studies*, die Körper in kulturwissenschaftlicher Perspektive in den Blick nehmen (vgl. Winter 2003), werden diese theoretischen Zugänge in aller Kürze vorgestellt; sodann sollen diese Erkenntnisse auf Repräsentationen von Körper(n) in kinder-

und jugendliterarischen sowie Kindheit und Jugend erzählenden Texten angewandt werden.

Im Mittelpunkt stehen hierbei zwei aktuelle Texte: das Bilderbuch *Wanda Walfisch dick und rund* von Davide Carlì mit Illustration von Sonja Bougaeva (2010) sowie das Kinderbuch von Anna Gavalda *35 Kilo Hoffnung* (2004). Gezeigt werden soll an diesen Beispielen, welche sozialen Rollen Körper in aktuellen kinder- und jugendliterarischen Texten zugedacht werden und welche Körper-Routinen und -Bilder sich an diesen exemplarisch ausgewählten Texten erkennen lassen. Insbesondere wird Fragen der *Körper-Räume* (vgl. Schroer 2012) unter topographischen Gesichtspunkten und veränderten *Raum-Ordnungen* (vgl. Schroer 2006) nachgegangen. Als Ausblick wird schließlich perspektiviert, inwieweit sich auch subversive und widerständige Haltungen (an Körperpraktiken, aber auch an den Körpern selbst) in Kindheit und Jugend erzählenden Texten nachweisen lassen. Hierzu wird die Graphic Novel *Pirouetten* von Tillie Walden (2018) herangezogen.

Der erste Schritt führt zur theoretischen Bestimmung von Leib- und Körperfragen; dabei erweist sich die *Wiederkehr des Körpers* (vgl. Kamper/Wolf 1982) als Wieder-Wiederkehr.

Von der Wieder-Wiederkehr des Körpers

„Es ist nicht länger zu übersehen: Die Soziologie hat den Körper (für sich) entdeckt." (Schroer ^{2}2012, 7) Mit diesen Worten leitet Markus Schroer seinen Grundlagenband *Zur Soziologie des Körpers* 2005/2012 ein. Gleichwohl man in der fachwissenschaftlichen Geschichte der Soziologie grundlegende Untersuchungen des Körpers findet, als Beispiele seien Norbert Elias, Michel Foucault oder Pierre Bourdieu genannt, kommt Schroer zu dem Befund:

> Die Soziologie thematisiert zwar unter den Begriffen Disziplinierung und soziale Kontrolle die hier angesprochene Zurichtung der Körper zum funktionierenden Rädchen im Getriebe, führt den Körper aber dennoch nicht als zentrale Kategorie des Sozialen in ihren Theorien ein. (Ebd., 13)

Diese ‚Haltung' ändert sich am Ende des 20. Jahrhunderts und es kommt zu einer Körper-Wende, die man mit unterschiedlichen Bezeichnungen in verschiedenen Fachdisziplinen benennt, so z. B. als *somatic* oder *body turn*. Wesentlich bestimmt wird diese Wende durch tiefgreifende gesellschaftliche Veränderungen, die sich v. a. im Bereich der Erwerbstätigkeit abzeichnen und ein Ende der so genannten „Disziplinargesellschaft" (Alkemeyer et al. 2003a, 7) bedeuten. Eingeleitet wurde diese Veränderung um die 1970er-Jahre, als der bis dahin vorherrschende ‚fordistische' Gesellschaftstypus (d. h. das ökonomische System des Neoliberalismus) zunehmend ‚zurückgebaut' wurde. Charakteristisch waren für diesen ‚alten' Gesellschaftstypus „Unterwerfung, Disziplinierung und Prägung der Körper in Arbeit, Erziehung und Sozialisation" ebenso wie ein „klar konturierter Berufshabitus mit ihren je spezifischen Routinen des Körperverhaltens" (ebd.).

Interessant erscheint, dass in dieser sich neuformierenden Gesellschaft die traditionellen Instanzen der Habitus-Prägung an Bedeutung verlieren und die Formierung der Körper offenbar mehr und mehr von jenen Bereichen der Nichtarbeit übernommen (wird), die in klassischen soziologischen Theorien vornehmlich in die Restkategorie der ‚Freizeit' eingeordnet werden (vgl. ebd., 8). Es entwickelt sich ein neuer Körper-Kult, der sich in „Bildern, Modellierungen und Präsentationsformen" niederschlägt und ein

> breites Angebot an Körperimages, Körperformen und populären Mythologien bereit(stellt), aus dem die Akteure auf der sozialen Basis ihres Geschmacks auswählen und sich in Eigenregie eine erkennbare körperliche Form – einen körperlichen Habitus – zulegen. (Ebd.)

Einher geht mit dieser Umformatierung der Rolle des Körpers auch die Durchdringung weiterer gesellschaftlicher Bereiche. So haben Sport und Popkultur „längst ihre klaren Konturen verloren und sich zu kulturellen Räumen vermischt" (ebd., 9). Diese Veränderungen des Körpers „aus traditionellen Disziplinar- und Prägeapperaturen" hat durchaus ambivalente Folgen:

> Der Körper verliert seine institutionellen Kontroll- und Haltevorrichtungen, im Gegenzug wird er jedoch in einem historisch neuen Ausmaß zum Material wie zum Gegenstand von Selbstgestaltungen. An die Stelle einer von außen auf die Körper einwirkenden, gesellschaftlichen Formungs- und Bildungsarbeit treten der Tendenz nach Selbstbildungsaktivitäten, die ohne ein breites Spektrum an Körperformangeboten nicht denkbar sind. Es ist, als gerate der Körper in einen neuen sozialen Aggregatzustand. (Ebd., 10)

Vorerst sei noch ein letzter Aspekt benannt, der mit den neuen Körperpraktiken einhergeht, und zwar die neue „Haltung des Sich-Riskierens" (ebd., 11). Dieses Phänomen wird als performativer Akt beschrieben, der eigene Körper wird, eingesetzt, um Risiko, Spannung und Suspense als Erzeuger und zugleich als Empfänger zu generieren; damit geht einher, „den Körper zur Schau zu stellen, den Blicken der Öffentlichkeit auszusetzen, ihm einen bühnenartigen Aufführungscharakter zu geben." (Ebd.) Die Folgen dieses gesellschaftlichen Wandels führen zu einer Transformation „der politischen Ökonomie des Körpers" (Alkemeyer/Schmid 2003b, 97).

Insgesamt lässt sich festhalten: Ein moderner Mythos der Selbstbestimmung prägt die neue Körper-Kultur. „Die ‚Soziologie des Körpers' beschäftigt sich nun nicht, wie ihr Name womöglich suggeriert, mit *dem* menschlichen Körper, sondern mit Körper im Plural." (Gugutzer 2006a, 13) Zwei Fragestellungen lassen sich in dieser ausgerichteten Disziplin nun ausmachen:

> *Körper als Produkt von Gesellschaft und Körper als Produzent von Gesellschaft* [...] Unter dem Gesichtspunkt des Körpers als gesellschaftliches Produkt sind dies *Körperformung, Körperdiskurs, Körperumwelt, Körperrepräsentation* und *Leiberfahrung*; mit Blick auf den Körper als Produzent von Gesellschaft handelt es sich um drei Varianten von Körperpraktiken, nämlich *Körperroutinen, Körperinszenierungen* und *Körpereigensinn*. (Ebd.; kursiv i. O.)

Insbesondere der „Körpereigensinn" scheint ein spannendes Potenzial für Fragestellungen an die Kinder- und Jugendliteraturforschung aufzuweisen, wobei

„Körpereigensinn“ hier verstanden wird als „Widerstand- und Machtpotenzial des Körpers, das gegen bestehende Ordnungen zu rebellieren vermag und so womöglich sozialen Wandel initiiert.“ (Gugutzer 2006a, 20 f.) Auf der Grundlage dieser skizzierten theoretischen Voraussetzungen wird im Folgenden besondere Aufmerksamkeit auf die grundlegenden Fragestellungen gelegt, „[w]ie wird durch Körperroutinen soziale Ordnung hergestellt?“ (ebd., 17) wird. Daran schließt die Überlegung an, inwieweit sich Körperpraktiken, -routinen, -inszenierungen und auch Körper-Eigensinn ablesen lassen, die in literarischen Inszenierungen zur Darstellung kommen und möglicherweise gesellschaftliche Prozesse nicht allein abbilden, sondern auch in neue Wege überführen.

Nach diesen theoretischen Aspekten richtet sich der Blick auf den Sport in literarischen Repräsentationen.

Elf Freunde müsst ihr sein! Sport und Spiel in Kinder- und Jugendliteratur

Der Stellenwert, den Sport – als Thema, Motiv, Repräsentation – im Gesamttextkorpus der Kinder- und Jugendliteratur einnimmt, ist außerordentlich; die Anzahl der Titel, in denen Sport eine zentrale Rolle zukommt, ist beeindruckend. Dabei führt Fußball uneinholbar die Liste der beliebten Sportarten an. Exemplarisch genannt seien für dieses Befund nur zwei Titel der fußball-literarischen Champions League: Karl Bruckners *Die Spatzenelf* (1948) oder Sammy Drechsels *Elf Freunde müsst ihr sein* (1955). Um sich ein Bild machen zu können, sei exemplarisch auf die Bibliografien verwiesen, die der Kölner Sportwissenschaftler Rolf Geßmann 1995 und 2006 vorgelegt hat. Diese führen rund dreitausend Primärwerke annotiert auf; eine olympisch anmutende Zahl. Im Widerspruch zu dieser Titelfülle steht allerdings, dass das Thema Sport offenbar unter dem Radar der Auszeichnungen und Preise zu bleiben scheint. Ein Blick in das Archiv des Deutschen Jugendliteraturpreises bestätigt diesen Befund: Seit dem Bestehen 1955 werden bis 2022 nur elf Siegertitel unter dem Stichwort Sport angezeigt.

Vergleichbares ‚Desinteresse‘ an Sport-Titeln lässt sich auch für die Kinder- und Jugendliteraturforschung konstatieren, die sich mit Aspekten von Körper und Sport nur in Teilaspekten befasst hat. Zwar liegen aus historischer Perspektive substanzielle Arbeiten zur Rolle des Sports in der Weimarer Republik und dem Nationalsozialismus vor (z. B. Nassen 1987; Hopster et al. 2001; Geßmann 2012), werden genderrelevante Fragestellungen verfolgt (Geßmann 2006; Wexberg 2006) oder wird die eindrucksvolle Dominanz der Sportart Fußball (Herzog/Pecher 2024)

Abb. 1 Cover von Davide Calì/Sonja Bougaeva: Wanda Walfisch. Atlantis 2010.

hervorgestellt – umfassendere Forschungen liegen aber bisher kaum vor. – Auch der vorliegende Beitrag widmet sich nur einem Teilgebiet des großes Spielfelds Sport, wenn exemplarisch auf Inszenierungspraktiken und Bedeutungsräume geblickt wird, die der Sportunterricht in kulturwissenschaftlicher Betrachtung zu eröffnen vermag. Hierzu sollen im Folgenden zwei Texte vorgestellt werden, die methodisch mit dem Verfahren des *Close Reading* in den Blick genommen werden.

Exemplarische Analysen

Vom *Disziplinieren* und *Strafen* zur Autoformation I

Das erste Beispiel stammt aus dem Bereich Bilderbuch, eine Sparte und Medium, in der man zu ‚Bodyindex-Geschichten' und dem Dumpling-Thema eine Vielzahl an Titeln auf dem aktuellen Markt finden kann.[1] *Wanda Walfisch dick und rund* wurde von dem italienisch-schweizerischen Autor Davide Calì verfasst, die Illustrationen stammen von der in Hamburg lebenden Sonja Bougaeva. Das Bilderbuch stellt den Schwimmunterricht bzw. diesbezügliche Ängste eines Mädchens namens Wanda in den Mittelpunkt (Abb. 1).

[1] Das Thema ‚Dick'- respektive Anders-Sein – findet sich durchgängig in allen Sparten der Kinder- und Jugendliteratur. Vgl. hierzu exemplarisch Zoran Drvenkar: Paula und die Leichtigkeit des Seins. Berlin: Bloomsbury 2007; Katharina Greve: Die dicke Prinzessin Petronia. Berlin: avant 2019 oder Elisabeth Steinkellner: Papierklavier. Ill. v. Anna Gusella. Weinheim: Beltz 2020. Katharina von der Gathen/Anke Kuhl (Ill.): *AnyBody Dick & dünn & Haut & Haar: Das große ABC von unserem Körper-Zuhause.* Leipzig: Klett 2021.

Die erste Illustration zeigt, wie ein Mädchen mit schweren Schritten und gesenktem Blick auf ein Gebäude zugeht, vor dessen Eingangstür einige Kinder fröhlich und unbeschwert spielen. Der Text, unter die Illustration gestellt, verkündet: „Jeden Mittwoch ist Schwimmunterricht." (Calì/Bougaeva 2010, n.p.) Diese Information erweist sich weniger als Ankündigung, vielmehr zeigt sich, dass dieser Hinweis zumindest für das Mädchen, das den Namen Wanda trägt, einer Drohung gleichkommt. Die nächsten Seiten führen in eine Schwimmhalle. Wanda hat den Raum betreten, die bis an den Bildrand grenzende blaue Wasserfläche liegt kühl und unerreichbar vor ihr. Der Mädchenkörper in der Rückansicht ist in der Illustration in den Vordergrund gerückt und nimmt die Blickrichtung Wandas ein; ihre Leibesfülle wird durch den eng anliegenden Badeanzug unterstrichen; die straff gespannten Gummibänder, die den Rücken kreuzen, heben ihre kompakten Arme und die Körperrundung hervor. Auf den folgenden Seiten wird Wandas Verhältnis zum Schwimmen drastisch beschrieben:

> Wanda hasst Springen. Wanda hasst Schwimmen. [...]
> Egal wie Wanda schwimmt, immer gibt es große Wellen. Wanda ist dick. Und alle Mädchen lachen sie aus und spotten:
> „Wanda-Walfisch-dick-und-rund, Wanda-Walfisch-hundert-Pfund." (Ebd., n.p.)

Wandas Selbsteinschätzung entspricht den Inhalten des Spottgedichts, das sie verunglimpft und sich den Mitschüler:innen zuordnen lässt, die aufgereiht am Beckenrand stehen; allesamt haben sie sportliche, schlanke Körper, allesamt ziehen sie über die dicke Mitschülerin her. Der Sportlehrer, der den Schwimmunterricht anleitet, greift hierbei nicht ein, sondern reagiert mit einer pädagogischen Intervention. Er versucht das Mädchen zu motivieren, indem er ihr versichert, sie schwimme doch gut. Als Wanda widerspricht und einwendet, sie sei zu dick, erklärt der Schwimmlehrer alles läge allein an ihrer Selbsteinschätzung: „‚Wir sind das, was wir denken. Wenn du gut schwimmen willst, denkst du einfach an etwas Leichtes.'" (Ebd., n.p.) Um seine Ausführungen zu unterstreichen, führt er ein paradox anmutendes Beispiel aus dem Tierreich an: „‚Glaubst du etwa, Vögel und Fische denken, sie seien schwer? Natürlich nicht! Also, wenn du leicht sein willst, denk Feder. Versuch es mal!'" (Ebd, n.p.) Und die verordnete Autosuggestion scheint zu wirken. Die Bilderbuchbetrachtenden sehen auf der nächsten Doppelseite, wie Wanda wie ein Känguru über Hürden springt und auch im Schwimmunterricht überzeugt sie die Mitschüler:innen mit ihrem neu gewonnenen Selbstwertgefühl. Die Bilderbuchgeschichte findet zu ihrem Höhepunkt, wenn Wanda sogar den Sprung vom Turm wagt: als Superwal!

In *Wanda Walfisch* wird ein traditionelles Motiv des Sports aufgegriffen: sich selbst zu motivieren, den ‚inneren Schweinehund' zu überwinden. Dieser Topos erhält hier allerdings eine neue Rahmung, verortet man die Ratschläge des Sportlehrers im Kontext der Selbstoptimierungsforderungen neoliberaler Gesellschaften (vgl. Schroer 2012). In dieser Lesart erscheint der Plot keinesfalls mehr jene ‚Lachgeschichte' zu sein, mit der eine Adaption des Textes als Animationsfilm von Andrea Schatz betitelt wird. Die siebenminütige mediale Umsetzung des Stoffes wurde als DVD veröffentlich und 2019 in *Die Sendung mit der Maus* ausgestrahlt (vgl. Wanda Walfisch 2018). Liest man den Text unter dem Blickwinkel aktueller Körpertheorien, werden veränderte Körperimaginationen in dem Bilderbuch erkennbar. Erinnert sei an Schroers Diagnose, die den „Körper als Material wie zum Gegenstand von Selbstgestaltungen" beschreibt (Schroer 2012, 10). Das Credo des Sportlehrers und die Umsetzung Wandas scheinen mit diesen Befunden deckungsgleich zu sein. Unterstrichen wird dieser Eindruck durch die ungewohnte Plotführung. Während im problemorientierten Bilderbuch genderstereotype Körpervorstellungen (wie die verordnete Schlankheit von weiblichen Körpern) durchaus diskutiert werden, wird in diesem Bilderbuch nicht propagiert, dass die Gruppe der dünnen Mädchen ihre körperkonformen und genderstereotypen Einstellungen ändern sollte. Es scheint vielmehr allein Wandas ‚Job' zu sein, sich in das geltende System zu integrieren und hierfür ihren Körper – und sei es nur mental – umzudefinieren. Die Frage stellt sich also nicht: Warum darf Wanda keine Wellen schlagen? Sondern: Was ist an Wandas Körpereinstellung falsch?

Die stark pädagogisierte Geschichte erweist sich in diesem Sinne als paradox angelegt. Sie gibt vor, eine aufgeschlossene Haltung gegenüber Abweichungen zu propagieren, vertritt aber bei näherer Betrachtung einen rigiden neoliberalen Kurs. An der Ikonografie der Bilder, die erkennbar komisierend gestaltet sind, fällt eine Exotisierung auf, durch die beispielsweise die neu geschaffenen Körper-Imaginationen Wandas floral illustriert werden. Es lässt sich konstatieren, dass diese ‚heitere' Sportgeschichte keinesfalls Vorstellungen von normierten Körper-Bildern in Text und Bild hinterfragt, vielmehr scheint sie stereotype, genderbezogene Zuweisungen zu verfestigen. Das Verfahren, wie Wanda ihre Einstellung zu ändert hat, lässt sich mit Alkemeyer/Schmidt als Vorgang des gesellschaftskonformen Paradigmas der Selbstoptimierung beschreiben: „neue Körper, Subjektivitäts- und Selbst-Gestaltungen [werden] als hegemoniale Formen etabliert." (Alkemeyer/Schmidt 2003, 98) Wanda ist am Ende des Bilderbuches zu dem geworden, was das Schimpfwort benannt hat: Zu einem dicken runden Walfisch (Abb. 2).

Vom *Disziplinieren* und *Strafen* zur Autoformation II

Anna Gavaldas Kinderbuch *35 Kilo Hoffnung* (2004) beginnt mit der persönlichen Ansprache des Protagonisten:

> Eins ist sicher, wenn ihr mich sehen könntet, würdet ihr besser verstehen, warum Turnmatten und ich zwei grundverschiedene Dinge sind. [...] Ich bin nicht sehr groß, nicht sehr kräftig und ein totaler Schlaffi. (Gavalda 2004, 20)

Mit diesen Sätzen führt die französischen Autorin Anna Gavalda die Figur Davids ein. Das Buch erschien in einer Übersetzung von Ursula Schregel 2004 auf dem deutschen Buchmarkt und wurde 2005 in der Sparte Kinderbuch des Deutschen Jugendliteraturpreises nominiert. Der Protagonist ist zur erzählten Zeit dreizehn Jahre alt, besucht allerdings erst die sechste Klasse, da er einige unfreiwillige Runden drehen musste. Die Geschichte dieses Schulversagens wird durchgehend humoristisch erzählt, der Protagonist ist als klassische Außenseiterfigur gezeichnet. Dabei wird der Junge nicht nur körperlich als *anders* markiert, auch sein Verhalten entspricht den stereotypen Figurenzeichnungen eines Eigenbrötlers.

Abb. 2 von Anna Gavalda: 35 Kilo Hoffnung. ars edition 2013.

So erfindet David, wenn er alleine zu Hause ist, seltsame Maschinen. In der Schule aber ist der Junge massiven Demütigungen sowohl von Seiten seiner Sportlehrerin als auch von seinen Mitschüler:innen ausgesetzt. Eine Wende erfolgt, als der Junge in einer karnevalesk anmutenden Charlie-Chaplin-Szene erlebt, dass er den Spieß einfach umdrehen und die Lachsituationen, die normalerweise auf ihn niederprasseln, selbst steuern kann.

> Als ich die ganzen Lacher hörte, fiel der Groschen endlich. Dieses eine Mal war es kein böses Lachen, das waren Superlacher, wie im Zirkus, und von diesem Augenblick an beschloss ich, der Clown der Sportstunde zu werden. Madame Berlurons Narr. (Ebd., 22 f.)

Von seinen Eltern erfährt der Junge bei all diesen erlebten Schulproblemen keine Hilfe, allein der Großvater, ein erfolgreicher Ingenieur, kümmert sich um ihn. Er hält den Jungen letztlich auch an, sein Leben nicht wegzuwerfen, sondern die Schule zu beenden. David, der inzwischen wegen seiner Clownereien wieder einmal von der Schule geflogen ist, folgt seinem Rat und erlebt bei der Aufnahmeprüfung in ein Internat Außerordentliches: Er meint während der Prüfungszeit zu fühlen, dass sein Großvater ihm Mut zuspricht und damit hilft. – David besteht und schlägt sich in Folge ganz wacker in der neuen Einrichtung. Doch als sein Großvater erkrankt und zu sterben droht, bricht Davids filigran gesponnene Schulmotivation in sich zusammen. In dieser krisenhaft erlebten Situation unternimmt der Junge eine Art suggestiv-magische Rettungsaktion:

> An diesem Tag stand das Knotenseil auf dem Programm. Der Horror. Seit meinem sechsten Lebensjahr versuchte ich es, und ich hatte es kein einziges Mal geschafft, hochzukommen. Das Knotenseil war eine einzige peinliche Qual für mich.
> [...] Ich betrachtete die Länge des Seils und flüsterte vor mich hin: „Opa Léon, hör mit gut zu. Ich werde es schaffen. Ich tue es für dich. Für dich, hörst du mich!“ (Ebd., 80)

Nicht nur das Seil als Turngerät erweist sich in der Szene als Intertext zu Rilkes *Turnstunde*. In den folgenden Zeilen werden weitere Verweise deutlich:

> Beim dritten Knoten konnte ich schon nicht mehr, aber ich biss die Zähne zusammen. Ich zog mich hoch, holte alles raus aus meinen Puddingärmchen. ... Ich war dabei, schlappzumachen. In diesem Augenblick bemerkte ich sie, die Jungs aus meiner Klasse, im Kreis ganz unten. Einer von ihnen schrie: „Los, Dubosc, halt dich fest!“
> [...] Siebter Knoten. Ich wollte loslassen. Ich hatte das Gefühl, ohnmächtig zu werden.
> [...] Nur noch zwei Knoten. Ich spuckte erst in die eine Hand, dann in die andere. „Opa Léon, ich bin da, guck! Ich schicke dir meine Kraft.“ [...] Die Innenseiten meiner Oberschenkel fingen an zu bluten, ich spürte meine Gelenke nicht mehr. (Ebd., 83)

Die Szene gerät in der Dramaturgie ihres Aufbaus zu einem Event, Blut fließt wie bei einem hart ausgefochtenen Boxkampf. Dieser Eindruck wird auch von der Reaktion des ‚Publikums‘ unterstrichen. Die Mitschüler:innen stacheln David an:

> Sie waren außer Rand und Band. Die Lehrerin brüllte am lautesten. Ich schrie: „Wach auf!“, und ich erreichte das Ende des Seils. Unter mir der helle Wahnsinn. Ich weinte vor Freude und Schmerz. Ich ließ mich hinabgleiten, aber es sah eher wie ein Sturz aus. Momo und Samuel fingen mich auf und hoben mich in die Luft.
> „Wer ist wieder da? Inspektor Gadget! Wer hat eine heiße Spur? Ja natürlich, Herr Inspektor Gadget!“ Alle Welt sang.
> Ich fiel in Ohnmacht. (Ebd.)

Während bei Rilke der Ohnmacht das Ableben des Protagonisten folgt, steht auch hier der Tod zur Disposition, allerdings geht es hier um das Leben von Opa Léon. Abgesehen von der Konstruiertheit des Gesamtarrangements dieser hier vorgeführten magischen Kletterpartie, erscheint die intertextuelle Bezugnahme zu Rilkes *Turnstunde* interessant, insbesondere in ihrer Neugestaltung des Stoffes. In dieser Szene wird in Gavaldas Kinderroman eine Umcodierung der Institution Schule erkennbar. Erscheinen auch die einstigen disziplinierenden Vorgaben der ‚alten‘ Schule wenig liberaler, spiegeln die Körperpraktiken nach wie vor die normativen Vorgaben der Kadettenanstalt, so wird Rilkes Bildungsanstalt zur Selbstbildungsanstalt umgewidmet.

Diese Umcodierung wird mit dem Verweis auf den Alleskönner Inspektor Gadget popkulturell markiert und an der Raumordnung der Turnhalle ablesbar. So wird in Davids Kletterszene die Halle mehr und mehr zur Arena. Diese Transformation erfolgt vom schulischen, institutionell besetzten Raum mit normativen Regeln zum Schauplatz mit popkulturellen Praxen. Deutlich wird dies an den Akteur:innen, z. B. der Sportlehrerin, die sich in ihrem Verhalten wenig rollenkonform zeigt, sondern David wie ein Fußballfan anfeuert. Auch die von den Mitschüler:innen angestimmten ‚Gesänge‘ unterstreichen den Eindruck, einem Fußball-Finale beizuwohnen. Bei diesem Event steht der einst ausgegrenzte David nun im Mittelpunkt, er wird zum Star. Das Aufrufen des Trickfilmhelden Gadget mit seinen Teleskoparmen unterstreicht die neu erlangte Rolle. Greift man erneut die Argumentation der Selbstoptimierungsforderung in modernen kapitalistischen Gesellschaften auf, so kann man weiterfolgern: In dieser Sportszene feiert die Gruppe das neue Mitglied und sich selbst bei der rituellen Aufnahme und Bestätigung der Gemeinschaft.

Thomas Alkemeyer und Robert Schmidt beschreiben in ihrem Beitrag *Habitus und Selbst. Zur Irritation der körperlichen Hexis in der populären Kultur* den gesellschaftlichen Wandel bezogen auf den Arbeitsmarkt wie folgt:

> Die wichtigste Vorsilbe in den Kennzeichnungen der neu entstehenden Grundform der Arbeitskraft ist ‚Selbst': Selbststeuerung, Selbstorganisation, Selbstverantwortung, Selbstökonomisierung, Selbstintegration etc.; dies alles in Verbindung mit einer aktiven Vermarktung des Selbst durch performative Strategien der Selbstdarstellung und -inszenierung. (Alkemeyer/Schmidt 2003b, 98)

Mit dieser Verabsolutierung des Selbst, aber auch mit seinem körperlichen Einsatz über die Schmerzgrenze hinweg, seiner „Haltung-des-sich-Riskierens" wie Alkemeyer (et al. 2003a, 12) es benannt hat, ‚beweist' David, dass er die Lehre und das väterliche Erbe, hier vertreten durch den Großvater, verinnerlicht hat und bis aufs Blut verteidigen wird. David hat nicht nur einen imaginären Rettungsparcours für seinen Großvater durchlaufen, sondern hat sich selbst optimiert. Nun kann er in die schulische Gemeinschaft aufgenommen werden.

Kein Fazit: Ausblick auf *Pirouetten*

In den bisher vorgestellten Texten wurde exemplarisch deutlich, dass die Darstellung von Körperpraktiken, die im Sportunterricht eingeübt und praktiziert werden, in der aktuellen Kinder- und Jugendliteratur eine Umgestaltung erfahren hat. An die Stelle von disziplinierenden und strafenden Praktiken, wie diese im Rahmen des Sportunterrichts in der Novelle von Rainer Maria Rilkes ablesbar wurden, tritt in den vorgestellten Texten das Prinzip des Selbst als neue normative Ordnung. Obwohl bei Carlì/Bougaeva und Gavalda Figuren in den Mittelpunkt gestellt wurden, die erkennbare körperliche Abweichungen aufweisen und massive Ausgrenzung seitens der Mitschüler:innen auf Grund dieser Abweichung erfahren, bieten die Texte paradoxe Lösungen an, indem das Problem von den Inkriminierten selbst – und zwar durch veränderte Selbstwahrnehmung und -darstellung, durch Autoformation – zu lösen ist und gelöst wird. Erwachsenen Figuren wie Lehrkräften oder der Autoritätsfigur wie Davids Großvater kommen tragende Rollen zu, indem sie es sind, die die Instruktionen zur Selbstoptimierung ausgeben; der pädagogisch-patriarchale Grundton, der in diesen Texten dominiert, wird hierdurch unterstrichen.

Fragt man nach Körper-Haltungen und -Rollen, Körper-Bilder und Praktiken in der aktuellen Kinder- und Jugendliteratur zeigen sich an diesen Bespielen Tendenzen eines veränderten Umgangs mit Körper(n). Der soziologisch diagnostizierte gesellschaftlich bestimmte Körper-Kult als (neue) normative Vorgabe scheint diesen Texten inhärent. Deutlich wurde, dass die Texte auf der Oberfläche gesehen vergnüglichen, komischen Mustern folgen, die in karnevalesker Ausgestaltung (sowohl bei Wanda wie bei David) auch im popkulturellen Zuschnitt ausgeschmückt werden. Mit der propagierten Forderung des „Erschaffe dich selbst“ erscheinen diese literarischen Konzepte allerdings weit davon entfernt, Geschichten und Protagonist:innen vorzustellen, die Körper-Eigensinn verkörpern, vielmehr ihre eigensinnigen Körper umformatieren und eingemeinden.

Um zu umfassenderen Einschätzungen des Körpers in der Kinder- und Jugendliteratur zu kommen, erweist sich der hier untersuchte Ausschnitt Sportunterricht und der Blickwinkel auf die Sparten Bilder- und Kinderbuch allerdings als ein recht eng vermessenes Feld. Ertragreich wäre in jedem Fall, weitere, ergänzende Untersuchungen vorzunehmen und insbesondere auch jugendliterarische Texte und Adoleszenzromane heranzuziehen, um differenzierende Inszenierungen sowie Körper-Geschichten kennenzulernen und die Narrative und Repräsentationen von Körper und Körperhaltungen weiter vertiefend in den Blick zu nehmen (Abb. 3).

Als Ausblick auf dieses ergiebige Feld soll in aller Kürze noch ein Beispiel vorstellt werden, das eine entgegengesetzte Körperhaltung einzunehmen scheint. Ausgewählt wurde aus dem Textkorpus der Graphic Novels, die innovative künstlerische Zugänge und Fragestellungen in das Feld der Kinder- und Jugendmedien eingespielt haben. Als Beispiel wird Tillie Waldens *Pirouetten* (2017, dt. 2018) ausgewählt.

Die texanische Künstlerin setzt ihre Geschichte in den Erzählrahmen einer autobiographischen Erinnerung. In den zehn Kapiteln dieser Autofiktion, die

Abb. 3 von Tillie Walden: Pirouetten. Reprodukt 2018.

jeweils mit einer Eiskunstlauf-Figur, wie beispielsweise dem Flip oder der gedrehten Pirouette als Bewegungsmuster, eingeleitet werden, blickt die Künstlerin zurück auf ihr insgesamt zwölf Jahre währendes Eiskunstläuferinnenleben, das sie im Alter von nur fünf Jahren begann.

In der Graphic Novel erfährt man von dem harten Training, dass das Mädchen tagein tagaus absolviert, von eiserner Disziplin und den Zurichtungen, die durch Schminke und rigide Kleiderordnung den Eis-Elev:innen und ihren Körpern abverlangt wird. Vergleicht man diesen autofiktionalen Text mit den bereits vorgestellten, wird hier eine weitere Facette der Körpermanipulation durch den Leistungssport aufgerufen. Deutlich wird, der normative Körper hat eine weitere Bedeutung. Das Eis – und dieses starke Bild ist zweifelsohne als kalte Materie auch metaphorisch zu deuten –, bleibt für die Protagonistin dennoch ein Schutzraum. Gleichwohl das harte Training zu körperliche Grenz- und Entgrenzungserfahrungen führt, die Wettkämpfe ‚mit harten Bandagen' ausgetragen werden, erlebt und erfährt sie die Eisfläche als einen Ort des Beisichseinkönnens bzw. der Suchbewegungen. Wesentlich bestimmt das Mädchen ihr Gefühl der ‚Andersartigkeit': Schon mit fünf Jahren fühlt sie, dass sie sich zu Mädchen hingezogen fühlt (ebd., 74), weiß aber, dass sie es nicht wagen wird, sich zu outen. Ambivalente Gefühle begleiten auch ihr Training: „Eiskunstlaufen stürzte mich in einen seltsamen Zwiespalt. Das Feminine stieß mich ab, gleichzeitig zog es mich an." (Ebd., 75) Während ihre Schulkameradinnen hoffen, später beispielsweise bei *Disney on Ice* beruflich Karriere zu machen, kappt Tillie am Ende ihrer Schulzeit das Band, entzieht sich dem Schaulauf, den Wettbewerben, den Stürzen und Erfolgen und sucht einen selbstbestimmten Weg in der Kunst.

Tillie Walden erzählt diesen Lebensweg nicht linear, sondern spaltet ihn auf in Pflicht und Kür, in dokumentarische Einblicke in das sportliche Leben und in einen persönlich gefassten Selbstbericht. So entsteht ein differenziertes Bild dieses Heranwachsens. Die kunstvollen Illustrationen sind mit grazilem Strich und mit Collagetechnik, mit luzider Farbwahl und zarter Feder entworfen. Die Bilder breiten die Schönheit der noch wie unberührt daliegenden Eisfläche am Morgen aus, lassen die Kälte spürbar und das Geräusch der Kufen hörbar werden. Der Zeichenstil ist an den des Manga angelehnt, die vorwiegend in schwarz-weiß gestalteten Seiten verleihen der eigentlich ans Herz gehenden Geschichte Kühlheit und Distanz; eine Haltung, die die Protagonistin sich zum Eigenschutz selbst auferlegt hat. Walden gelingt es so, die Lebens-Geschichte einer Eisprinzessin zu erzählen, die zwölf Jahre erbittert mit sich kämpft, bis sie den Sprung aus dieser Rolle wagt.

Deutlich wird an diesem letzten Beispiel: Texte wie dieser eröffnen neue differenzierte und künstlerische Perspektiven auf Fragestellungen des Körpers, verdeutlichen in exzeptioneller Weise „Körpereigensinn", stellen neue, nun aber auch queere Körper-Konzepte und Utopien vor, die von Stürzen ebenso begleitet werden wie von Pirouetten-zarten Sprüngen.

Literatur

Primärliteratur und Medien

Calì, Davide/Bougaeva, Sonja (Ill.): Wanda Walfisch dick und rund [2009]. Aus dem Franz. von Claudia Steinitz. Zürich: Atlantis, 2010

Drechsel, Sammy: Elf Freunde müsst ihr sein. Stuttgart: Thienemann, 1955

Gavalda, Anna: 35 Kilo Hoffnung [2002]. Zeichnungen von Claas Janssen. Aus dem Franz. von Ursula Schregel. Berlin: Bloomsbury, 2004

Rilke, Rainer Maria: Die Turnstunde [1902]. In. Ders.: Sämtliche Werke. Vierter Band. Frühe Erzählungen und Dramen. Hg. vom Rilke-Archiv. In Verbindung mit Ruth Sieber-Rilke, besorgt durch Ernst Zinn. Insel: Frankfurt/M. 1961, 601–609

Walden, Tillie: Pirouetten [2017]. Aus dem Amerikan. von Sven Scheer. Berlin: Reprodukt, 2018

Wanda Walfisch. Animationsfilm von Alexandra Schatz. Deutschland 2018. Frijus DVD

Sekundärliteratur

Alkemeyer, Thomas/Boschert, Bernhard/Schmidt, Robert/Gebauer, Gunter: Aufs Spiel gesetzte Körper. Eine Einführung in die Thematik. In: Dies. (Hg.): Aufs Spiel gesetzte Körper. Aufführungen des Sozialen in Sport und populärer Kultur. Konstanz 2003, 7–18

Alkemeyer, Thomas/Schmidt, Robert: Habitus und Selbst. Zur Irritation der körperlichen Hexis in der populären Kultur. In: Alkemeyer, Thomas/Boschert, Bernhard/Schmidt, Robert/Gebauer, Gunter (Hg.): Aufs Spiel gesetzte Körper. Aufführungen des Sozialen in Sport und populärer Kultur. Konstanz 2003, 77–102

Bourdieu, Pierre: Die feinen Unterschiede. Kritik der gesellschaftlichen Urteilskraft. Frankfurt/M. 1982

Bourdieu, Pierre. Programm für eine Soziologie des Sports. In: Ders.: Rede und Antwort. Frankfurt/M. 1992, 193–207

Butler, Judith: Körper von Gewicht. Die diskursiven Grenzen des Geschlechts [1993]. Aus dem Amerikan. von Karin Wördemann. Frankfurt/M. 1997

Court, Jürgen (Hg.): Was ist Sport? Sportarten in der Literatur. Schorndorf 2001 (Texte – Quellen – Dokumente zur Sportwissenschaft; 30)

Engel, Manfred (Hg.): Rilke-Handbuch. Leben – Werk – Wirkung. Unter Mitarbeit von Dorothea Lauterbach. Stuttgart [u. a.] 2004

Foucault, Michel: Überwachen und Strafen. Die Geburt des Gefängnisses [1975]. Aus dem Franz. von Walter Seiter. Frankfurt/M. 1977

Gansel, Carsten/Ächtler, Norman (Hg.): Das *Prinzip Störung* in den Geistes- und Sozialwissenschaften. Berlin/Boston 2013

Geßmann, Rolf: Bibliographie zu Sport und Spiel in der Kinder- und Jugendliteratur. Folgeband. Köln 2016 (Schriftenreihe der Zentralbibliothek der Sportwissenschaften der Deutschen Sporthochschule Köln)

Geßmann, Rolf: Auf die Plätze ... Erzählen vom Sport in fiktionalen Bilderbuchgeschichten. In: kids+media 1/14. Sport und Spannung, 1–21

Geßmann, Rolf: Fußball. In: Franz, Kurt/Lange, Günter/Payrhuber, Franz-Josef (Hg.): Kinder und Jugendliteratur. Ein Lexikon. Meitingen 2011, 28 S. (Loseblattsammlung)

Geßmann, Rolf: Sport in der Kinder- und Jugendliteratur. In: Hopster, Norbert (Hg.): Die Kinder- und Jugendliteratur in der Zeit der Weimarer Republik. Teil 1. Unter Mitarbeit von Joachim Neuhaus. Frankfurt/M. 2012, 385–422 (Kinder- und Jugendkultur, -literatur und -medien; 74)

Geßmann, Rolf: Sport in Kinderbüchern und die Inszenierung von Geschlechterverhältnissen. In: Hartmann-Tews, Ilse/Rulofs, Bettina (Hg.): Handbuch Sport und Geschlecht. Schorndorf 2006, 251–258 (Beiträge zur Lehre und Forschung im Sport; 58)
Geßmann, Rolf: Kinder- und Jugendliteratur zu Sport und Spiel. Eine kommentierte Bibliographie. Unter Mitarb. von Barbara Reuter. St. Augustin 1995 (Schriften der Deutschen Sporthochschule Köln; 32.Sonderband)
Gugutzer, Robert: Soziologie des Körpers. Bielefeld 2004
Gugutzer, Robert: Der *body turn* in der Soziologie. Eine programmatische Einführung. In: Ders.: body turn. Perspektiven der Soziologie des Körpers und des Sports. Bielefeld 2006a, 9–53 [Materialitäten; 2]
Gugutzer, Robert: body turn. Perspektiven der Soziologie des Körpers und des Sports. Bielefeld 2006b [Materialitäten; 2]
Herzog, Markwart/Pecher, Claudia (Hg.): Fußball in der deutschen Kinder- und Jugendliteratur. Stuttgart 2024 (Irseer Dialoge; 202)
Hopster, Norbert/Josting, Petra/Neuhaus, Jürgen: Kinder- und Jugendliteratur 1933–1945. Ein Handbuch. 2 Bd. Stuttgart 2001
Kamper, Dietmar/Wulf, Christoph (Hg.): Die Wiederkehr des Körpers. Frankfurt/M. 1982
Nassen, Ulrich: Hygiene, Diätetik, rassistische Eugenetik und Sport im Zeichen der Produktivitätssteigerung. In: Ders.: Jugend, Buch und Konjunktur 1933–1945. Studien zum Ideologiepotential des genuin nationalsozialistischen und des konjunkturellen ‚Jugendschrifttums'. München 1987, 76–84
Schroer, Markus: Räume, Orte, Grenzen. Auf dem Weg zu einer Soziologie des Raums. Frankfurt/M. 2006
Schroer, Markus: Zur Soziologie des Körpers. In: Ders.: Soziologie des Körpers [2005]. Frankfurt/M. ^{2}2012, 7–47
Sychowski, Gaja von: Korrelationen von Leibsein und Leibhaben – Helmuth Plessners anthropologische Grundfiguren der Conditio humana als Grundlagen einer Pädagogischen Anthropologie und poststrukturalistischer (Körper-)Utopien. 2012, 35 S. – URN: urn:nbn:de:0111-opus-55795 – https://doi.org/10.25656/01:5579
Wexberg, Kathrin: Mannschaftsbild mit Mädchen? Beobachtungen von Mädchen und Fußball in der Kinderliteratur. In: 1000 und 1 Buch 2.2006, 14–15
Winter, Rainer: Zwischen Widerstand und Ermächtigung. Zur Konstruktion des Körpers in den Cultural Studies. In: Alkemeyer, Thomas/Boschert, Bernhard/Schmidt, Robert/Gebauer, Gunter (Hg.): Aufs Spiel gesetzte Körper. Aufführungen des Sozialen in Sport und populärer Kultur. Konstanz 2003, 103–116
Wanda Walfisch. Lachgeschichten. Animationsfilm von Alexandra Schatz. In: Sendung mit der Maus. WDR 30.06.2019, https://www.wdrmaus.de/filme/lachgeschichten/wanda_walfisch.php5 (01.02.2024)

Den Körper per_formen. Verschränkungen von Physis, Persona und Poetik im (jugendliterarischen Schreiben über) Spoken-Word

Claudia Sackl

Abstract Within the contemporary literary scene, multimodal forms of poetic expression such as spoken word or (young adult) verse novels have gained considerably in frequency and popularity. In the performative genre of spoken word, the aesthetic text is produced within the performance, in which the poet-performer's voice and body constitute an essential component (cf. Novak 2011 as well as 2017; Benthien/Prange 2020). As a bridge between the multi-sensory, immersive spoken word performance and the scriptural, printed poem (cf. Coats 2018), the verse novel employs aesthetic strategies that can be read as an em_body_ment of the narrated within the space of narration. Based on selected works by artists such as Elizabeth Acevedo, this article investigates how the texts make use of their respective media-specific multimodal resources to negotiate (1) the relation between the fictional persona and the poet-performer's body, (2) the performative situation of the (fictional and real) artistic production, as well as (3) the entanglements between (the adolescent search for) identity and intersectional forms of discrimination.

Vorspann: Ver_Körper_ung[1] im Spoken-Word

So my mother tells me to fix my hair.
And by fix she means straighten,

[1] In Anlehnung an Natasha A. Kelly (2016, 7) sowie Adibeli Nduka-Agwu und Lann Hornscheidt (2013, 27 f.) soll die Setzung eines Unterstrichs innerhalb von Wörtern verdeutlichen, dass zwischen den dieserart verschränkten Wortbedeutungen bzw. Prozessen eine gegenseitige Wechselwirkung besteht und dass in deren Gleichzeitigkeit auch Lücken und Brüche entstehen.

C. Sackl (✉)
ISEK – Populäre Kulturen, Universität Zürich, Zürich, Schweiz
E-Mail: claudia.sackl@uzh.ch

A. Kagelmann et al. (Hrsg.), *Körper erzählen*, Studien zu Kinder- und Jugendliteratur und -medien 14, https://doi.org/10.1007/978-3-662-69255-4_2

she means whiten.
But how do you fix this shipwrecked history of hair?
The true meaning of stranded.
When tresses hug tight like African cousins in ship bellies.
Did they imagine that their great-grandchildren would look like us?
And would hate them how we do?
Trying to find ways to erase them out of our skin,
to iron them out of our hair,
this wild tangle of hair that strangles air.
You call them wild curls,
I call them breathing,
ancestors spiraling.
Can't you see them in this wet hair that waves like hello?
And yo, they say Dominicans do the best hair.
They can wash, set, flatten the spring in any lock.
But what they really mean is
we're the best at swallowing amnesia.
[…] (Acevedo 2016, 00:07–01:08)

In ihrem Spoken-Word-Text *Hair*[2] thematisiert die in New York geborene afro-dominikanische Autorin und mehrfach prämierte Poetry-Slammerin Elizabeth Acevedo jenes Haar, das nicht nur im Prozess der Konstruktion Schwarzer Identität seit Jahrhunderten eine zentrale Rolle einnimmt, sondern das auch – insbesondere in den vergangenen Jahren – mit Blick auf die Positionierung von Akteur:innen im diskursiven Feld der kulturellen und künstlerischen Produktion zu einer viel diskutierten Streitfrage geworden ist. Die intergenerationelle Weitergabe historischer Traumata, die strukturellen Dimensionen rassistischer Diskriminierung, die intersektionalen Verstrickungen von Schönheitsidealen, Gendernormen und Arbeitswelt, der *weiße* Zugriff auf den Schwarzen Körper, die lange Geschichte Schwarzer Widerständigkeit und Selbstbestimmung oder auch die umstrittene Frage kultureller Aneignung – dies sind nur einige der komplexen, vielschichtigen Bedeutungen, die sich in dem titelgebenden (Afro-)Haar widerspiegeln und die in Acevedos Performance mittels metaphorischer Bildsprache aufgerufen sowie performativ ausgehandelt werden.

Als „ship-wrecked history" (ebd., 00:20 f.), „swallowed amnesia" (ebd., 01:05–01:08) und „braid[ed] pride" (ebd., 01:54 f.) wird Afrohaar sowohl zum inhaltlichen Thema des gesprochenen Textes als auch zu jenem körperlichen Referenzobjekt, das in Acevedos eigenen dichten, dunklen Locken seine visuelle, performative Ver_Körper_ung findet. Mithilfe verschiedener deiktischer Gesten (siehe Abb. 1 a–d) verwies die Künstlerin in ihrer Performance beim *Women of the*

[2] Elizabeth Acevedos Spoken-Word-Text *Hair* ist in unterschiedlichen Performance- und Print-Variationen verfügbar: Einerseits finden sich auf YouTube eine Vielzahl verschiedener Aufnahmen des Textes (darunter mehrere Live-Aufführungen ebenso wie unterschiedliche eigens inszenierte Poetry-Clips), andererseits ist mit dem von Andrea Pippins illustrierten *Inheritance. A Visual Poem* (2022) eine Bilderbuch-Adaption des Textes auf den Markt gekommen, die die einzelnen Verse im ‚Doppelseiten-Rhythmus' bildlich in Szene setzt und so dem vielschichtigen Text-Geflecht *Hair* eine weitere multimodale Medienvariante hinzufügt.

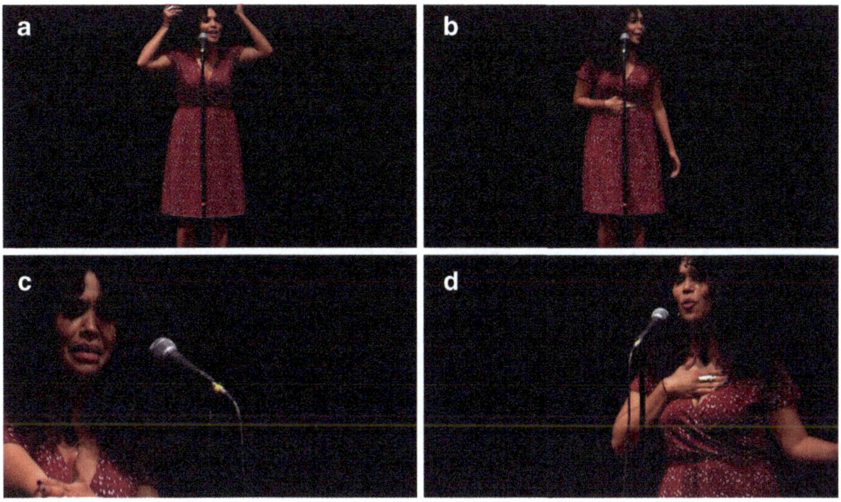

Abb. 1 a–d: Screenshots der Aufzeichnung von Elizabeth Acevedos Performance *Hair* beim *Women of the World Poetry Slam 2016* (im Uhrzeigersinn: 00:47; 02:10; 00:21; 00:39)

World Poetry Slam 2016, der von 9. bis 12. März in New York stattfand und bei dem Acevedo als Vertreterin von Washington D.C. auftrat, an unterschiedlichen Stellen auf ihr Haar (vgl. 00:19–00:23; 00:40 f.), ihre Haut (vgl. 00:38 f.), ihren Bauch (vgl. 00:46 f.) und ihre Brust (vgl. 02:07–02:13), um bestimmte Textzeilen zu unterstreichen und mit zusätzlicher Bedeutung aufzuladen. Ihr offen getragenes Haar hebt Acevedo zu Beginn der Performance ebenso wie an einer etwas späteren Stelle mit beiden Händen nach oben und gibt so dem von anderen als „wild tangle of hair that strangles air" (00:42–00:44) bezeichneten Haar noch mehr Raum. „**You** call them w i l d c u r l s, **I** call them breathing"[3] (00:44–00:47; Herv. d. Verf.), fährt sie fort und klopft sich mit voller Wucht mehrmals auf den Bauch, wodurch sie nicht nur den Beat der rhythmisch gesprochenen Worte untermauert, sondern auch die Semantik des freien, stabilen Atmens unterstreicht. Gleichzeitig fällt ihre Stimme während der Phrase „I call them breathing" in der Tonhöhe nach unten, was die Finalität ihrer Umdeutung des im dominanten *weißen* Blick abgewerteten natürlich getragenen Afrohaars verdeutlicht. Das im Audiotext artikulierte Ich wird dabei eng mit dem Körper der Künstlerin verzahnt – nicht zuletzt durch Acevedos physische Performance, in der sie ihren Körper nicht nur als *Signifikant*, sondern auch als *Signifikat* einsetzt. Dieser also sowohl auf der *histoire*- als auch der *discours*-Ebene zum Tragen kommende „Körpereinsatz", wie ihn Julia Novak in ihrem Grundlagenwerk *Live Poetry* (2011, 145; siehe auch Novak 2017, 149) bezeichnet, stellt einen wesentlichen Teil von Spoken-Word-Kunst dar: jener multimodalen Darstellungsform, die im vorliegenden Beitrag –

[3] Die Fettsetzung im Zitat soll eine höhere Lautstärke in der Text-Sprechung kennzeichnen, die größeren Buchstabenabstände markieren ein langsames Sprechtempo.

sowohl in ihrer performativen Ausprägung als auch in Form ihrer Darstellung im jugendliterarischen Versroman – im Zentrum steht. Besondere Aufmerksamkeit soll im Folgenden die Frage erhalten, wie sich die jeweiligen Texte ihre (medien-) spezifische Zeichenhaftigkeit zunutze machen, um die Performativität des Körpers auszuhandeln.

Der performende und performte Körper im Spoken-Word

Spoken-Word bezeichnet eine multimodale Kunstform, bei der ein lyrischer Text (oder, seltener, erzählende Kurzprosa) vorgetragen wird. Üblicherweise wird diese Performance von der Autor:in des Textes selbst durchgeführt, wodurch diese:r eine Doppelrolle als Verfasser:in *und* Vortragende:r zugleich einnimmt. Novak (2011, 62) schlägt daher vor, im Kontext von Spoken-Word anstelle von ‚Autor:innen' oder ‚Verfasser:innen' von ‚Poet-Performer:innen' zu sprechen. Es ist die mit diesem Begriff konnotierte körperliche Präsenz der Autor:in in der Performance, die die kategorische Differenzierung zwischen textimmanenter Sprecher:in und textexterner Autor:in – eines der grundlegendsten Postulate der Literaturwissenschaft – zwar nicht aufhebt; durch die komplexen körperlichen Verstrickungen von fiktionaler und realer Sprechinstanz im Spoken-Word wird sie jedoch signifikant modifiziert und (in der Rezeption) deutlich erschwert.

Dies hat nicht zuletzt mit den (medien-)ästhetischen, performativen Charakteristika von Spoken-Word-Kunst zu tun: Im Gegensatz zu skripturaler Literatur, in der der schriftsprachliche, visuell erfahrbare Text das poetische Werk bildet, wird ein skripturaler Text im Spoken-Word oft gar nicht zugänglich gemacht. Vielmehr wird das poetische Werk erst durch die „situativ gebundene auditiv-vokale ‚Text-Sprechung'" (Benthien/Prange 2020, 517) hervorgebracht und so in der Aufführungssituation als ästhetisches Ereignis performativ produziert (vgl. hierzu auch Novak 2011, 62). Insbesondere in (Mitschnitten von) Live-Auftritten vor Publikum kommt dabei der physischen Ko-Präsenz von Poet-Performer:in und Rezipient:innen – ganz ähnlich wie im Theater – eine konstitutive Rolle zu (vgl. Novak 2011, 62).

Im Zentrum einer jeden Spoken-Word-Performance steht der von Novak in Anlehnung an Charles Bernstein so bezeichnete „Audiotext" (ebd., 75), der aus verbal-sprachlichen ebenso wie non-verbalen lautlichen Elementen besteht. In ihrer eingangs zitierten Performance von *Hair* schnalzt Elizabeth Acevedo etwa mit der Zunge, bevor sie die Phrase „And yo, they say Dominicans do the best hair" einleitet (vgl. Acevedo 2016, 00:53). Der nonverbale Laut dient an dieser Stelle dazu, Missfallen auszudrücken, und nimmt den ironischen Unterton der darauffolgenden Bemerkung, dass Dominikaner:innen die ‚Besten' im Stylen von Afrohaaren seien, bereits vorweg. „They can wash, set, flatten the spring in any lock. But what they really mean is we're the best at swallowing amnesia", macht der Text diese Ironie in den darauffolgenden Zeilen explizit und verweist auf die epistemischen Folgen, die der Praxis und Symbolik des Glättens von Afrohaaren in einem postkolonialen Kontext innewohnen.

Neben verbal-sprachlichen und nonverbalen Elementen zeichnet sich der hörbare akustische Audiotext einer Spoken-Word-Performance auch durch suprasegmentale paralinguistische Elemente aus, die den verbal-sprachlichen Text modifizieren können, indem sie etwa zur Grundstimmung der Performance beitragen oder einzelne Elemente hervorheben, modulieren oder auch kontrastieren. Novak (2011, 85–124) beschreibt in diesem Kontext fünf zentrale artikulatorische Parameter, die in Spoken-Word-Performances zum Einsatz kommen können: Rhythmus, Lautstärke, Tonhöhe, Artikulation und Klangfarbe.

In der physischen Performance eines Spoken-Word-Textes verschränken sich die *auditiven*, an die *Stimme* der Poet-Performer:in gebundenen Elemente zusätzlich mit einer *visuellen*, an den *Körper* gebundenen Kommunikationsebene: Novak spricht in diesem Kontext von „Körpereinsatz" (2017, 149) bzw. „body communication" (2011, 145), welche(r) u. a. Körperhaltung, Gestik und Mimik umfasst und etwa dazu dienen kann, die reale bzw. fiktionale Sprechinstanz zu charakterisieren, den Audiotext zu modifizieren oder Emotionen, Einstellungen bzw. zwischenmenschliche Relationen auszudrücken. Sowohl die Stimme als auch der Körper der Poet-Performer:in erhalten also eine konstitutive ebenso wie bedeutungskonstituierende Funktion: In der audiovisuellen Performance wird der Audiotext nicht nur lebendig (in anderen Worten: ver_körper_t), sondern auch – durch die „Rückbindung der Subjektivität des *artikulierten Ich* an die des Sprechers oder der Sprecherin" (Novak 2017, 148) – mit zusätzlichen ver_körperlich_t_en Bedeutungen überschrieben. Fiktionale und reale Sprechsituation treten dabei in ständigen engen Austausch.

Dies ist auf die besondere Kommunikationssituation im Spoken-Word zurückzuführen, wie sie von Novak in ihrer wegweisenden Publikation detailliert beschrieben wurde: Um die interdependente Beziehung zwischen den verschiedenen Instanzen im Spoken-Word (Poet-Performer:in – Publikum, reale – fiktionale Sprechsituation) zu veranschaulichen, modifiziert sie das von Vera und Ansgar Nünning (2001, 53) entworfene Kommunikationsmodell für Gedichte, das kategorisch zwischen einer extratextuellen (realen) und intratextuellen (fiktionalen) Ebene unterscheidet und den Text(-Sinn) als mehr oder weniger linearen Transfer von der Autor:in zu der Leser:in darstellt (siehe hierzu auch Sackl 2022). In ihrem Modell verzichtet Novak zum einen auf eine absolute Trennung zwischen realer und fiktionaler Kommunikationssituation, zum anderen platziert sie reale:n Autor:in und reales Publikum im selben Feld, um einerseits ihrer raum-zeitlichen Begegnung und andererseits der Tatsache Rechnung zu tragen, dass es im SpokenWord keinen ‚Text' gibt, der eindeutig von seinen Produzent:innen und Rezipient:innen loszulösen ist.

Wie aus Novaks Modell hervorgeht, zeichnet sich Spoken-Word-Kunst u. a. dadurch aus, dass die *fiktionale* raum-zeitliche Kommunikationssituation nur innerhalb der *realen* raum-zeitlichen Situation der Performance, in der – sofern es sich um einen Live-Auftritt handelt – reale:r Autor:in und reales Publikum gemeinsam anwesend sind, zugänglich ist. In jedem Fall wird die fiktionale Sprecher:in im Spoken-Word *in der Performance* durch die körperlich präsente:n Poet-Performer:in *hervorgebracht*. Als Rezipitient:innen können wir erstere:n daher nur über die Körperlichkeit des:der letzteren wahrnehmen. Die Subjektivität des Spoken-Word-Textes bezeichnet Novak daher als eine „verkörperte“:

> Sie wird nicht als subjektiver Ausdruck einer dem Text eingeschriebenen Sprechinstanz wahrgenommen, sondern als Ausdruck einer konkreten, leiblichen Person, von der dieser Text perzeptiv schwer ablösbar ist. Damit soll nicht behauptet werden, dass eine Unterscheidung zwischen artikuliertem Ich (der ‚Stimme im Text‘) und vortragender Autorin überflüssig wäre – bei Letzterer handelt es sich schließlich um einen lebendigen (sterblichen!) Menschen, während Ersteres eine abstrakte Funktion des Texts bezeichnet, die zumindest in Aufzeichnungen und Niederschriften eines Gedichts bestehen bleibt, selbst dann, wenn der Mensch aufgehört hat zu existieren. Unbestreitbar ist jedoch die suggestive Kraft des menschlichen Körpers in der Performance, dessen Anwesenheit somit neue Bedeutungsebenen eröffnet. (2017, 157)

Sybille Krämer verweist in diesem Kontext auf den Unterschied zwischen Oralität und Skripturalität: „Das gesprochene Wort scheint in seiner Fluidität noch ein Attribut des Sprechers zu sein, ganz und gar verwoben mit ihm als Person“ – erst die „Institution der Schrift“ ermögliche eine „Dissoziierung“ von Körper und Person (2002, 340).

Während der Eindruck der Unmittelbarkeit einer Text-Sprechung durch die Kameraaufzeichnung eines Live-Auftritts zwar gebrochen wird, bleibt der ephemere Charakter, der Live-Aufführungen in ihrer zeitlichen Begrenztheit, Singularität, Unumkehrbarkeit und Transitorik auf *phänomenologischer* Ebene auszeichnet (vgl. Benthien/Prange 2020, 518), in der technischen Aufzeichnung aber dennoch *konzeptuell* erhalten (vgl. Benthien 2017, 43; Fischer-Lichte 2004): In der Aufnahme von Elizabeth Acevedos Performance *Hair* beim *Women of the World Poetry Slam 2016* fokussiert die Kamera etwa ganz auf die Poet-Performerin und zeigt diese immer wieder in Close-Ups; das Publikum ist nicht sicht-, sondern nur hörbar. Dabei wird gerade durch den Einsatz technologischer Mittel in der Re_Mediatisierung, die im Vergleich zu einem Live-Auftritt vor einem körperlich präsenten Publikum eine größere Distanz zu den Rezipient:innen vorweist, besondere Intimität erzeugt. Dies geschieht nicht nur durch die Nahaufnahme der Poet-Performer:innen, sondern auch wenn uns die über Lautsprecher bzw. Kopfhörer technisch amplifizierte Stimme in der Rezeption auf körperlich-sensorischer Ebene ganz nahe tritt (vgl. hierzu auch Vorrath 2020, 155 f.).

Besonders im Gegensatz zum auf der Buchseite fixierten, schriftsprachlichen Text behält die aufgezeichnete Performance zudem auch insofern ein konstitutives Moment der Flüchtigkeit, als sie „in einem anderen Maße der Zeit [unterliegt]“ (Novak 2017, 148) als der gedruckte skripturale Text, der auf seinem räumlich-visuellen Canvas solange sichtbar bleibt, bis wir das Buch zuklappen.

Im Gegensatz dazu wird der Audiotext, der auf einem zeitlich geordneten, akustischen Canvas transportiert wird, durch die Vibration der Stimmbänder der Poet-Performer:in artikuliert: „als Schwingungen pro Sekunde“ (ebd., 149), die mit dem Fortschreiten der Zeit verklingen – auch wenn wir im Video vor- und zurückspulen können. Die durch das Mikrophon bereits in der Live-Performance technisierte ent_körperlichte Stimme stellt dabei eine ‚residuale‘ Körper_Spur (siehe hierzu auch Pinto 2012, 11) dar, die in der in beliebigen raum-zeitlichen Situationen wiederholbaren Aufzeichnung ‚de-situiert‘ und ‚de-kontextualisiert‘ (Benthien 2017, 39) wird.

Insbesondere (aber nicht nur) dann, wenn die physische (sowie biografische) Identität der Poet-Performer:in und der textimmanenten Sprecher:in signifikante Ähnlichkeiten aufweisen, wird die konzeptuelle Trennung zwischen realer und fiktionaler Sprechsituation im Spoken-Word also signifikant erschwert (vgl. hierzu Novak 2011, 192), wobei es häufig „zu einer Verschmelzung dieser beiden Ebenen von Subjektivität“ und im Zuge dessen „zu einem Anschein von Authentizität“ (Novak 2017, 158) kommt. Ein solcher „Authentizitätseffekt“ (ebd.) entsteht auch in Elizabeth Acevedos Performance von *Hair*, in der die physische Präsenz der Künstlerin in zweifacher Weise dazu beiträgt, den Audiotext zu untermauern. (1) Einerseits nutzt sie ihr *body set*, das nach Novak (vgl. ebd., 147) physische Charakteristika wie Alter, Geschlecht, Rassifizierung, Körperstatur etc. umfasst, um einen Eindruck von Authentizität zu erzeugen: Für die Wirkung der Performance ist es insofern von Bedeutung, dass es Elizabeth Acevedo (als Schwarze Frau mit dominikanischer Herkunft) ist, die den Text vorträgt, da dieser von einer anderen Person mit einer anderen kulturellen Positionierung wohl kaum in derselben performativen Körperlichkeit glaubwürdig inszeniert werden könnte. (2) Andererseits bekräftigen Acevedos bereits erwähnte wiederholte deiktische Gesten auf ihren Körper, d. h. ihre in der Performance ausgeführten Körperbewegungen, die Novak (ebd., 147) als *body action* bezeichnet, den bereits durch ihr *body set* erzeugten Authentizitätseffekt.[4]

Laut Novak (2017, 161) trägt das Verschwimmen der Grenzen zwischen der fiktionalen Sprechsituation und dem realen Kontext der Performance im Spoken-Word wesentlich dazu bei, dass in dieser Kunstform häufig wenn nicht autobiografische, so zumindest personenbezogene Lesarten nahegelegt werden. In jedem Fall aber erlangt das Verhältnis der Poet-Performer:in zur textimmanenten Sprechinstanz aufgrund der hör- und sichtbaren körperlichen Präsenz der Autor:in in der Performance im SpokenWord – anders als in skripturaler Literatur – eine konstitutive Rolle. Insofern kann auch die explizite Nicht-Entsprechung der Identität von realer Poet-Performer:in und fiktionaler Sprecher:in bedeutungstragende

[4] Wie der im Spoken-Word erzeugte Authentizitätseffekt im Sinne eines Spivak'schen strategisch sinnvollen Essenzialismus genutzt werden kann, um sein postkoloniales Potenzial zu mobilisieren, habe ich an anderer Stelle untersucht (vgl. Sackl 2022).

Funktion erhalten (vgl. Novak 2011, 188–193). In einem Spoken-Word-Vortrag zu Rassismus und deutscher Sprache integriert der afrodeutsche Autor, Spoken-Word-Künstler, Herausgeber und Aktivist Philipp Khabo Koepsell etwa folgende Passage:

> All das ist verinnerlichter Rassismus: Ich sage dir, dass du weniger wert bist, damit du es verinnerlichst und du meinen Ambitionen nicht mehr im Weg stehst. Und sogar mein Sprachgebrauch reflektiert diese Haltung. Ich nenne meine Völker „Völker", deine Völker nenne ich „Stämme". Ich nenne meine Sprachen „Sprachen", deine Sprachen nenne ich „Dialekte". Meine Bürgermeister und Volksvertreter, die nenn' ich auch so, deine hingegen, die nenne ich „Häuptlinge". [...] Und nicht einmal deine Kriege lasse ich gelten, ich nenne sie „Stammesfäden" und „ethnische Konflikte". (Koepsell 2012, 05:00–06:06)

Dass hier das sprechende Ich nicht mit dem Poet-Performer gleichgesetzt werden kann, ist offensichtlich. Die kognitive Dissonanz zwischen dem realen Schwarzen Künstler und der fiktionalen Persona, die aus einer Position *weißer* Überlegenheit spricht und das afrikanische Du mithilfe wirklichkeitskonstituierender, d. h. performativer Benennungsakte als inferior und primitiv konstruiert, erzeugt in dem performten Text eine kritische Distanz zu dem dominanten Othering-Diskurs, der auf diese Weise verfremdet, entnormalisiert und in seiner Absurdität entlarvt wird.

Der performende und performte Körper im Versroman

In der zeitgenössischen Literaturszene wird Spoken-Word-Kunst nicht nur vielfach produziert und rezipiert, sondern auch in jugendliterarischen Textformen wie etwa Elizabeth Acevedos Versroman *The Poet X* (2018; dt. *Poet X*, 2019) verhandelt. *The Poet X* erzählt aus der Ich-Perspektive der adoleszenten, in New York aufgewachsenen Xiomara, deren Eltern aus der Dominikanischen Republik in die USA migriert sind: Weder mit ihrer gottesfürchtigen Mutter noch mit ihrem schweigenden Vater kann sie, die als einzige in der Familie keinen biblischen Namen trägt, sich identifizieren. Mit sich selbst und ihrem sich verändernden Körper zunächst aber ebenso wenig. Gleich zu Beginn des Buches heißt es:

> I am unhide-able.
> Taller than even my father, with what Mami has always said
> was "a little too much body for such a young girl."
> I am the baby fat that settled into D-cups and swinging hips
> so that the boys who called me a whale in middle school
> now ask me to send them pictures of myself in a thong. (Acevedo 2019, 5)

Reduziert auf ihren durch rassistisch-sexistische Diskurse überschriebenen Körper, auf dem sich patriarchal-kolonialistisch geprägte Vorstellungen Schwarzer Weiblichkeit abzeichnen, hadert Xiomara mit ihrer Identität, ihrem Selbstbild und ihrer Körperlichkeit. Ihr vermeintliches körperliches „Zuviel" versucht die 15-Jährige hinter zu großer Kleidung zu verstecken, um damit sich selbst und ihre nicht-normkonforme Identität unsichtbar zu machen. Denn in die etablierten, zitatförmigen Praktiken von ‚Frau-Sein' (vgl. Butler 1991)[5] kann sich Xiomara nicht einordnen: Als „niña de la casa" (Acevedo 2019, 42; dt. das Mädchen im Haus) wird von ihr erwartet, höflich zu sein, die Stimme nicht zu erheben und sexuell enthaltsam zu leben – bis zu ihrer Heirat. Häufig kommt sie jedoch mit blutigen Fäusten nach Hause, weil sie wieder einmal ihren schmächtigen Zwillingsbruder verteidigt hat. Sowohl mit ihrem *body set* (an dem sich mehrere kulturelle Identitätspositionen auf komplexe Weise überschneiden) als auch mit ihrer *body action* durchkreuzt Xiomara also intersektional bedingte genderspezifische Zuschreibungen.

Nur in ihren Gedichten, die sie in einem Notizbuch niederschreibt, wagt sie es zunehmend, aus ihrer Selbstzensur auszubrechen und sich neue Identitätskonzeptionen zu erschreiben. In der zunächst heimlichen Performance ihrer Verszeilen macht sie schließlich auch ihre Stimme hörbar und findet so schrittweise zu einer selbstbestimmten körperlichen Ausdrucksweise:

> Tonight after my shower
> instead of staring at the parts of myself
> I want to puzzle-piece into something else
> I watch my mouth memorize one of my poems.
> […]
> I let the words shape themselves hard on my tongue.
> I let my hands pretend to be punctuation marks
> that slash, and point, and press in on each other.
> I let my body finally take up all the space it wants.
> I toss my head, and screw up my face,
> and grit my teeth, and smile, and make a fist,
> and every one of my limbs
> is an actor trying to take center stage.
> (Ebd., 79)

Ist Xiomaras Notizbuch für sie zu einem persönlich-privaten Schutzraum und Rückzugsort geworden, so kann sie in der Performance ihrer Verse, anstatt sich weiterhin klein zu machen, ihrer aufbegehrenden Stimme und ihrem Körper endlich den Raum geben, den diese benötigen. Das Gedicht, das sie – wie der Titel *Holding a Poem in the Body* nahelegt – *in* ihrem Körper (fest-)gehalten hat, trägt sie nun mit vollem ‚Körpereinsatz' (im Sinne Julia Novaks) nach außen. Diesen physischen Produktions- und Artikulationsprozess beschreibt Xiomara detailliert. Sie beobachtet, wie ihre Worte sich auf ihrer Zunge bilden. Ihre durch die Luft schneidenden, sich zunehmenden verdichtenden Handbewegungen werden zu Satzzeichen, während sie ihr Gesicht verzieht, ihre Zähne zusammenbeißt und ihre Hände zu Fäusten ballt. Es scheint, so heißt es, als würden ihre Körperteile miteinander um einen Platz in Xiomaras multimodaler Text-Sprechung ringen. Die

[5] In *Das Unbehagen der Geschlechter* (1991) hat Judith Butler Geschlecht(erzugehörigkeit) als einen performativen Akt beschrieben, der Geschlecht(sein) erst in seinem Vollzug immer wieder aufs Neue diskursiv hervorbringt und auf ebendiese zitathafte Wiederholung angewiesen ist, um den Anschein von Natürlichkeit und Normalität aufrechtzuerhalten.

vielen Anaphern und Wiederholungen im abgedruckten Gedicht erzeugen dabei eine rhythmische Struktur, die das rasche Aufeinanderfolgen der Körpergesten versinnbildlichen und den Prozess des körperlichen ebenso wie diskursiven Raumgreifens und -aneignens verdeutlichen.

Während die Protagonistin ihre Verszeilen, wie in dieser Szene, zunächst nur alleine vor dem Spiegel vorträgt, tritt sie später auch auf der Bühne auf. An keiner dieser Stellen jedoch lesen wir die Gedichte, die sie performt. Der Audiotext selbst bleibt im Roman eine Leerstelle, die wir als Leser:innen in unserer Imagination selbst füllen müssen bzw. können. Die einzige Live-Performance-Situation, der wir in *The Poet X* auch mittelbar auditiv beiwohnen, ist jene, in der Xiomara in eine Art Dialog-Duell mit ihrer Mutter tritt, nachdem diese ihr Notizbuch gefunden hat und es verbrennen möchte. Völlig aufgelöst und in Panik verfallen beginnt Xiomara eines ihrer Gedichte zu rezitieren, während ihre Mutter auf Spanisch das *Ave Maria* herunterbetet. Die sich überlagernden Sprachfetzen werden auf der Buchseite jeweils links und rechts untereinander positioniert, sodass der Eindruck einer Rede-Gegenrede-Struktur entsteht, wie man sie auch aus Rap-Battles kennt, was der dramatisch-kulminativen Szene zugleich ein Moment des Komisch-Grotesken verleiht:

> **Verses**
>
> "I'm where the X is marked
> I arrived battle ready –"
>
> Dios te salve, María,
> Llena eres de gracia;"
>
> "I am the indication,
> I sign myself across the line."
>
> "el Señor es contigo;
> bendita tú eres
> entre todas las mujeres,"
>
> "The X I am
> is an armored dress
> I clothe myself in every morning." […]
> (Acevedo 2019, 306f.; Herv. i. O.)

Während bei Xiomaras anderen Performances auf der Bühne oder vor dem Spiegel ausschließlich der Kontext rund um die Text-Sprechung präsentiert wird, fokussiert der Text an dieser Stelle ausschnitthaft auf die gesprochenen Worte von Mutter und Tochter. Ein erläuterndes, beschreibendes – und womöglich ablenkendes – Äußeres wird nicht erzählt, was nahelegt, dass ein distanzierter Blick auf die Situation nicht möglich ist: Xiomara scheint nicht mehr in kontrollierter Weise aus der Position einer von ihrer Identität und ihrer leiblichen Präsenz abtrennbaren Persona zu performen, sondern geht vollkommen in der Text-Sprechung auf. Artikuliertes Ich und sprechendes Ich kommen dabei – anders als in bewusst inszenierten Performances, wie sie im Spoken-Word üblich sind – zur Deckung.

Der Versroman als Ver_Körper_ung des Erzählten

Wie sich die Gattung des Versromans multimodale Gestaltungsmittel innerhalb dessen, was Anna Stemmann als „Erzählraum" (vgl. 2016, 8; 2019, 30–33) bezeichnet hat, zunutze machen kann, wird bereits an diesem Beispiel deutlich. Im Gegensatz zu Spoken-Word-Performances kann der auf dem zweidimensionalen, räumlich-visuellen ‚Canvas' (vgl. Wildfeuer/Bateman/Hiippala 2020, 258–265) der Buchseite gebannte Text zwar keine direkten multisensorischen Wirkungen erzeugen, diese aber durchaus imitieren. Um Klang, Körperlichkeit und Bewegung auf der gedruckten Seite nachzuvollziehen, stehen dem Versroman als multimodaler Kunstform unterschiedliche ‚semiotische Ressourcen' (vgl. Kress/van Leeuwen 2001, 21 f.) zur Verfügung: Einerseits kann ihm durch sprachlich-verbale Elemente eine auditive Qualität eingeschrieben sein; andererseits kann er diese durch grafisch-visuelle Elemente wie Satz, Layout und Typografie nachahmen. Diese multimodalen Ressourcen werden dabei zu einem integrativen Bestandteil der Diegese und vereinen sich im Sinne Karen Coats zu einer visuellen und akustischen Allegorie ver_körperlich_t_er Erfahrungen:

> [W]hile language imposes a gap between a fully immersive, multisensory experience of the world and its mental representations, poetic language can go a long way toward bridging that gap. […] [T]he poetry in a […] verse novel often works to directly allegorize embodiment, not through a verbal metaphor that requires interpretation or even through a direct expression of a psychological state or physical action. Instead, embodied experience is given visual form through spatial arrangement, or expressed sonically through distinctive rhythms, with font styles acting as stage directions for oral interpretation. (Coats 2018, 147 f.)

Auch wenn paralinguale Eigenschaften einer Performance nicht automatisch, also direkt-linear, vom geschriebenen Text ableitbar sind (vgl. Novak 2011, 105), können multimodale Ressourcen poetischer Sprache im Versroman dennoch genutzt werden, um eine Laut- und Körperlichkeit zu erzeugen, die skripturalen Medien eigentlich nicht eigen ist. Insofern kann das Genre des Versromans eine Brückenfunktion zwischen der direkt-immersiven, multisensorischen Erfahrung einer Spoken-Word-Performance und dem schriftsprachlichen Text einnehmen: Seine visuellen und akustischen Allegorien körperlicher Erfahrungen werden in diesem Sinne als Ver_Körper_ung des Erzählten innerhalb des Erzählraums auf der Buchseite lesbar, die in *The Poet X* in Form einer ästhetischen Spiegelung mit Versen von Versen erzählen. Mit Ludwig Jäger (2014) kann hier von einem transkriptiven Prozess, bei dem sprachliche Sinnkonstituierung in einem Übersetzungsprozess zwischen Mündlichkeit – sowie, im weiteren Sinne, Körperlichkeit – und Schriftlichkeit stattfindet, gesprochen werden.

Als Beispiel soll hierfür jene Szene aus *The Poet X* dienen, in der Xiomara von ihrer Mutter dazu gezwungen wird, auf Reiskörnern vor dem Altar zu knien, um dafür, dass sie einen Jungen geküsst hat, um Vergebung zu bitten. Die Verse, in welchen Xiomara von den Geschehnissen und ihren Gefühlen und Gedanken berichtet, werden in dem als *Ants* betitelten Gedicht (siehe Abb. 2) in diagonal

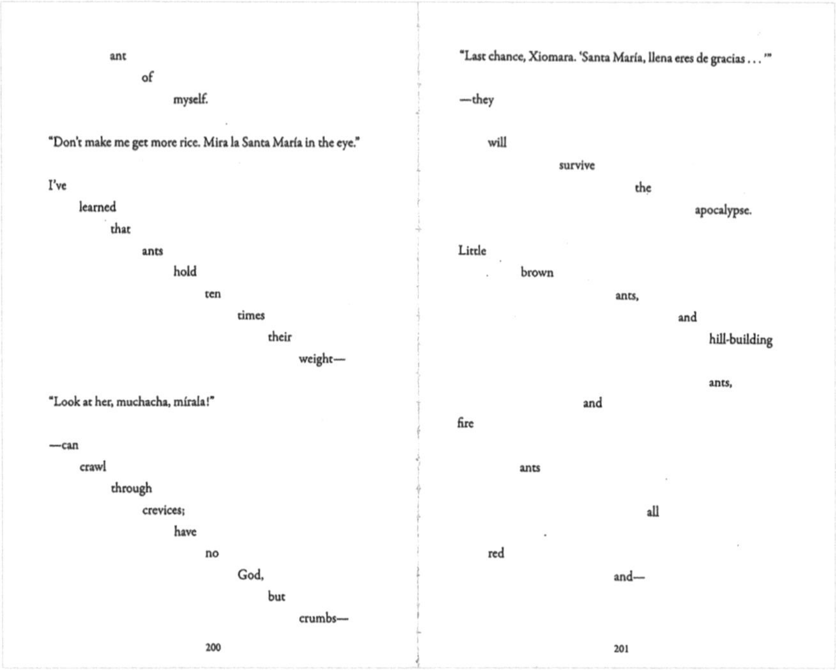
ant
of
myself.

"Don't make me get more rice. Mira la Santa María in the eye."

I've
learned
that
ants
hold
ten
times
their
weight—

"Look at her, muchacha, mírala!"

—can
crawl
through
crevices;
have
no
God,
but
crumbs—

200

"Last chance, Xiomara. 'Santa María, llena eres de gracias . . . '"

—they

will
survive
the
apocalypse.

Little
brown
ants,
and
hill-building

ants,
and
fire

ants
all

red
and—

201

Abb. 2 Ausschnitt aus dem Gedicht *Ants* aus *The Poet X* (Acevedo 2019, 200 f.)

auf der Buchseite abfallenden Zeilen positioniert. Die Bewegungslinien der Verse vollziehen dabei nicht nur die Körperhaltung der mit gebeugten Kopf knienden Protagonistin nach, sondern können auch als visuelle Analogie zu jenem stechenden Schmerz gelesen werden, den Xiomara spürt, wenn sich viele kleine Reiskörner in ihr Knie bohren (siehe auch Acevedo 2019, 212). Darüber hinaus erinnern die separat platzierten Worte im visuellen Gesamteindruck an die für das Gedicht titelgebenden Ameisen, als die sich Xiomara imaginiert. Unterbrochen werden die abfallenden Wörter nur von den Äußerungen der Mutter, deren geradlinige, horizontale Verszeilen die regelmäßig abfallende Textstruktur ebenso ‚stören', wie sie in Xiomaras Gedanken eindringen.

Als der Schmerz unerträglich wird, bricht die lineare Struktur der Verszeilen schließlich vollends auf. Einzelne Worte werden an unterschiedlichen Positionen im weißen Erzählraum platziert – bis die Verse plötzlich, mitten im Satz, abbrechen. Dieserart selbstreferentielle, ‚syndiegetische' Erzählverfahren (vgl. Bunia 2005), die die sinnlichen Eindrücke, die sie bezeichnen, für die Leser:innen – zumindest mittelbar bzw. *transkriptiv* – erfahrbar machen, können im Versroman als genrecharakteristisch bezeichnet werden.

Fazit

Mit Blick auf die Spoken-Word-Performance *Hair* (2016) von Elizabeth Acevedo und ihrem jugendliterarischen Versroman *The Poet X* (2018) erkundete der vorliegenden Beitrag die Bedeutungen und Funktionen des performenden und performten Körpers in der jeweiligen oralen respektive skripturalen Kunstform. Besondere Aufmerksamkeit wurde darauf gelenkt, wie sich die untersuchten (Audio-)Texte ihre Zeichenhaftigkeit, Materialität und Medialität zunutze machen, um (1) die Verstrickungen zwischen Text(lichkeit) und Körper(lichkeit), (2) die körperlichen Handlungen und Erfahrungen der fiktionalen Figur/Persona und (3) die performative Situation der (fiktionalen sowie realen) Kunstproduktion metareferentiell auszuhandeln. Besondere Betrachtung erhielten dabei jene Wechselwirkungen, die sich zwischen *body set* und *body action* (vgl. Novak 2011, 147) der Sprecher:in, der körperlichen Verfasstheit und der dadurch bedingten soziokulturellen Positionierung der fiktionalen Figur/Persona, sowie den im (Audio-)Text thematisierten, auf physischen Zuschreibungen basierenden Unterdrückungsformen entspinnen. Während dabei einerseits die bedeutungskonstituierende Rolle der Körper(lichkeit) der Poet-Performer:in im Spoken-Word hervorgehoben und die Text-Sprechung als *performative Ver_Körper_ung* des poetischen Werks gelesen wurde, wurden andererseits die im Versroman auf der Buchseite häufig visuell inszenierten Verszeilen als *skripturale Ver_Körper_ung* des Erzählten im Erzählraum betrachtet. Inwiefern in beiden Fällen transkriptive Prozesse im Sinne Ludwig Jägers (2014) – zum einen in Form grapho-phonischer[6] und zum anderen in Form phono-graphischer Prozessierungen – zu tragen kommen, bleibt in weiteren Untersuchungen herauszuarbeiten. Zukünftige Forschungsarbeiten erwartet jedenfalls sowohl im Bereich Spoken-Word als auch innerhalb der Gattung Versroman ein reichhaltiges, immer umfassender und vielfältiger werdendes Material.

Literatur

Primärliteratur

Acevedo, Elizabeth: Hair. Performance bei dem Women of the World Poetry Slam 2016 (2016), https://youtu.be/J-DrDINervE (28.02.2023)

Acevedo, Elizabeth: The Poet X [2018]. New York: Harper Collins 2019

Acevedo, Elizabeth/Pippins, Andrea (Ill.): Inheritance. A Visual Poem. New York: Harper Collins 2022

[6] Zur audioliteralen Transkriptivität von Spoken-Word-Performances siehe u. a. Claudia Benthien und Catrin Prange (2020).

Koepsell, Philipp Khabo: Rassismus und die (deutsche) Sprache. Performance-Vortrag im Rahmen des 20-jährigen Jubiläums des Antidiskriminierungsbüros Köln im September 2012 (2012), https://www.youtube.com/watch?v=WmC9Glu_c7k&t=350s (28.02.2023)

Sekundärliteratur

Benthien, Claudia: *Audio-Poetry*. Lyrical Speech in the Digital Age. In: Kjerkegaard, Stefan/ Ringgaard, Dan (Hg.): Dialogues on Poetry. Mediatization and New Sensibilities. Aalborg 2017, 39–61

Benthien, Claudia/Prange, Catrin: Spoken-Word-Literatur und Poetry Slam. In: Binczek, Natalie/ Wirth, Uwe (Hg.): Handbuch Literatur & Audiokultur. Berlin 2020, 517–533

Bunia, Remigius: Die Stimme der Typographie. Überlegungen zu den Begriffen *Erzähler* und *Paratext*, angestoßen durch die *Lebens-Ansichten des Katers Murr* von E. T. A. Hoffmann. In: Poetica 37 (2005), 373–392

Butler, Judith: Das Unbehagen der Geschlechter. Übers. aus dem Amerikan. von Kathrina Menke. Frankfurt/M. 1991

Coats, Karen: Form as Metaphor in Middle Grade and Young Adult Verse Novels. In: The Lion and the Unicorn 42 (2018) 2, 145–161

Fischer-Lichte, Erika: Einleitende Thesen zum Aufführungsbegriff. In: Dies./Risi, Clemens/ Roselt, Jens (Hg.): Kunst der Aufführung – Aufführung der Kunst. Berlin 2004, 11–26

Jäger, Ludwig: Audioliteralität. Eine Skizze zur Transkriptivität des Hörbuchs. In: Binczek, Natalie/Epping-Jäger, Cornelia (Hg.): Das Hörbuch. Praktiken audioliteralen Schreibens und Verstehens. München 2014, 231–253

Kelly, Natasha A.: Afrokultur. „der raum zwischen gestern und morgen". Münster 2016

Krämer, Sybille: Sprache – Stimme – Schrift. Sieben Gedanken über Performativität als Medialität. In: Wirth, Uwe (Hg.): Performanz. Zwischen Sprachphilosophie und Kulturwissenschaften. Frankfurt/M. 2002, 323–346

Kress, Gunther/Leeuwen, Theo van: Multimodal Discourse. The Modes and Media of Contemporary Communication. London 2001

Nduka-Agwu, Adibeli/Hornscheidt, Antje Lann: Der Zusammenhang zwischen Rassismus und Sprache. In: Dies. (Hg.): Rassismus auf gut Deutsch. Ein kritisches Nachschlagewerk zu rassistischen Sprachhandlungen. Frankfurt/M. [2]2013, 11–33

Novak, Julia: Live Poetry. An Integrated Approach to Poetry in Performance. Amsterdam 2011

Novak, Julia: Live-Lyrik. Körperbedeutung und Performativität in Lyrik-Performances. In: Bers, Anna/Trilcke, Peer (Hg.): Phänomene des Performativen in der Lyrik. Systematische Entwürfe und historische Fallbeispiele. Göttingen 2017, 147–162

Nünning, Vera/Nünning, Ansgar: Grundkurs anglistisch-amerikanistische Literaturwissenschaft. Stuttgart 2001

Ong, Walter J.: Oralität und Literalität. Die Technologisierung des Wortes. Opladen 1987

Pinto, Vito: Stimmen auf der Spur. Zur technischen Realisierung der Stimme in Theater, Hörspiel und Film. Bielefeld 2012

Sackl, Claudia: „Ich bin ich". Zum postkolonialen und medienästhetischen Potenzial von Spoken-Word im Deutschunterricht. In: Der Deutschunterricht 5 (2022), 59–70

Stemmann, Anna: Überlegungen zu einer visuellen Narratologie. Bild-und-Text-Symbiose in Walter Moers' Zamonien-Romanen. In: interjuli 2 (2016), 6–28

Stemmann, Anna: Räume der Adoleszenz. Deutschsprachige Jugendliteratur der Gegenwart in topographischer Perspektive. Stuttgart 2019 (Studien zu Kinder- und Jugendliteratur und -medien; 4)

Vorrath, Wiebke: Hörlyrik der Gegenwart. Auditive Poesie in digitalen Medien. Würzburg 2020

Wildfeuer, Janina/Bateman, John/Hiippala, Tuomo: Multimodalität. Grundlagen, Forschung und Analyse. Eine problemorientierte Einführung. Berlin 2020

Der andere Körper: Inszenierung, Wahrnehmung und (De-)Kategorisierung von Körpern und Körperlichkeit im Kinder- und Jugendtheater

Johannes Mayer

Abstract Theatre has always played a significant role in human society. Theatre for young audiences, in particular, serves as a crucial place where narratives are shared and emotions are communicated. Central to this theatrical experience is the presentation and perception of bodies and embodiment. The paper explores the staging and perception of bodies and embodiment in theatre for young audiences and how (de)categorising processes can contribute to challenging social norms and attribution practices and making them negotiable.

Einleitung

Theater stellt das scheinbar Privateste auf die Bühne: den Körper als „unser Mittel überhaupt, eine Welt zu haben" (Merleau-Ponty 1966, 176). Auf der Bühne erscheint der Körper zugleich aber auch als das Öffentlichste, weil er den Blicken, Reaktionen und Deutungen der Anderen auf radikale Weise zugänglich und ausgesetzt ist. Das Theater als soziale Kunst und Kunst der körperlichen Darstellung macht den Körper demzufolge nicht nur als auf die Bühne gestelltes Kunstobjekt wahrnehmbar, er tritt in der gemeinsamen Rezeptionssituation als Bedeutungsträger erst in Erscheinung und sieht sich den deutenden Blicken der Zuschauenden ausgeliefert. Als wesentliche Ausdrucksform ist der Körper im Theater nicht nur ein Objekt, das bewegt wird und im zeitlichen Verlauf eine Szene darstellt, sondern er ist selbst emergenter Bedeutungsträger, der den Schauspieler:innen als Instrument dient, eine ihnen zugedachte Rolle wortwörtlich zu ‚verkörpern' und das Publikum in sinnlicher wie zugleich sozial-räumlicher Weise anzusprechen. Die Körperlichkeit im Theater umfasst nicht nur die physische Präsenz

J. Mayer (✉)
Institut für deutsche Literatur und ihre Didaktik, Goethe-Universität Frankfurt, Frankfurt a. M., Deutschland
E-Mail: j.mayer@em.uni-frankfurt.de

A. Kagelmann et al. (Hrsg.), *Körper erzählen*, Studien zu Kinder- und Jugendliteratur und -medien 14, https://doi.org/10.1007/978-3-662-69255-4_3

der Schauspieler:innen auf der Bühne, sondern auch ihre Bewegungen, Gesten, Mimik und Sprache, die wesentlicher Bestandteil der ganzheitlichen Wahrnehmung im sozialen Spielen und Schauen sind.[1] Mit dem Ziel der Wiedererkennung und schnellen Einordnung bedient sich die körperliche Darstellung im Theater traditionellerweise sedimentierter Konventionen wie beispielsweise eines verächtlichen Wegdrehens des Kopfes, einer stolz-aufrechten Körperhaltung oder eines schüchternen Blicks auf den Bühnenboden. Auf solchen sozial verabredeten Kategorisierungen liegt entsprechend ein Schwerpunkt bei der Arbeit an der Verkörperung von Rollen und der Entwicklung wie Darstellung von Körpern im szenischen Verlauf.

Andererseits können im Theater die Körper der Darsteller:innen auch dazu dienen, gesellschaftliche Normen und Konventionen zu hinterfragen, aufzubrechen und neue ästhetische Erfahrungen anzustoßen (vgl. Kolesch 2005; Kallenbach 2020). So werden beispielsweise Rollen von Darsteller:innen übernommen, die traditionell nicht mit ihrem zugeschriebenen Geschlecht, ihrem Alter oder ihrer Herkunft in Verbindung gebracht werden. Dadurch können sie die Wahrnehmung des Publikums verändern und die Aufmerksamkeit auf Themen wie Geschlechterrollen, Rassismus oder Diskriminierung lenken. Zugrunde liegt hier ein Körperkonzept, das im Sinne von Bourdieus Habitus-Begriffs als ein Interesse an der Inszenierung des „Körper gewordene[n] Soziale[n]“ (Bourdieu/Wacquant 1996, 161) gelten kann und auf die Emanzipation der Spielenden und eine widerständige Praxis der Kritik normativer Zuschreibungen abzielt.

Die Bedeutung des Körpers und der körperlichen Ausdrucksformen für die Theaterpraxis und die theoretische Reflexion des Theaters sind seit langem wichtige Gegenstände der fachlichen Diskussion. Der Beitrag stellt die Inszenierung, Wahrnehmung und (De-)Kategorisierung von Körpern und Körperlichkeit auf der Bühne ins Zentrum. Nach einer theoretischen Orientierung gehe ich der Frage nach, was die aktuelle Inszenierungs- und Aufführungspraxis für eine veränderte Perzeption und Rezeption des ‚Anderen‘ in seiner eigenen Körperleiblichkeit leistet. Ich verschränke dabei Körperforschung und kulturwissenschaftliche Perspektiven auf Diversität und möchte anhand der im Theater ästhetisch verhandelten Prozesse von Kategorisierung und Dekategorisierung untersuchen, wie sich das zeitgenössische Theater für ein junges Publikum mit auf den Körper bezogenen Zuschreibungspraktiken auseinandersetzt. Anhand von ausgewählten Beispielen soll abschließend veranschaulicht werden, wie (De-)Kategorisierungsprozesse im Zusammenspiel mit übergreifenden Themen wie Diversität und Inklusion, Differenz und Normativität, Authentizität und Ästhetisierung auf der Bühne des Kinder- und Jugendtheaters eine besondere Realisation finden, welche die Zuschauenden (und Zuschreibenden) zu eigenen Reflexionen und Positionierungen herausfordert.

[1] Im Unterschied zum Körper kennzeichnet Körperlichkeit „die Summe der sinnlichen und materiellen Eigenschaften des Körpers und verweist zugleich auf einen reflektierten Zustand von Körper und seiner besonderen Ausdrucksqualitäten“ (Hardt 2014, 189).

Inszenierung und Wahrnehmung von Körpern und Körperlichkeit

Die Minimaldefinition von Theater lautet: Eine Person A präsentiert X, während S zuschaut (vgl. Bentley 1965). In einem basalen semiotischen Modell von Theater nutzt Person A ihren Körper, um eine Rollenfigur darzustellen, wozu dem Körper als Körperhaltung, Gestik und Mimik eine Zeichenhaftigkeit zukommt (vgl. Fischer-Lichte 2007). Der Körper wird also als theatrales Zeichen lesbar und wird von den Zuschauenden wahrgenommen, ‚entschlüsselt' und in Bedeutung übersetzt. Das theatrale Geschehen als Interaktion und Kommunikation zwischen Spielenden und Zuschauenden wird dabei als Prozess der Semiose aufgefasst, in dem „linguistische und paralinguistische […], mimische, gestische und proxemische Zeichen, Maske, Frisur, Kostüm, Raumkonzeption, Dekoration, Requisiten, Beleuchtung, Geräusche und Musik" (Fischer-Lichte 2001, 162) zum Einsatz kommen, die an die jeweiligen primären kulturellen Systeme zurückgebunden werden können. In dieser semiotischen Sicht auf Theater kommt die physische Bühnenpräsenz eines Körpers, die eine eigene theatrale Wirklichkeit konstituiert, allerdings zu kurz. So umfasst diese Bühnenpräsenz eines Körperleibes auch die Effekte leiblicher und mehrsinniger Wahrnehmung, weshalb die auratische Realpräsenz als ‚Aura' eines uns leiblich erscheinenden Gegenübers im Theaterraum – im Unterschied zu anderen medialen Darstellungen – einen zentralen Einfluss auf die Rezeption hat und damit auf die Auseinandersetzung mit Figuren, Themen und Texten der Inszenierung (vgl. Fischer-Lichte 2013, 61–62). Die Phänomenologie unterscheidet folglich zwischen phänomenalem Leib und dem semiotischen Körper (vgl. Waldenfels 2000; Kamps 2018, 186–192). Schauspieler:innen präsentieren auf der Bühne einerseits ihren phänomenalen Leib, sie verkörpern andererseits jedoch zugleich eine ihnen zugedachte Figur, indem sie ihre Rolle mit den Mitteln ihrer Körper konkretisieren. Sie setzen ihren phänomenalen Leib als semiotischen Körper ein, wodurch sie selbst als der von ihnen dargestellten Figur zugehörig erscheinen. Die zeichenhafte Wahrnehmung der verkörperten Rolle gründet somit zuallererst auf der Präsenz der Schauspieler:innen mit ihrem phänomenalen Leib, wobei sich die Präsenz einer ausschließlich zeichenhaften Deutung entzieht. Denn nicht jede körperliche Eigenschaft der Schauspieler:innen ist der Inszenierung und semiotischen Indienstnahme geschuldet. Durch die Wahrnehmung aller körperlichen Eigenschaften auf der Bühne entzündet sich an diesen – gewollt oder ungewollt – dennoch immer auch Bedeutung.

Aus einer die semiotische Sicht erweiternden Perspektive wird deutlich, dass Körperlichkeit im Theater nicht nur Teil einer Darstellung und Inszenierung ist, sondern eng verbunden mit soziokulturellen Einschreibungen und implizit oder explizit wirksamen Machtverhältnissen (vgl. Foucault 2003; Waldschmidt 2007). Welche Körper, sowie die Art und Weise, wie Körper im Theater dargestellt und sichtbar werden, kann gesellschaftliche Normen und Stereotypen widerspiegeln oder auch hinterfragen. Dies zeigt sich in Besetzungspraktiken ebenso wie in der Herausstellung bestimmter Körpermerkmale als attraktiv, unattraktiv etc. Nicht zuletzt ist auch die Rollenverteilung auf der Bühne mit Machtverhältnissen verbunden, da Rollenbilder und -stereotype im Theater reproduziert oder bewusst spielerisch in Frage gestellt und zur Diskussion gebracht werden können. Was dies für die Wahrnehmung und Deutung von Körpern und Körperlichkeit auf der Bühne bedeutet, wird an Beispielen erkennbar, die den phänomenalen Leib der Spielenden aus einer nur dienenden Position herauslösen und körperliche Eigenschaften der Schauspieler:innen als markante Deutungsanker inszenieren.

(De-)Kategorisierung des Anderen im Theater

Die Figurenexposition mit ihrer besonderen Hervorhebung des Blicks enthebt den Bühnenauftritt im Angesicht von Anderen jeder Selbstverständlichkeit und lässt die Figur zum Gegenstand der Reflexion werden. Das Publikum nimmt die Figuren zunächst in der Körperlichkeit des phänomenalen Leibes der Schauspieler:innen wahr, und unweigerlich nutzen die Zuschauenden Kategorien, die ihre Wahrnehmung in begriffliches Denken überführen (vgl. Warstat 2010). Bezeichnenderweise werden hierbei, meist unreflektiert, auch Kategorien und Abweichungen von Normerwartungen abgerufen, etwa anhand körperlicher Merkmale in Abgrenzung von einer irgendwie normierten Körperlichkeit. Die damit angesprochene zentrale Frage nach Kategorien wie *gender*, *class*, *race*, *age*, *disability* werden in der Kinder- und Jugendliteraturforschung nicht nur inhaltsbezogen nach Vorkommen und thematischer Differenzierung beantwortet, sondern die Kategorisierungsprozesse selbst werden vor dem Hintergrund unterschiedlicher Produktions- und Rezeptionsbedingungen zum Forschungsgegenstand (vgl. Glasenapp 2014; Frickel/Kagelmann 2017, 2019) – wie hier mit Bezug zu Körper und Körperlichkeit.

Für die Konstruktion des Anderen auf der Bühne sind Blickrichtung und Fokus entscheidend. Im traditionellen Theater sind die Akteur:innen in einem asymmetrischen Verhältnis den Blicken der schweigenden Mehrheit ausgesetzt: Sie werden mit ihrem Körper zum Objekt des Blicks. Dies soll im Folgenden anhand der Kategorie ‚Behinderung' erläutert werden (vgl. hierzu auch: Mayer 2020). Durch das Zeigen sozial als ‚behindert' kategorisierter Körper verstärkt sich durch die Bühnensituation, was im Alltag eine ebenso geläufige wie sozial sanktionierte Reaktion ist: das Anstarren von Menschen mit Behinderung (vgl. Garland-Thomson 2010). Gleichwohl ist dieses „Staring" (ebd.) kein Akt rein passiver Rezeption, sondern es eröffnet eine besondere Beziehung, wenn nicht sogar eine Art von „Partnerschaft" zwischen Schauenden und Angeschauten (Garland-Thomson 2002, 56; vgl. Bergermann 2013 und Diamond/Pflaster/Schmid 2017). Diese Partnerschaft ist geprägt von einem unterschiedlichen Umgang mit der Distanz zwischen Subjekt und Objekt des Blicks, der sich nach Garland-Thomson je nach Art des Schauens in einer „taxonomy of four primary visual rhetorics of disability" (2002, 58) abbilden lässt: die verwunderte, die sentimentale, die exotische und die realistische Art zu schauen.

Mit Blickrichtung und Fokus wird das Andere im Anderen nicht nur wahrgenommen, die Schauenden setzen sich in der Unterschiedlichkeit der Blickarten auch in ein spezifisches Verhältnis zu einer als ‚Differenz' konstruierten Wahrnehmung. Je nachdem, ob die Zuschauenden voller Ehrfurcht, rührselig, exotisierend oder alltagsnah auf die z. B. körperliche Einschränkung blicken, zeigen sich darin nicht nur typische Repräsentationsweisen von ‚Behinderung' in einer Gesellschaft, es wird zugleich auch die Konditionierung unserer eigenen Wahrnehmung, hier: von Köpern, als meist unreflektierte Kategorisierung „entlarvt" (Ziemer 2008, 119). Anhand des sich im Blick manifestierenden Verhältnisses von Schauenden und Angeschauten zeigt sich, wie gängige Modelle von ‚Behinderung' und die darin ausgedrückten Perspektiven auf Normalität und Abweichung auch für die Auseinandersetzung mit der ästhetischen Darstellung des Anderen im Theater von Bedeutung sind. Denn die Frage danach, worin die Abweichung von der Normalitätsabweichung eigentlich besteht und welche Narrative des ‚Abnormalen' hier Normalität affirmieren, diese Frage ist bei der sozialen Kunst des Theaters nicht nur eine soziale, sondern auch eine ästhetische. Ob eine Zuschreibung wie ‚Behinderung' nun individualistisch und essentialistisch als Abweichung von der Norm betrachtet wird, die therapiert, geheilt und dem vermeintlich gesunden Körper angepasst werden soll, oder ob sie als soziale Konstruktion aufgefasst wird, ist mithin eine produktions- und rezeptionsästhetische Fragestellung. Entsprechend muss sie sich in der Untersuchung unterschiedlicher theatraler und performativer Inszenierungsweisen von Körpern und Körperlichkeit niederschlagen.

Vor allem durch die Ergänzung des sozialen Modells von Behinderung um eine kulturelle Reflexion durch Waldschmidt (vgl. 2005) geraten die Kategorisierungsprozesse selbst in den Fokus, was auf einer Meta-Ebene die Dekategorisierung einer damit verbundenen Realitätsbildung und scheinbaren Normalität ermöglicht. Der Kategorie ‚Behinderung' käme in theatralen Inszenierungen und deren Rezeption somit ein heuristisches Moment zu, dessen Analyse kulturelle Praktiken und gesellschaftliche Strukturen aufdeckt und dekonstruiert.

Mit dieser Erweiterung der Perspektive auf das Andere im Anderen verschwimmen die Grenzen zwischen Subjekt und Objekt des Blicks. Denn auch die Akteur:innen auf der Bühne sind Schauende und die Menschen im Publikum sind ebenso Angeschaute. Die kopräsente Situation der Begegnung im Theaterraum schafft einen „gemeinsamen Aktionsraum" (Ziemer 2008, 105), in dem die Akteur:innen, an denen Kategorisierungen von Normalität und Abweichung vollzogen werden, nunmehr zurückblicken. Sich der Reziprozität des Blicks bewusst, machen sie dadurch erkennbar und reflektierbar, dass auch das Gegenüber der Andere und anders ist. Auch die Schauenden im Publikum haben einen Körper, der nicht der vermeintlichen Normalitätserwartung entspricht. Dadurch verschieben sich die genannten Asymmetrien zwischen Spielenden und Schauenden, die Machtstrukturen werden verhandelbar (vgl. Czirak 2012, 193–237, insb. 225). Vorgefertigte Kategorien und am Körper vollzogene Zuschreibungen wie ‚Behinderung' oder ‚Einschränkung' scheinen zunehmend unpassend und werden ebenso hinterfragt und dekategorisierbar wie die Unterscheidung von Subjekt und Objekt, von Andersartigkeit und von disableistischem *naming*. Statt Körper und Körperlichkeit durch die Wahrnehmung auf ein Objekt der Anschauung zu reduzieren, bleiben sie in der Erwiderung des Blicks Subjekte, die Zuschauende ebenso als Objekt postulieren können. In der Reziprozität des Blicks wird also immer auch der eigene Maßstab mitverhandelt; die Normativität der eigenen Sicht auf das Andere und den Anderen wird zur Reflexionskategorie des Eigenen, der Andere in der Begegnung autonom, und die Grenzen zwischen Eigenem und Anderem werden fließend.

Die Begegnung mit dem Anderen im gemeinsamen Aktionsraum Theater eröffnet ein Spannungsverhältnis zwischen Blick und Erleben: Wo dem Blick Objektivierendes inhärent ist und er im Gegensatz zu anderen Sinneswahrnehmungen eher auf Distanz ausgerichtet ist, ermöglicht das kopräsente Erleben keinen Rückzug. Insbesondere partizipative Theaterformate mit Alltagsexpert:innen zielen hier auf eine Auseinandersetzung und Begegnung im Theaterraum, die zur Reflexivität der unterschiedlichen Perspektiven auf das Andere herausfordern und eine Beteiligung aller an den Diskursen um Norm und Abweichung sowie letztlich eine ‚Entunterwerfung' im Sinne Judith Butlers ermöglichen (vgl. Hinz 2021). Nicht zuletzt wird auf diese Weise reflektierbar, ob und wie bei Bühneninszenierungen mit – wie im hier fokussierten Beispiel – ‚behinderten' Menschen unvoreingenommene Wahrnehmungssituationen auf Augenhöhe entstehen, die vor allem vom realistischen Modus des Blicks geprägt sind und trotz wahrgenommener Differenz von der Identifikation mit dem Gegenüber leben. Dies kann als ein Weg beschrieben werden zu einer diversitätssensiblen Teilhabe aller am künstlerischen Austausch, am sozialen und kulturellen Leben, was als primäre Idee der Inklusion gilt und binäre Zuordnungen von Normalem und Abweichendem wahrnehmbar macht und Prozesse der Dekategorisierung unterstützt.

Wie sich dies im Theater und insbesondere im Theater für ein junges Publikum zeigt, soll anhand der folgenden Beispiele erläutert werden, die unterschiedliche Ebenen der körperlichen Darstellung und spezifische Kategorisierungskontexte aufgreifen.

Der ‚behinderte' Körper

Als der kleinwüchsige Schauspieler Peter Radtke 1986 im Theaterstück *Bericht für eine Akademie* unter der Regie von Franz Xaver Kroetz in München auf der Bühne stand, sorgte dies in den Feuilletons für Aufsehen. Radtke initiierte zuvor, nämlich bereits 1978, das erste deutsche ‚Behindertentheaterstück' auf einer subventionierten Bühne: *Licht am Ende des Tunnels*. Das Stück von Michael Blenheim, in dem ‚authentische' Menschen mit Behinderung mitwirkten und das am *Theater der Jugend* in München zur Aufführung kam, war damals noch eine Veranstaltung, die sich innerhalb eines klar umgrenzten, ‚behindertenspezifischen' Rahmens bewegte und weniger auf die Irritation von Sehgewohnheiten abzielte. Entsprechend wohlwollend waren die Reaktionen im Feuilleton, die den als ‚Behinderte' gruppierten Spielenden mit scheinbarer Großzügigkeit das Recht auf eine eigene Subkultur zusprachen. Die damit impliziert vorgenommene abgrenzende Etikettierung als erstes ‚Behindertentheaterstück' zementierte jedoch die Macht der Normativität, indem es ‚Behinderung' als prononciertes Gegenteil des Normalen konstituierte: ein Othering als Distanzierung der Gruppe, der man sich zugehörig fühlt, von anderen Gruppen. So stellt sich die am phänomenalen Leib der Spielenden festgemachte Kategorie ‚Behinderung' als ein paradigmatischer Fall von Abweichung dar, was sich als determinierende Praxis hartnäckig gegen alle Versuche von Dekonstruktion und Dekategorisierung sperrt und als Kategorisierung weiter auf einer scheinbar naturgegebenen Ontologie beharrt (vgl. Waldschmidt 2005; Waldschmidt/Schneider 2007). Diese Beharrlichkeit mithin auf den phänomenalen Leib bezogener Zuschreibungen löst sich auch nicht dadurch auf, dass Spieler:innen mit zugeschriebener ‚Behinderung' an Theaterproduktionen mitwirken dürfen. Dies wiederum lässt danach fragen, ab wann denn ein Theater überhaupt als ‚inklusiv' gelten kann: Sicher nicht allein dadurch, dass körperbehinderte Schauspieler:innen wie Peter Radtke für einzelne Produktionen engagiert oder gar als Aushängeschild für Inklusion eingesetzt werden.

Gerade jüngere Theaterproduktionen greifen deshalb den Umstand aktiv auf, dass der menschliche Körper als materielle Basis für Zuschreibungspraxen zu *gender*, *class*, *race*, *age*, *disability* vereinnahmt wird, und nutzen dies für ein Spiel mit Kategorisierungen. Im Sinne einer künstlerischen Forschung untersuchen Theaterproduktionen, wie die besonderen Bedingungen einer theatralen Darstellung die Wahrnehmung und Reflexion von Diversitätsmerkmalen beeinflussen und welches Potenzial diesen theatralen Darstellungen innewohnt. Zweifellos erfordert die theatrale Annäherung an ‚Behinderung' in der unmittelbaren Begegnung eine situationsspezifische Wahrnehmung von Differenz und ermöglicht im Vergleich zu weiteren medialen Inszenierungen eine andere Reflexion der zugrundeliegenden Kategorisierungsprozesse von Normalität und Abweichung.

Die wie Peter Radtke kleinwüchsige Performerin, Schauspielerin, Tänzerin, Autorin und Inklusionsberaterin Jana Zöll setzt sich in ihrer am Leipziger *Theater der jungen Welt* entwickelten theatralen Performance *Ich bin* mit Fragen der Identität auseinander. Identität, wie es in der Stückbeschreibung heißt, als „die Summe dessen, wie wir sind oder sein wollen, und dem, wie wir gesehen werden und gesehen werden wollen" (Zöll 2021). Dies beinhaltet auch Zuschreibungen wie Geschlecht, Behinderung, Herkunft oder Sexualität, die bei der Beschreibung von Menschen als Kategorisierung dienen (Abb. 1).

In ihrer künstlerischen Auseinandersetzung beschäftigt sich Jana Zöll mit diesen Zuschreibungen und damit, wie diese die Identitätsentwicklung als Wechselspiel von Fremd- und Selbstbeschreibungen beeinflussen. Die während der Corona-Pandemie entstandene Performance findet im Bühnenraum von Zölls Privatwohnung statt. Das Publikum nimmt via Videokonferenz an der Performance teil und ist mit eingeschalteten Kameras und Klar-Namen präsent. Jana Zöll selbst zeigt sich lange nicht, zuerst ist nur ihre Stimme zu hören und ihr wortloses Handeln zu sehen, was zur Perspektivenübernahme einlädt. Mit Klebezetteln

Abb. 1 Jana Zöll in *Ich bin*. (Foto: © Steven Solbrig)

setzt sie ein Selbstbild über Kategorisierungen zusammen – als weiß, europäisch, mit Abitur und Schauspielausbildung, als weiblich, ledig, hetero. Sie berichtet von einer Unterscheidung, die ihre Umwelt schon früh getroffen hatte: einerseits ihr defizitären Körper und andererseits ihr Kopf, auf den sie sich, weil klug und, wie ihr gesagt wird, ‚einigermaßen hübsch' konzentrieren sollte. Sie berichtet davon, dass sie sich Weiblichkeit, Körperlichkeit, Erotik erst erarbeiten musste. Auf diese Weise macht sie ein gängiges Narrativ erkennbar und reflektierbar: das Narrativ eines „Trotzdem" – *trotz* ihrer Behinderung habe sie einiges erreicht, was die als defizitär markierte Kategorisierung ‚behindert' aber weiter zementierte.

Dies führt Jana Zöll zur Frage nach den Gründen für solche Kategorisierungen aus visuell-körperlichen Faktoren, die in Eigenschaften übersetzt werden. Warum wird Nichtbehinderung als Norm vorausgesetzt? Warum ist ‚Behinderung', also ein „beeinträchtigter Körper" (so Zöll), in einer nicht barrierefreien Umgebung, nicht längst ein überflüssiges Wort, weil die Barrieren beseitigt wurden? Und warum sollen Kategorien wie Geschlecht, Hautfarbe und Behinderung über das Wesen eines Menschen aussagekräftiger sein als andere Differenzkriterien?

In der interaktiven Performance richtet Jana Zöll auch direkte Fragen an das Publikum und bittet um eigene Zuordnung zu Kategorien sowie um explizit gemachte Zuschreibungen ihre Person betreffend. Kategorisierungen finden sich, so wird im Verlauf der Performance deutlich, im ganzen Zimmer, auf Listen und in verteilten Grafiken. Sie werden von Zöll aufgegriffen und ins Spiel gebracht, wie beispielsweise augenfällige intersektionale Überschneidungen stereotyper Zuschreibungen von männlich und nichtbehindert gegenüber behindert und weiblich: stark, aktiv, unabhängig, mutig hier – hilfsbedürftig, schwach, kindlich, unselbstständig dort.

Den direkten Blick auf ihren von Kategorisierungen und Projektionen überdeterminierten Körper verweigert die Künstlerin lange Zeit, legt nur Spuren, wenn biografische Fotos zu sehen sind oder, im Bild der Handkamera, kurz Hände und Füße. Erst gegen Ende setzt sie sich selbst ins Bild als eine selbstbewusste Frau, die Fragen stellt und Kategorisierungen den Kampf ansagt.

Der ‚geschlechtliche' Körper

Mit normierter Körperlichkeit, Identität und Schönheitsidealen setzen sich auch weitere Künstler:innen auseinander, wie die *Kompanie 1/10*. Das junge Kollektiv für zeitgenössisches Figurentheater befasst sich ganz dezidiert mit den Auswirkungen idealtypischer weiblicher Körperformen, wie sie in der Spielzeugindustrie gang und gäbe sind. Im Zentrum der Performance steht, ikonografisch für idealisierte, unerreichbare Proportionen des weiblichen Körpers, das Industrieprodukt Barbie: eine Figur, die in den über 60 Jahren ihrer Existenz kaum etwas von ihrer fatalen Anziehungskraft eingebüßt hat (vgl. Meyer 2021, 14).

Das Stück trägt den Titel *Komplex! Außer M. weiß niemand, dass Barbie Feministin ist* und spielt damit nicht nur auf die Robustheit an, mit der Barbie sich über die Kritik von nunmehr drei feministischen Generationen hinwegsetzt und 2023 mit großem Hype den Weg ins Kino gefunden hat. Der Titel bezieht sich auch die Überzeugung der Barbie-Vermarkterin Ruth Handler, die Puppe sei geradezu eine Wegbereiterin der Emanzipation. Denn, so Handler, Barbie setzt den Babypuppen, mit denen Mädchen auf die Rolle der Mutter und Hausfrau vorbereitet wurden, das Bild einer modernen, unabhängigen, attraktiven Frau entgegen – dies aber ausgerechnet in Nachbildung eines Pin-up-Girls. In einem Mash-up aus biografischen Erinnerungen, Reflexionen, Fakten und poetischen Provokationen dekonstruiert die Performance kulturell eingeschriebene Normalitätserwartungen und Kategorisierungen zu Geschlechtskörpern und hinterfragt das normative Blickdispositiv weiblicher Körper.

Mit dem ‚geschlechtlichen' Körper verknüpft ist die zentrale Frage, welche Geschlechtsidentitäten mit welchen zugrunde liegenden Normen zur Darstellung auf der Bühne kommen. So waren diverse Geschlechterdarstellungen im Theater für junges Publikum lange Zeit eher selten zu sehen. Inzwischen stellen jedoch mehr und mehr Arbeiten Zuschreibungen des Mainstreams infrage und schaffen einen Raum, in dem eigene und fremde Kategorisierungen gezeigt und Übergänge und Grenzen ausgelotet werden können (vgl. Hajiyianni 2020). In der ästhetischen Praxis von Geschlechterdarstellungen werden häufig bekannte visuelle Codes und Körperbilder aufgegriffen und Kategorisierungen in Bilder umgesetzt, wobei Zuschreibungen auch bewusst reproduziert und veranschaulicht werden, wie beispielsweise in den wirkmächtigen belgischen Produktionen *Chicks for money and nothing for free* des in Gent ansässigen Kinder- und Jugendtheaters *Kopergiertery* und *The Hamilton Complex* von *Hetpaleis* aus Antwerpen.

Noch reflektierter sind jüngere Kompanien und Künstler:innenkollektive, die stereotype Geschlechterbilder, rassistische Narrative und Machtdispositive kreativ aufgreifen und spielerisch oder provokativ dekonstruieren und neu zusammensetzen. Dazu zählt beispielsweise das freie Performancekollektiv *Chicks** oder das freie Theaterkollektiv *Henrike Iglesias*, die popkulturelle und massenmediale Phänomene und Narrative im Spiegel gesellschaftlicher Zu- und Missstände betrachten und aus einer feministischen Perspektive reflektieren.

Abb. 2 Szene aus *Diane For A Day*. (Foto: © Julian Besch)

Die Szene aus *Diane For A Day* (vgl. Abb. 2) gibt einen Einblick in ein humorvolles und musikalisches Stück, in dem die Performer:innen von *hannsjana* und *Theater Thiwa* soziale Rollen, Geschlechter-Identitäten und den Umgang mit dem eigenen Körper erkunden und vorführen. Das Stück ist inspiriert von den Drag-Workshops der Künstlerin Diane Torr und erforscht in- und außerhalb inklusiver Räume neue Wege im Umgang mit Körperlichkeit auf der Bühne. Nicht nur die Darstellung von Geschlechtsidentitäten wird untersucht, erprobt und getestet, auch die Theatralität eigener und anderer Privilegien wird zum Ausgangspunkt für Witze und Wut, ‚Entunterwerfung' und (Selbst-)Ermächtigung.

Der ‚tanzende' Körper

Die am stärksten auf Körper und Körperlichkeit ausgerichtete Sparte im Theater ist der Tanz, der hier mit zwei Beispielen einbezogen werden soll.

Angesiedelt im Grenzbereich zwischen Tanz, Gespräch, Klangkunst und bildender Kunst zeigt die südafrikanische Tanzgruppe *Unmute Dance Company* mit *Ashed* ein autobiografisches Solo, das in der Aufführung auf dem Festival *No Limits* 2019 zusammen mit dem Solo *Trapped* gezeigt wurde. Die beiden Stücke hinterfragen tänzerisch die Kategorisierungen und Zuschreibungen, die Menschen mit einer Behinderung nach wie vor in einer sozial und kulturell fixierten Gruppe gefangen halten. Die Lebensbedingungen der körperbehinderten Tänzer:innen in einer nicht-inklusiven Gesellschaft führen dabei zu generalisierbaren Fragen von Zugehörigkeit und Unabhängigkeit.

Als zweites Beispiel exemplarisch angeführt werden soll *A Human Race: The Rite of Krump*. Der in der schwarzen Community von L.A. geborene Tanzstil *Krump* ist die Verkörperung von sozialer Ungleichheit, eine pulsierende Form des Ausdrucks, die roh und energetisch ist. Der Tanz ist ein kreatives Ventil für

Aggression, das die Wunden von Ausgrenzung und Rassismus selbst sprechen lässt. *A Human Race* zeigt den Tanzstil *Krump* aber auch als ein Plädoyer dafür, menschliches Miteinander immer wieder neu zu verhandeln: Kampf, Wut und Schmerz werden als eng verbunden dargestellt und mit der Möglichkeit verknüpft, Gemeinschaft, Empathie und Zusammenhalt zu entwickeln. Friedlich, zugleich kraftvoll und höchst virtuos begehren die Tänzer:innen mit *Krump* auf gegen soziale Ungleichheit und Diskriminierung, die sich in ihre Körper eingeschrieben haben und sich von dort aus Bahn brechen. Der Körper fungiert gleichsam als Archiv, das alle Empfindungen, Misshandlungen und Traumata aufgenommen hat, und lässt sie in seiner eigenen Körpersprache als Kampf gegen die auferlegten Grenzen erfahrbar werden. Der Tanz ist zugleich eine Einladung, sich selbst als ganzheitliches Wesen und Bewegung als integralen Bestandteil des Lebens zu begreifen. Er lehrt den Respekt vor dem Körper der anderen und sensibilisiert für Verletzlichkeit und für die Möglichkeit zum Empowerment, beispielsweise, indem die künstliche Unterscheidung zwischen Street Dance und Stage Dance bewusst überschritten wird (vgl. Mallmann 2022).

Der ‚digitale' Körper

Die Darstellung und Wahrnehmung von Körpern im Theater sind auch vor dem Hintergrund der technologischen Entwicklung von besonderer Bedeutung. Technische Innovationen prägen das Theater nicht nur auf der operativen, kommerziellen und institutionellen Ebene oder werden in Theaterstücken thematisch aufgegriffen, sie bestimmen zunehmend auch Inszenierung, Ästhetik und Dramaturgie (vgl. Krieger/Radvan 2022). Theater und Theatermachende stellen sich im Zeitalter der Digitalität (Stalder 2016) thematisch und ästhetisch der Digitalisierung und den Algorithmen, machen sie zum Sujet im ‚digitalen Theater'[2] und nutzen die technischen Innovationen für neue ästhetische Formen (vgl. Otto 2020; Leeker 2021a; b). Das Theater versteht sich dabei als Ort der Debatte über die Chancen, die Macht und die Nachteile der Digitalisierung und der Algorithmen in den Künsten. Es geht aber auch das Wagnis ein, das Feld des Dramatischen selbst, die Produktion von Bühnentext und -handlung, in die Hände eines Algorithmus zu legen, um wie bereits bei Annie Dorsen zu substanziellen Einsichten über die Theatralität der Darstellung zu kommen (vgl. Dorsen 2012; Birgfeld 2022).

Wie das digitale Theater neue Inszenierungsweisen von Körpern und Körperlichkeit zur künstlerischen Forschung und Reflexion nutzt, soll im Folgenden exemplarisch an zwei Produktionen beschrieben werden: Stefan Kaegis

[2] Mit Dixon betrachte ich digitales Theater als „all performance works where computer technologies play a key role rather than a subsidiary one in content, techniques, aesthetics, or delivery forms" (Dixon 2007, 3).

und Thomas Melles Stück *Uncanny Valley* von *Rimini Protokoll* mit einem humanoiden Roboter geht der Relationalität von Mensch und Maschine am Beispiel des künstlichen Menschen ganz grundsätzlich nach. Für die Performance wurde vom Schriftsteller und Stückeschreiber Thomas Melle ein animatronisches Double erstellt. Dieser Humanoide tritt anstelle des Autors auf und wirft Fragen auf nach dem Verhältnis von Kopie und Original, nach dem Subjekt und der Sprecherposition (vgl. Jörissen 2017; Köstler-Kilian 2021). Wenn der humanoide Roboter als Darsteller mit Mimik, Gestik und Sprache auch Empathie auslösen könnte, bleibt zu fragen: Empathie mit wem? Die Maschine wird zur Projektionsfläche für eine Zukunft, in der das menschliche Original irgendwann nicht mehr auszumachen ist und der zunächst als das Andere und Künstliche kategorisierte Humanoide wird dem Menschen mehr und mehr zur sozialen Bezugsperson.

Die Live-Tanzperformance *Cosmogony* wiederum entwickelte eine neue Aufführungsweise, die virtuelle und reale Räume über lange Distanzen hinweg miteinander verbindet. Im Studio der *Gilles Jobin Company* in Genf werden die Bewegungen der drei Tänzer:innen mit *motion capture* live aufgezeichnet, durch den Cyberspace geschickt und als Avatare der Tänzer:innen in Echtzeit auf die Leinwand an einem anderen Ort projiziert. Die tanzenden Körper und ihre Avatare sind wie Teilchen in einem Quantenzustand miteinander verschränkt und vollführen gespenstische Aktionen auf Distanz.

Die Tänzer:innen agieren als Puppenspieler:innen ihrer eigenen Körper, animieren ihre Avatare in Echtzeit und komponieren die Kosmogonie – also die Vorstellung über Entstehung und Entwicklung unseres Kosmos – als eine Welt in der Schwebe.

Schluss

Körper und Körperlichkeit sind wesentliche Elemente im Theater, die zur Schaffung von Identität, Beziehung und Kommunikation beitragen. Theater, zumal das performativ geprägte, schafft einen sozialen und ästhetischen Raum, der in der Betonung der leiblichen Kopräsenz nicht länger rein spektatorisch auf Anschauung ausgerichtet ist, sondern unmittelbare Erfahrungen der Begegnung zulässt. Als eine Kunstform der Begegnung und als ein Wahrnehmungsdispositiv ermöglicht das Theater neue Formen der Anschauung, der Repräsentation und der ‚Entunterwerfung' des Subjekts sowie die gegenseitige Anerkennung im Blick der Anderen. In der Begegnung mit dem Anderen im Theater wird den Zuschauenden ein neuer Blick und damit eine neue Perspektive ermöglicht, indem dem Publikum die Auseinandersetzung mit dem Bühnengeschehen, mit sich selbst und den eigenen Kategorien sowie in der Folge mit Fragen der Normalität und Abweichung unmittelbar überantwortet wird.

Die ästhetische Konstruktion und Dekonstruktion von Kategorien wie *gender*, *class*, *race*, *age*, *disability* mit theatralen Mitteln dient weder der Aufrechterhaltung einer empathischen, auf Verständnis zielenden Nähe noch einer rein kritischen Distanz. Vielmehr eröffnet sich dieses Spannungsfeld und verknüpft es mit der Partizipation der Zuschauenden an der performativen Hervorbringung des theatralen Ereignisses. Die damit einhergehende Verunsicherung des Publikums in seinen Wahrnehmungsweisen und moralischen Urteilskategorien erlaubt den Akteur:innen auf der Bühne eine Befreiung von Vorurteilen und von einer asymmetrisch-exotistischen Betrachtung. Die sich im künstlerischen Prozess ausdrückende Suche nach eigenen ästhetischen Formen birgt ein spezifisches Potenzial für Spieler:innen, das Publikum zu einem veränderten Blick auf eine diversitätssensible ästhetische Praxis herauszufordern, die Differenz in ihrer Unbestimmtheit zeigt und sich voreiligen Zuschreibungen entzieht. Erst dadurch kann gelingen, dass sich der Andere auf der Bühne als anders zu erkennen gibt, sich aber in seiner Alterität zugleich als Subjekt zu behaupten weiß.

Das bzw. der Andere auf der Bühne zeigt ein Spannungsverhältnis zwischen Authentizität und Ästhetisierung, das in aktuellen Theaterproduktionen in vielfältiger Weise gestaltet wird und neue Zugangs- und Erfahrungsmöglichkeiten bietet. Diversität und Inklusion, Differenz und Normativität als Themen und Gegenstände des Theaters für junges Publikum sind ein Weg zur Bewusstmachung und Reflexion eigener Sichtweisen und Zuschreibungspraktiken. Ganz so, wie es im Zitat von Frank Stella (1964) heißt: „What you see is what you see."

Quellen

Theaterstücke und Performances

A Human Race. The Rite Of Klump. Tanzperformance (UA in Deutschland [Tanzkomplizen] Recklinghausen 2021). Choreografie: Grichka Caruge

Ashed. Tanzperformance (UA in Deutschland Berlin 2019) von Unmute Dance Company. Choreografie: Themba Mbuli

Chicks for money and nothing for free. Theaterperformance (UA Gent 2012) von Kopergietery & het KIP. Dramaturgie: Ellen Stynen

Diane For A Day. Performance (UA Berlin 2018) von hannsjana und Performer:innen des Theater Thikwa

Ich bin. Performance (UA Leipzig 2021) von Jana Zöll. Regie: Jana Zöll, Dramaturgie: Anna Weyrosta

Komplex! Außer M. weiß niemand, dass Barbie Feministin ist. Lecture-Performance mit Figurentheater (UA Berlin 2020) des Theaterkollektivs Kompagnie 1/10. Text: Ensemble, Anna Renner, Regie: Iris Keller

Licht am Ende des Tunnels. Theaterstück (UA München 1978) von Michael Blenheim

The Hamilton Complex. Theaterperformance (UA Gent 2015) von Hetpaleis. Konzept und Regie: Lies Pauwels

Trapped. Tanzperformance (UA in Deutschland 2019 Berlin) von Unmute Dance Company. Regie: Themba Mbuli, Choreografie, Tanz: Nadine Mckenzie, Siphenathi Mayekiso

Uncanny Valley. Performance (UA 2018 in München) von Rimini Protokoll. Konzept, Text und Regie: Stefan Kaegi, Text, Körper und Stimme: Thomas Melle

Sekundärliteratur

Bentley, Eric: The Life of the Drama. London 1965

Bergermann, Ulrike: Verletzbare Augenhöhe. Disability, Bilder und Anerkennbarkeit. In: Ochsner, Beate/Grebe, Anna (Hg.): Andere Bilder. Zur Produktion von Behinderung in der visuellen Kultur. Bielefeld 2013, 281–305. (Disability Studies: Körper – Macht – Differenz; 8)

Birgfeld, Johannes: Algorithmen machen Theater. Annie Dorsens Experimente für ein Theater in der posthumanen Zeit. In: Der Deutschunterricht (2022) 3, 12–24

Bourdieu, Pierre/Wacquant, Loïc J.D.: Reflexive Anthropologie. Frankfurt/M. 1996

Butler, Judith: Was ist Kritik? Ein Essay über Foucaults Tugend. In: Jaeggi, Rahel/Wesche, Tilo (Hg.): Was ist Kritik? Frankfurt/M. 2009, 221–246

Czirak, Adam: Partizipation der Blicke. Szenerien des Sehens und Gesehenwerdens in Theater und Performance. Bielefeld 2012

Diamond, Darla/Pflaster, Petra/Schmid, Lea (Hg.): Lookismus. Normierte Körper – Diskriminierende Mechanismen – (Self-)Empowerment. Münster 2017

Dixon, Steve: Digital Performance: A History of New Media in Theatre, Dance, Performance Art, and Installation. Cambridge [u. a.] 2007

Dorsen, Annie: On Algorithmic Theatre (2012), https://www.onassis.org/cms/documents/103/on_algorithmic_theatre.pdf (05.01.2023)

Fischer-Lichte, Erika: Ästhetische Erfahrung. Das Semiotische und das Performative. Tübingen/Basel 2001

Fischer-Lichte, Erika: Semiotik des Theaters. Band 1: Das System der theatralen Zeichen. Tübingen ^{5}2007

Fischer-Lichte, Erika: Performativität. Eine Einführung. Bielefeld ^{2}2013. (Ed. Kulturwissenschaft; 10)

Foucault, Michel: Die Anormalen. Vorlesungen am Collège de France (1974–1975), Frankfurt/M. 2003

Frickel, Daniela A./Kagelmann, Andre: Inklusives und ästhetisches Potential aktueller Werke der Kinder- und Jugendliteratur. In: Standke, Jan (Hg.): Gegenwartsliteratur im inklusiven Deutschunterricht. Trier 2017, 129–148

Frickel, Daniela A./Kagelmann, Andre: Kinder- und Jugendliteratur. In: Olsen, Ralph/Hochstadt, Christiane (Hg.): Handbuch Deutschunterricht und Inklusion. Weinheim/Basel 2019, 242–256

Garland-Thomson, Rosemarie: Politics of Staring. Visual Rhetorics of Disability in Popular Photography. In: Snyder, Sharon L./Brueggemann, Brenda Jo/Dies. (Hg.): Disability Studies: Enabling the Humanities. New York 2002, 56–75

Garland-Thomson, Rosemarie: Staring. How we look. Oxford 2010

Glasenapp, Gabriele von: Simple Stories? Die Darstellung von Behinderung in der Kinder- und Jugendliteratur. In: Kinder- und Jugendliteratur und Medien in Forschung, Schule und Bibliothek 66 (2014) 3, 3–15

Hajiyianni, Nina: Sehen und Sein. Sinn und Unsinn zum Thema Gender im Theatre for Young Audiences. In: Ixypsilonzett. Jahrbuch 2021 für Kinder- und Jugendtheater. Berlin 2021, 34–35

Hardt, Yvonne: Körperlichkeit. In: Fischer-Lichte, Erika/Kolesch, Doris/Warstat, Matthias (Hg.): Metzler Lexikon Theatertheorie. Stuttgart ^{2}2014, 189–196

Hinz, Melanie: Alltagsexpert*innen im Theater als Kritiker*innen normativer Körperbilder und Geschlechterdiskurse. In: FMTH. Forum Modernes Theater 32 (2021) 1, 53–68

Jörissen, Benjamin: Subjektivation und „ästhetische Freiheit" in der post-digitalen Kultur. In: Kulturelle Bildung Online (2017), http://www.kubi-online.de/artikel/subjektivation-aesthetische-freiheit-post-digitalen-kultur (08.01.2023)

Kallenbach, Laura: Kinder und Jugendliche auf der Bühne. Fragen an Normierungsprozesse im Theater mit jungen Akteur*innen. In: Ixypsilonzett. Jahrbuch 2021 für Kinder- und Jugendtheater. Berlin 2020, 28–29

Kamps, Philipp: Wahrnehmung – Ereignis – Materialität. Ein phänomenologischer Zugang für die Theaterdidaktik. Bielefeld 2018

Kolesch, Doris: Imperfekt. Zur Ästhetik anderer Körper auf der Bühne. In: Huber, Jörg (Hg.): Einbildungen, Interventionen. Zürich 2005, 193–206

Köstler-Kilian, Sabine: Theater – Pädagogik – Postdigitalität: Subjekt und kulturelle Praxis in einer postdigitalen Gesellschaft. In: Zeitschrift für Theaterpädagogik 37 (2021) 78, 5–6

Krieger, Kristina/Radvan, Florian (Hg.): Der Deutschunterricht (2022) 3: Theater und Digitalität

Leeker, Martina: Theater und Digitalität. Einblicke in Gegenwart, Geschichte und Zukunft einer großen Umstellung. In: Zeitschrift für Theaterpädagogik 78 (2021a) 37, 11–12

Leeker, Martina: Theater, Performance und Digitalität. Posthumanisierung und die Ordnung der Ambivalenz. In: Ackermann, Judith/Egger, Benjamin (Hg.): Transdisziplinäre Begegnungen zwischen postdigitaler Kunst und kultureller Bildung. Perspektiven aus Wissenschaft, Kunst und Vermittlung. Wiesbaden 2021b, 177–196

Mallmann, Amelie: Tanz erzählt. In: kjl&m 74 (2022) 2, 48–50

Mayer, Johannes: Die Kunst der Kopräsenz: Inszenierung und transmediale Wandlung des Anderen im Theater. In: Frickel, Daniela A./Kagelmann, Andre/Seidler, Andreas/Glasenapp, Gabriele von (Hg.): Kinder- und Jugendmedien im inklusiven Blick. Frankfurt/M. [u. a.] 2020, 91–106

Merleau-Ponty, Maurice: Phänomenologie der Wahrnehmung. Berlin 1966

Meyer, Anke: Mitnichten jung und schön. Anmerkungen zu Körperlichkeit und Schönheit im Figurentheater für junges Publikum. In: Ixypsilonzett. Jahrbuch 2021 für Kinder- und Jugendtheater. Berlin 2021, 24–25

Otto, Ulf (Hg.): Algorithmen des Theaters. Ein Arbeitsbuch. Berlin 2020

Stalder, Felix: Kultur der Digitalität. Berlin 2016

Stella, Frank (1964), zit. nach Nils Lehnert (2012): Oberfläche – Hallraum – Referenzhölle: Postdramatische Diskurse um Text, Theater und zeitgenössische Ästhetik am Beispiel von Rainald Goetz' „Jeff Koons". Hamburg: Igel, 43

Waldenfels, Bernhard: Das leibliche Selbst. Vorlesungen zur Phänomenologie des Leibes. Frankfurt/M. 2000

Waldschmidt, Anne: Disability studies. Individuelles, soziales und/oder kulturelles Modell von Behinderung? In: Psychologie und Gesellschaftskritik 29 (2005) 1, 9–31

Waldschmidt, Anne: Verkörperte Differenzen – Normierende Blicke. Foucault in den Disability Studies. In: Kammler, Clemens/Parr, Rolf (Hg.): Foucault in den Kulturwissenschaften. Eine Bestandsaufnahme. Heidelberg 2007, 177–198

Waldschmidt, Anne/Schneider, Werner (Hg.): Disability Studies, Kultursoziologie und Soziologie der Behinderung. Erkundungen in einem neuen Forschungsfeld. Bielefeld 2007 (Disablility Studies. Körper – Macht – Differenz; 1)

Warstat, Matthias: Körper im Theater. In: Schultheater (2010) 1, 42–45

Ziemer, Gesa: Verletzbare Orte. Entwurf einer praktischen Ästhetik. Zürich/Berlin 2008

Zöll, Jana (2021): Challenge Accepted. Teil 1: Ich bin. Von und mit Jana Zöll. Online unter: https://www.facebook.com/events/theater-der-jungen-welt-leipzig/challenge-accepted-teil-1-ich-bin-von-und-mit-jana-z%C3%B6ll/459958072077818/ (06.12.2022)

Körper oder Einschreibungen / Markierungen / Entgrenzungen

Geschichten, die unter die Haut gehen. Narrationsindizierende Tattoos in Alice Broadways *Ink*-Trilogie

Julia Benner

Abstract In order to establish a link between tattoo and literature studies, this paper examines the specific literary potential of tattoos in young adult literature, using Alice Broadway's *Ink* trilogy (2017–2019) as an example. It briefly discusses the historical process of devaluating tattoos in European societies, which went hand in hand with the devaluation of certain groups of people. After that, it elaborates some assumptions of tattoo studies and examines them in the context of Werner Wolf's (2002) intermedial narrative theory. The third part shows how Alice Broadway's *Ink* series productively takes up insights of tattoo studies, since tattoos here form the basis of a fantastic culture and also have a story-telling effect. The novels demonstrate inclusion and exclusion processes that run along the borders of un/tattooed skin. Thereby, the trilogy reverses common attributions of European societies of *intact* and tattooed skin, and demonstrates how both tattoo studies and fictional literature put bodies and books synonymously.

Einstich

Tattoos sind Farbe, die in die mittlere Hautschicht (Dermis) eingebracht und dort eingelagert wird, und damit Teil des Körpers. Tätowierungen modifizieren und transformieren den Körper permanent, die Bilder auf dem Körper sind fortan Gegenstand von Interpretationen: Tattoos werden von anderen gelesen, es werden Geschichten mit ihnen verbunden und sie werden zum Erzählanlass. Hier zeigt sich bereits, dass Tätowierungen und Literatur viel gemein haben, was im Folgenden am Beispiel von Alice Broadways *Ink*-Trilogie (2017–2019) ausgelotet

J. Benner (✉)
Institut für deutsche Literatur, Humboldt-Universität zu Berlin, Berlin, Deutschland
E-Mail: bennerju@hu-berlin.de

A. Kagelmann et al. (Hrsg.), *Körper erzählen*, Studien zu Kinder- und Jugendliteratur und -medien 14, https://doi.org/10.1007/978-3-662-69255-4_4

werden soll.[1] Dazu wird zunächst in aller Kürze dargelegt, wie Tätowierungen und das Tätowieren in europäisch geprägten Gesellschaften abgewertet wurden, was einherging mit der Diffamierung von bestimmten Personengruppen. Danach befasse ich mich mit einigen Theorien der kulturwissenschaftlichen Tattoo Studies und beleuchte diese im Kontext der intermedialen Erzähltheorie Werner Wolfs (2002).[2] Im dritten Schritt wird erläutert, wie Alice Broadways *Ink*-Reihe die Erkenntnisse der Tattoo Studies[3] produktiv aufnimmt, bilden Tätowierungen hier doch die Grundlage einer Kultur und wirken zudem geschichtenindizierend. Die Romane *Ink* (2017), *Spark* (2018) und *Scar* (2019) führen Nationenbildung-, Inklusions- und Exklusionsprozesse vor, die entlang von Grenzen un/tätowierter Haut verlaufen. Durch die Auf- und Abwertung von körperbezogenen Ästhetiken werden Vorurteile geschürt und vermeintliche Eigenschaften und Fähigkeiten arbiträr mit Tätowierungen verknüpft. Gängige Zuschreibungen europäisch geprägter Gesellschaften von ‚intakter' und tätowierter Haut werden dabei ins Gegenteil verkehrt. Die Reihe demonstriert damit beispielhaft, wie nicht nur in den Tattoo Studies, sondern auch in fiktionaler Literatur Körper und Bücher synonym gesetzt werden.

Tattoos oder Eine Geschichte tradierter Vorurteile

Das Tätowieren wurde und wird auf der ganzen Welt praktiziert, seitdem wir Kultur/en haben, was anhand der ältesten bekannten Mumie, Ötzi, verdeutlicht werden kann. Tattoos haben verschiedene Funktionen, darunter vor allem identitätsstiftende, biografische und soziale, aber auch erinnerungskulturelle, spirituelle, ökonomische, künstlerische und bildungsbezogene. Die Bedeutung des Tätowierens sowie Bedeutungen von Tätowierungen sind jedoch je nach Zeit, Ort, sozialem Kontext und persönlicher Disposition höchst unterschiedlich. Sie unterliegen sich stetig wandelnden Normen, weshalb Tattoos in unterschiedlichen kulturellen und historischen Kontexten verschieden ‚gelesen' und interpretiert werden.

Karin Beeler hat in ihrer erstmals 2005 veröffentlichten Studie *Tattoos, Desire and Violence* (2006) Tattoos in Büchern, Fernsehserien und Filmen untersucht und dabei festgestellt, dass Tattoos meist im Kontext von „narratives of desire and violence" (ebd., 3) eingebettet sind. Zudem erzählten sie widerständige bzw. sub-

---

[1] Eine weiterführende Studie, in der unter anderem tätowierte Figuren in Literatur und Film sowie die Medialität und Materialität von Tattoos beleuchtet werden, ist in Arbeit.

[2] Aus Platzgründen können hier nur zu einzelnen Aspekten der Tattoo Studies schlaglichtartige Verweise erfolgen. Für einen Überblick vgl. z. B. DeMello 2000; Martell 2022; Mifflin 2013.

[3] Aufgrund des weiten Forschungsfeldes werden hier ausschließlich Theorien zu freiwilligen Tätowierungen miteinbezogen. Entsprechend werden im folgenden Überblick Zwangstätowierungen (wie z. B. KZ- Tätowierungen) ausgespart.

versive Geschichten, in dem Sinne, dass sie der *master narrative* zuwiderlaufen (vgl. ebd.). Wie Beeler weiter ausführt, handelt es sich bei tätowierten Figuren oftmals um Außenseiter:innen (ebd., 5), was durch kulturwissenschaftliche bzw. kulturanthropologische Studien insofern bestätigt wird, als dass Tätowierungen oftmals öffentliche und private sowie (subkulturell/gruppenbezogen) inkludierende und exkludierende Funktionen haben. So konstatiert beispielsweise DeMello: „The tattoo is a powerful symbol of affiliation and identity [and it is a] metaphor of difference" (DeMello 2000, 12 f.).

Historisch betrachtet war bis in das späte 20. Jahrhundert hinein eine abwertende Haltung gegenüber Tätowierungen und Tätowierten in europäisch geprägten Gesellschaften vorherrschend, was durch psychologische, kriminologische und sogenannte völker- und rassenkundliche Publikationen zu untermauern versucht wurde (siehe dazu z. B. Sullivan 2001; Barron 2017). Zu nennen ist hier vor allem Cesare Lombroso, der in *L'uomo Delinquente* (1876; dt. Der Verbrecher, 1887) und weiteren Schriften behauptet, Kriminelle hätten besondere körperliche Merkmale und würden u. a. aufgrund biologischer Dispositionen zu kriminellem Verhalten neigen. Diese vermeintliche Erkenntnis der angeborenen Kriminalität verknüpft er dezidiert mit Abwertungen von Klassenzugehörigkeiten, Queerness[4] sowie mit Tattoos. Dabei vertritt er die Meinung, Tattoos seien Zeichen einer ‚niederen' Klassenzugehörigkeit (Lombroso 1887, 255); sie wiesen zudem auf einen Mangel an ‚Zivilisiertheit' und Intelligenz sowie auf ‚erotische[n] Wahnsinn" hin (ebd., 269). Tätowierte werden damit nicht nur marginalisiert, Tattoos werden auch als Zeichen der Marginalisierung gelesen, wenngleich es zum Beispiel auch unter Adeligen im 19. Jahrhundert einen Tattootrend gab. Der Körper des:der angeblichen Kriminellen und ‚Unzivilisierten'/‚Wilden' wurde der Meinung Lambrosos und anderer nach als eben solcher lesbar.[5]

Die Abwertung von Tattoos greift also auf eine lange Tradition zurück und hat ihre Wurzeln in hegemonialen, rassistischen und klassistischen Diskursen. Tattoos wurden zusammen mit den Gruppen von Menschen, an denen Tätowierungen häufiger zu sehen waren, als ‚primitiv' herabgesetzt. Daraus resultierend waren bis in das 20. Jahrhundert hinein Tätowierungen in der Öffentlichkeit meist nur an Kriminellen und Sexarbeiter:innen sowie Zirkus- und Seeleuten sichtbar. Einige Schausteller:innen, insbesondere die sogenannten *Tattooed Ladies*, verdienten mit ihren stark tätowierten Körpern ihren Lebensunterhalt; das Tätowiert-Sein hatte für einige wenige Menschen also auch eine ökonomische Funktion. Diese eben

[4] Genauer „Päderastie".

[5] In *Das Weib als Verbrecherin und Prostituirte* machen Lombroso und Ferrero weiterhin die so vorgetragene Feststellung, tätowierte Sexarbeiterinnen unterschieden sich von anderen „Dirnen" durch ihre „grössere Bösartigkeit" (1894, 356). In ihrem Fazit stellen sie heraus, dass die Tätowierungen ein Zeichen einer besonders hochgradigen Promiskuität und Kriminalität seien. Gleichzeitig unterstreichen sie die angebliche Minderwertigkeit von Frauen und ziehen Parallelen zu von ihnen so bezeichneten „Naturvölkern", in denen Männer – wie bei europäischen Kriminellen – angeblich variantenreicher tätowiert seien als die Frauen. (Ebd., 258 f.)

genannten Gruppen, die Zirkusartist:innen, die Kriminellen, die Seefahrenden und die Sexarbeiter:innen, wurden und werden oftmals verbunden mit Devianz, Fremde und einem unsteten Leben außerhalb der bürgerlichen Gesellschaft. Sie verbindet zudem, dass ihre Körper in besonderer Weise im Fokus des öffentlichen Blickes standen und sogar auf verschiedene Weise ausgestellt wurden.[6] Dies trifft auch zu auf tätowierte kolonisierte Personen, die in Zoos, Sideshows sowie in wissenschaftlichen Kontexten zur Schau gestellt und offensichtlich ebenfalls als sogenannte Wilde *geothered* wurden. Dabei wurde nicht nur die Hautfarbe rassifiziert und entsprechend diskursiviert, sondern auch die Tätowierungen galten als Merkmal ihrer ‚Wildheit'. In ihren eigenen Gruppen und Gemeinschaften hatten die Tattoos unter anderem eine selbstvergewissernde Funktion und waren oftmals nicht die Ausnahme, sondern die Regel. Der abwertende Blick auf Tätowierte entspringt daher oftmals einem bürgerlichen und eurozentristischen Habitus und ist von Vorurteilen geprägt.

Europäische und nordamerikanische Medien tradierten solche Zuschreibungen, wodurch gesellschaftliche Randgruppen und vor allem kolonisierte Personen als gefährlich und/oder kulturell und intellektuell ‚minderwertig' dargestellt wurden (siehe z. B. DeMello 2000, 13). Spuren dieser Ansichten wirken bis in die Gegenwart nach, wenngleich Tattoos immer alltäglicher werden: So hat beispielsweise in Österreich mittlerweile jede vierte Person mindestens eine Tätowierung (IMAS 2020). Damit einhergehend haben sich auch Tattoo-Diskurse erheblich verändert. Das Tätowieren hat seit den 1980er-Jahren eine Aufwertung erfahren und wird nunmehr häufig als Kunstform betrachtet. Gleichzeitig kamen in der zweiten Hälfte des 20. Jahrhunderts immer facettenreichere Gründe für Tattoos und das Tätowieren hinzu, wobei besonders der Aspekt Jugendkultur relevant wurde und sich nun immer mehr Jugendliche und Frauen tätowieren ließen (Kang/Jones 2007, 43; siehe auch Sweetman 1999). Margo DeMello (2000) spricht hier von einer „Tattoo Renaissance", die mit einem Handlungs-, Bedeutungs- und Funktionswandel verbunden ist und deutlich von den Medien befeuert wurde. Subkulturelle Einschreibungen, die selbstbewusste Gestaltung des eigenen Körpers, Spiritualität, Tätowieren als Kunstform, Self-Care sowie die Selbststilisierung als ‚taffe', leidensfähige Person gewannen an Bedeutung (ebd.; Barron 2017, 80; Wohlrab/Stahl/Kappeler 2007). Zu bemerken ist außerdem, dass sich in den letzten dreißig Jahren immer mehr mit feministischen und besonders queer-feministischen Praktiken des Tätowierens befasst und betont wurde, dass Tätowieren eine Form der (Wieder-)Selbstaneignung des eigenen Körpers, der Selbstbestimmung sowie der Verqueerung und (im positiven Sinne) der „Vermonsterung" des Körpers bedeute (siehe z. B. Braunberger 2000). Hervorgehoben wurde und wird dabei der tätowierte als widerständiger Körper,[7] der gesellschaftlichen Normen ent-

[6] Seefahrende wurden – außer z. B. im Fall von Pirat:innen – nicht ausgestellt, bilden hier also eine Ausnahme.

[7] Zum widerständigen Potenzial von Tattoos in Literatur, Film und Fernsehen siehe auch Beeler 2015.

gegensteht und einen Gegenpol zur häuslich-mütterlich Maria-haften Imagination der Frau bildet. Damit erzeugten Tattoos bei vielen Frauen „feelings of greater control and authority over their own lives“ (Kang/Jones 2007, 43). „While men and women both get tattoos, men are more likely to use tattoos to reinforce traditional notions of masculinity, whereas women often both defy and reproduce conventional standards of femininity.“ (Ebd., 44) Tattoos können also auch gängige Schönheitsideale reproduzieren und eben nicht widerständig sein, was mit Blick auf Blumen-Tätowierungen bei Frauen deutlich wird. Vermehrt sind Tattoos aber Bestandteile von alternativen Männlichkeitsentwürfen und Queerness. Kang und Jones schreiben daher: „The tattooed body serves as a canvas to record the struggles between conformity and resistance, power and victimization, individualization and membership.“ (Ebd., 27; vgl. auch Mifflin 2013)

Narrativität & Narrative Tattoos

Das Bedeutungsspektrum von Tätowieren und Tätowierungen ist überaus dynamisch. So werden Tätowierungen und das Tätowieren von verschiedenen Forschungszweigen und -schulen analysiert und es herrscht eine große Vielfalt an methodischen und theoretischen Zugängen. Für diesen Beitrag ist besonders eine bestimmte Schule der Tattoo Studies relevant, die durch Rezeption postmoderner und poststrukturalistischer sowie phänomenologischer Theorie das freiwillige Tätowieren als Form der Arbeit am eigenen Selbst und als Selbstkonstituierung betrachtet und das in den Mittelpunkt rückt, was als Narration des Selbst aufgefasst werden kann und oftmals als „tattoo narrative“ bezeichnet wird (vgl. z. B. Beeler 2006; DeMello 2000, 152; Kosut 2000, Mäder 1998, 14). In Studien über Tätowierungen und das Tätowieren wird häufig die Bedeutung von Tattoos für den Lebenszyklus betont, da sie oftmals bestimmte Lebensabschnitte markieren. Damit haben Tätowierungen eine biografische Funktion.[8] Zu untersuchen gilt es also, „how the body is both inscribed by culture and counterinscribed by individuals“ (DeMello 2000, 9).

Tattoos dienen als Selbstvergewisserung und Einschreibung eigener Identitätsaspekte, aber auch als Markierungen von Gruppenzugehörigkeiten. Körper werden damit zum kommunikativen Spielfeld des Selbst und zum Schauplatz verschiedener Diskurse (ebd., 12). Lee Barron schreibt diesbezüglich: „tattoos transform an individual’s sense of self through time.“ (2017, 72) Auch wenn sich die Bedeutung eines Tattoos also mit der Zeit wandeln kann, stellen Tätowierungen dieser Tattoo Studies-Schule nach den Versuch dar, das temporäre Selbst für die Zukunft festzuhalten. Zentral dafür sei die eigene Selbstvergewisserung in einer postmodernen Welt, die keine Metanarrative mehr kenne und zunehmend

[8] Für die Jugendliteratur ist in diesem Zusammenhang die Bedeutung des Tätowierens in *rites des passages* besonders relevant.

unüberschaubarer werde, so der sich auf Lyotard beziehende Barron (ebd., 25). In einer Zeit der Fragmentierung und Instabilität, in der das Selbst fragil erscheint, könnten Tattoos somit als Praxis, Identität fixieren zu wollen, dienen. Dabei solle Identität als Geschichte im Bild auf dem eigenen Körper festgehalten werden; entsprechend haben Tattoos wichtige Erinnerungsfunktionen.

Auch gewinnt die Idee an Relevanz, dass mit Tätowierungen eigene Geschichten erzählt werden: „the tattoo design is imbued with a distinct personal semiotic narrative-telling function.“ (Ebd.) Einem Selbstgespräch gleich kommuniziert das Tattoo das eigene Selbst an sich selbst, tritt aber auch in einen Dialog mit der Außenwelt. Die Bedeutungen können sich je nach Kontext sowohl für den:die Träger:in selbst als auch für die Rezipierenden verändern, sodass Tattoos als polysemische Zeichen verstanden werden (vgl. ebd., 60).[9]

Wie hier bereits deutlich wird, basieren viele Tattoo-Theorien auf linguistischen und kommunikationswissenschaftlichen Erkenntnissen und bedienen sich ihrer Terminologie. Allerdings meint *narrativ* in den Tattoo Studies nicht unbedingt dasselbe wie in den Literaturwissenschaften oder der Medienkomparatistik, was im Folgenden aus Platzgründen nur schlaglichtartig ausgeführt werden kann. Betrachtet man ein Tattoo als Bild, so sind in der Terminologie von Werner Wolf (2002) die meisten Tattoos, die uns im Alltag begegnen, narrationsindizierend und damit „geschichtenandeutend“ in dem Sinne, dass sie über einen inter- oder transmedialen Referenzrahmen auf eine Geschichte verweisen, was eine relativ hohe Rezeptionsleistung notwendig macht. Außerdem seien viele Tattoos als „quasi narrativ“ zu bezeichnen und ermöglichten damit bestenfalls „Geschichtenanaloga“ (ebd., 96). Aus narratologischer Sicht auf realweltliche Tattoos darf die Aussage Mäders daher zunächst bezweifelt werden: „The tattoo is a narrative. It is as close to the image as it is o the writing.“ (Mäder 1998, 14) Allein die eher seltenen Bildserien-Tattoos können in Wolfs Schema zweifelsfrei unter „genuin narrativ“ eingeordnet werden. Allerdings sollte beachtet werden, dass Tattoos durch ihre Körperplatzierung mehr Stimuli des Narrativen haben als andere Bilder, denn sie verweisen immer auf das Selbst und damit auf Biografisches. Dasselbe Bild – zum Beispiel eine John Tenniel-Illustration aus *Alice in Wonderland* – stimuliert das Narrative auf einem Blatt Papier weniger als auf dem Unterschenkel, da dem Bild auf dem Körper mehr „Basisfunktionen“ (Wolf 2002, 32 f.) zugesprochen werden und es zugleich mit dem Faktor Zeit in Bezug gesetzt wird. Denn das Tattoo wird u. a. im Kontext des Hautalterungsprozesses gelesen, womit es mit einem bestimmten Lebensabschnitt in Zusammenhang gebracht und verzeitlicht wird. Entsprechend möchte ich behaupten, dass sich der Grad der Narrativität bei Motiven, die in den Körper eingebracht sind, im Vergleich mit anderen materiellen

[9] Aus narratologischer Sicht bleibt in den Tattoo Studies dieser Verweis auf das Erzählen unpräzise. Meist wird es bei Aussagen wie den obigen belassen.

Trägern (Papier, Leinwand etc.) zugunsten einer höheren Narrativität verschiebt (s. Schema 3 Wolf 2002, 96; s. u.), wobei es sich hier um eine spezifisch biografische Narrativität handelt. Es wird hier also ein Biografie-bezogenes kognitives Schema wirksam. In den Tattoo Studies wird jedenfalls oft von narrativen Tätowierungen geschrieben. Hinzu kommt ein auffallend häufiger Gebrauch von buchbezogenen Metaphern: Tattoos *erzählen* und werden *gelesen*. In der Tradition von Ray Bradburys *Illustrated Man* werden sie oftmals als Illustrationen verstanden, was auch unter bildtheoretischen Gesichtspunkten Sinn ergibt: Tattoos, insbesondere monoszenische Bilder, indizieren oftmals eine Geschichte (s. o.), insbesondere wenn sie auf popkulturelle oder religiöse Phänomene (Systemreferenz) oder konkrete Geschichten (Einzelreferenz) referieren. In jedem Fall wirken sie aber geschichtenindizierend und geschichteninduzierend (Wolf 2002, 75). Es gilt damit festzuhalten, dass Tattoos narrative Qualitäten besitzen, die sich allerdings deutlich sowohl von Texten als auch anderen Bildern wie Gemälden oder Illustrationen unterscheiden. Wie Illustrationen stehen Tattoos aber nicht für sich, sondern werden im Zusammenhang mit dem Körper gelesen – ähnlich wie Buchillustrationen, die sowohl zusammen mit dem Text als auch mit der jeweiligen materiellen Beschaffenheit des Buches rezipiert werden. So sind beim Interpretieren oder Lesen von Tattoos nicht allein die Ikonografie und der Stil einer Tätowierung von Bedeutung, sondern auch die entsprechende Körperstelle. Ein Schwein kann zum Beispiel signalisieren, dass jemand karnivor isst oder *Charlotte's Web* schätzt. Es kann aber auch ein provokatives Statement, eine Schmähung, eine Erinnerung an ein geliebtes Haustier oder ein ‚komisch' gemeintes Spiel mit dem Körper sein.[10]

In fiktionalen Verbaltexten kommen alle oben genannten Aspekte von Tätowierungen zum Tragen, wobei es zu beachten gilt, dass Tattoos in Verbaltexten in Form einer Ekphrasis geschildert werden (Beeler 2006, 3 f.). Damit kann sich das Bedeutungsspektrum eines Tattoos verringern – wenn beispielsweise Beschreibung und Bedeutung zusammengeführt werden – oder aber vergrößern, indem die Ekphrasis unkonkret bleibt und damit womöglich sehr unterschiedliche Assoziationen bei den Lesenden hervorruft.

In einigen literarischen Werken kommt Tätowierungen eine tragende Rolle zu, wobei viele der oben angesprochenen Aspekte relevant werden-. Das möchte ich anhand einer Young Adult-Trilogie demonstrieren, in der die meisten der in den Tattoo Studies ausgebreiteten Themen verhandelt und gängige Zuschreibungen verkehrt werden.

[10] Während bei den oben genannten Beispielen die Verknüpfung von Tattoo und Geschichte nachvollziehbar ist, stellt sich gerade bei neueren Tattoo-Trends wie Mandala-Dotwork, Art Nouveau oder Blackout hingegen die Frage, inwiefern noch von Erzählen gesprochen werden kann. Nach dem Schema von Werner Wolf ließen sie sich als „quasi-narrativ" bezeichnen.

Alice Broadways *Ink*-Trilogie

Transformierung: Tattookultur und Buchwerdung

Die *Ink-* oder *Skin Books*-Trilogie von Alice Broadway wird verlagsseitig für ältere Jugendliche empfohlen und entsprechend als Young Adult Literature vermarktet. Obwohl sie inhaltlich viele Gemeinsamkeiten mit Dystopischer Literatur und Future Fiction (vgl. Kalbermatten 2020) hat, verweist das World Building nicht auf die (nahe oder ferne) Zukunft. Im Gegenteil werden u. a. durch Nationsbildungsprozesse (s. u.) und die Betonung von Handwerkstätigkeiten Assoziationen zu vergangenen Zeiten geweckt, wodurch eine Nähe zur (High) Fantasy hergestellt wird.

Die Erzählung beginnt in Saintstone, einer Stadt, in der sich alles um Tätowierungen dreht. Kultur, Religion, Geschichte und Politik, das öffentliche und private Leben werden davon dominiert. Text und Tattoo, das Lesen von Haut und das Lesen von Büchern werden dabei in eins gesetzt. Schon kurz nach der Geburt erhält ein Kind ein Geburtsmal – *birthmark* genannt –, das einer Taufe ähnlich den Eintritt ins Leben markiert und mittels dessen der Name des Kindes durch das Einstechen der Buchstaben in den Körper festgelegt wird. Hier zeigt sich bereits das Bestreben, Identität zu fixieren. Auch alle anderen einschneidenden Erlebnisse im Leben der Figuren aus Saintstone werden fortan mit Tattoos, den sogenannten *marks* (Markierungen),[11] festgehalten. Dabei handelt es sich einerseits um standardisierte Tätowierungen, die dem Gegenüber beispielsweise das Alter und den Beruf mitteilen und an festgelegten Körperstellen platziert werden. *Marks* haben damit wichtige soziale Funktionen und sind nicht immer freiwillig. Die Bewohner:innen von Saintstone wählen andererseits aber auch persönliche *marks*, die meist um ein individuelles, Biografie bezogenes Thema, z. B. Pflanzen oder den Ozean, kreisen und mit der Zeit wachsen. Auch diese Tätowierungen folgen Konventionen, beispielsweise was ihre Platzierung und ihren Symbolgehalt anbetrifft. Die Bedeutungsspektren von Motiven variieren minimal. So ist ein Baum auf dem Rücken ein Stammbaum, ein Strich am Handgelenk bedeutet ein gelebtes Jahr und Tattoos im Intimbereich verweisen auf Sexualpartner:innen. Wie in den Tattoo Studies ist ein *mark* „a powerful symbol of affiliation and identity" (DeMello 2000, 12); es ist individuell und erzählt dem Selbst eine Geschichte vom Selbst, es ist aber auch gemeinschaftsbildend und erzählt der Außenwelt eine individuelle und gleichzeitig sich ins Kollektiv einschreibende Geschichte.

[11] Der Prozess des Markierens wird im Text wie der des Tätowierens beschrieben, allerdings mit dem Unterschied, dass das Markieren eine magisch-persönliche Komponente hat. Die *marker* erkennen das innere Wesen der Person, die sie markieren. Bilder, die durch eine enge Verbindung zwischen *marker* und *marked* entstehen, erscheinen besonders. (Vgl. Broadway 2017, 157 f.) Im Verlauf der Erzählung kommen *marks* hinzu, die auf dem Körper der Protagonistin erscheinen und eine Verbindung zu den Gründungsmüttern herstellen.

Die Körper der Figuren sind damit kommunikative Spielfelder des Selbst und der Gemeinschaft. Einige Saintstoner:innen haben sich gar auf das Lesen und Interpretieren spezialisiert, was auch eine magische Komponente hat.

Auf diese Weise wird das Leben in Saintstone auf der Haut festgehalten. Stirbt ein Mensch, so wird in einer Zeremonie, die sich mit Seelenwiegen übersetzen lässt, anhand der Tattoos festgestellt, ob er oder sie ein normativ gutes Leben geführt hat oder nicht. Dazu werden die *marks* wie eine Biografie gelesen. In der Regel fällt das Ergebnis positiv aus, woraufhin der Leichnam gehäutet, die Haut präpariert und zu einem Buch gebunden wird. Die Angehörigen lesen dann in dem Buch des oder der Verstorben, sodass es zum zentralen Gegenstand von Trauer und Erinnerung wird. Die Buchwerdung ist nicht nur eine gesellschaftliche Ehre, sie ist von großer persönlicher Bedeutung für die Familien, da sie sich durch das Buch weiterhin mit dem oder der Verstorbenen verbunden fühlen; Haut und Totenkult gehören zusammen. Damit wird nicht nur eine Nähe zu sogenannten *memorial tattoos*[12] (Buckle/Corbin 2023) hergestellt, es wird auch auf aus Menschenhaut gebundene Bücher, sogenannte anthropodermische Bücher, verwiesen. Diese wurden zumeist von Ärzten aus der Haut von ehemaligen, mittellosen und sozialökonomisch schlecht gestellten Patient:innen gebunden oder aus der Haut von Kriminellen gemacht (vgl. Rosenbloom 2020). Bei den bekanntesten Beispielen handelt es sich um einige Exemplare von Hans Holbeins *Alphabet of Death* (erstmals 1526) aus dem 19. Jahrhundert (1816 und 1898)[13] sowie die (angeblich) aus der Haut des Mörders William Corder[14] (vgl. ebd., 115–130) gebundenen Bücher. (Ebd.) Damit wird bereits deutlich, dass die *Ink*-Reihe eine Umwertung hinsichtlich der Verknüpfung von Tätowierungen und Kriminalität vornimmt: Nicht die Haut der Kriminellen wird zu Büchern gebunden, sondern ganz im Gegenteil wird Kriminellen die Ehre, ein Buch zu werden, nicht zuteil. Damit verbunden ist auch eine andere kulturelle Wertung von Sichtbarkeit und Körpern. Wer ehrlich ist und nichts zu verbergen hat, stellt in Saintstone seinen oder ihren Körper mit den Markierungen kaum bekleidet zur Schau, während das Ausstellen von Körpern historisch gesehen in europäisch geprägten Gesellschaften eine Schmach und eine Bedrohung der gesellschaftlichen Integrität war, weshalb nur die oben genannten Randgruppen ihre fast nackten Körper öffentlich präsentierten. Ähnlich erzeugt der Gedanke an anthropodermische Bücher bei den meisten Menschen Schauergefühle – und zu eben solchem Zwecke werden sie meist in (Kinder- und

[12] *Memorial tattoos* haben die primäre Funktion, an geliebte Menschen oder auch Tiere zu erinnern. Viele – aber nicht alle sind auf Anhieb als solche erkennbar und folgen Konventionen, die auch von Grabsteinen bekannt sind: So sind Lebensdaten, Fotos und Engel Teil von *memorial tattoos*.

[13] Rosenbloom identifizierte diese in der St John's Library der Brown University (Rosenbloom 2020, 108 u. 229).

[14] Bei einigen dieser Bücher, die aus Mörderhaut gemacht sein sollen, ist allerdings nicht zweifelsfrei nachgewiesen, dass sie wirklich aus menschlicher Haut gebunden sind (Vgl. Rosenbloom 2020).

Jugend-)Literatur und Film auch eingesetzt, wo fiktive Bücher aus menschlicher Haut immer wieder auftauchen. In dem Halloweenklassiker *Hocus Pocus* (1993) wollen beispielsweise drei verzweifelte Hexen mithilfe eines animierten aus Menschenhaut gebundenen Grimoires einen zum Teil aus Kindern bestehenden Trank herstellen, um ihre Jugend zurückzugewinnen. Ähnlich verhält es sich mit dem wahrscheinlich bekanntesten fiktiven Buch aus Menschenhaut, dem Necronomicon.[15] In *Ink* hat dieses Buchbinden jedoch keinen Gruselfaktor, sondern wird als Ritus beschrieben, der zentral für die Erinnerungskultur ist. Wird die Haut eines Menschen nicht gebunden, sondern verbrannt, stellt dies die größtmögliche Strafe dar und das Leben gilt retrospektiv als verwirkt. Der:Die Verbrannte ist nicht mehr Teil der Gemeinschaft und die entsprechende Familie erlebt daraufhin soziale Ausgrenzung. Diese Gesellschaft ist nach strengen Regeln geordnet und hinsichtlich der Tattoo-Kultur homogen. Mit dem Markieren geht also auch eine soziale Kontrolle einher. Ohne das eigene Buch wird das Leben der Figur nicht weitererzählt und niemand kann in dieser Biografie lesen – der Mensch wird vergessen. Die *marks* haben also eine starke biografische Funktion. Sie sind einerseits Narrationen des Selbst, andererseits erzählen sie von der Gemeinschaft und der Geschichte Saintstones und wirken so gemeinschaftsbildend, sodass die *marks* das Fundament dieser *imagined community*[16] (Anderson 2016) bilden. Dies wird insbesondere an einer Figur in Saintstone deutlich: der Geschichtenerzählerin Mel.

Einschreibung: Tattoos als gemeinschaftsbildende Narrationen

Als Geschichtenerzählerin (*storyteller*) – und auch hier weist die Berufsbezeichnung eindeutig auf die Bedeutung des Erzählens – ist es Mels Aufgabe, den Gründungsmythos von Saintstone zu bewahren und in die Zukunft weiterzutragen, indem sie ihren Körper mit Tattoos schmückt, die auf bestimmte kanonisierte Geschichten referieren und damit Narrationen indizieren. Mels Körper erzählt also die Geschichte der Stadt Saintstone, wie sie von der Gemeinschaft tradiert wird, doch handelt es sich dabei um eine bestimmte ideologisierte Interpretation dieses Geschichtenkanons, wobei *story* und *history* hier in eins fallen. Als Geschichtenerzählerin bleibt Mel die individuelle Ausgestaltung des Körpers verwehrt, weshalb sie sich als entindividualisiert beschreibt: „I don't have a story: I am our stories.“ (Broadway 2017, 243) Entsprechend sind *storyteller* personifizierte, lebende Geschichte und dienen der gemeinschaftlichen Selbstvergewisserung:

[15] Ursprünglich aus einer Erzählung H.P. Lovecrafts stammend, taucht das Necronomicon mittlerweile in unzähligen fantastischen Medien auf.

[16] Zu *tattoo communities* als *imaginied communities* siehe DeMello 2000, 40–43.

> She has no family to remember or be remembered by; instead she lives the lives with the honour of being an open book, telling our community's stories. We mustn't forget them. Even though we have them printed on paper in books in almost every house, it's the skin that matters – her skin. That's what lasts, and as each storyteller takes on each tale, embracing the pain, spilling blood as they are inked on their body, they take on the soul of our community and preserve our history. (Ebd., 98)

Erzählen und Tattoos tragen werden gleichgesetzt, wobei der mit der ‚Geschichtenproduktion' einhergehende Schmerz betont wird. Broadways Trilogie überführt damit die individuelle narrative bzw. geschichtenindizierende Funktion von Tattoos in eine kollektive.[17] Das kollektive Gedächtnis wird als kommunikatives Gedächtnis am Körper einer lebenden Figur ausgestellt und später als aus Haut gebundenes Buch in das kulturelle Speichergedächtnis überführt (vgl. Assmann 1988). Nicht nur das temporäre Selbst, sondern auch das kollektive Eigene konstituiert sich damit auf der Haut.[18]

Der Text referiert zudem klar auf Prozesse der Gemeinschafts- bzw. Nationenbildung wie von Anderson beschrieben. Geschichten und die Praxis, diese Geschichten medial zu verbreiten, bilden den Kern der gemeinschaftlichen Verständigung und sie führen zur Imagination dieser Gemeinschaft als feststehender Gruppe. Während Anderson die Rolle von Printmedien für Nationbuilding-Prozesse hervorhebt, sind es bei Broadway Tattoos, die diese Geschichten zirkulieren lassen. Bei dem Gründungsmythos handelt es sich um zusammenhängende Geschichten von Zwillingsschwestern, die bei ihrem Vater, einem Holzfäller, der ein magisch begabter Geschichtenerzähler ist, aufwachsen. Die einzelnen Geschichten aus dem kanonischen Fundus des Gründungsmythos, die in kursiv gedruckten intradiegetischen Erzählungen wiedergegeben werden, erinnern dabei in Stil, Motivik, Form und Inhalt an die Märchen von Jacob und Wilhelm Grimm. Beispielsweise beginnt die Geschichte „The Sisters" mit:

> *There was once a girl who was as good as she was beautiful. And she was very beautiful. She had golden hair and ruby-red lips. Her voice was a thousand angels laughing, and her eyes sparkled like the stars in the heavens.* (Broadway 2017, 54; kursiv i. O.)

Dabei rückt der Gründungsmythos der Stadt Saintstone die Schwester Moriah in den Mittelpunkt, der durch Zauberei nach dem Tod ihres Vaters ein *mark* auf ihrer Haut für jedes bedeutende Lebensereignis eingeschrieben wird. Der Saintstone-Geschichte nach lebt sie als Königin ein glückliches Leben und führt ihr Volk in den Wohlstand. Moriah wird damit zur Gründungsmutter der Gemeinschaft und entsprechend verehrt und überhöht, ihre Nachkommen werden als Auserwählte stilisiert. Die Ursprungserzählung von Saintstone stellt ihre Zwillingsschwester, hier White Witch genannt, wiederum als Gegenteil von Moriah vor. Ihr Name wird nicht erwähnt und sie wird als Negation ihrer Schwester eingeführt: „*Moriah had a twin sister. Now, the sister didn't have golden hair or ruby-red lips, her*

---

[17] Ähnliche Funktionen von Tattoos sind in/bei einigen indigenen Gesellschaften zu finden.

[18] Außer bei der Geschichtenerzählerin Mel.

voice wasn't like a thousand angels laughing, and her voice didn't sparkle like the stars in heaven." (Ebd.; kursiv i. O.) Die Zwillingsschwester wird also als böses Pendant von Moriah inszeniert, die als garstige Hexe das florierende Land bedroht; auch ihre Nachkommen, die Featherstoner:innen, gelten als Gefahr für Saintstone. Die eigentlich auf den Namen Belia hörende Schwester wird in der Saintstone-Erzählung deutlich *geothered*: Sie wird fremd gemacht und entmenschlicht, indem ihr der Name verwehrt und ihr Körper als deviant beschrieben wird. (vgl. z. B. Broadway 2017, 197) Die jeweiligen Gemeinschaften ideologisieren die Geschichte der Schwestern also in ihrem Sinne und so erzählt die *Ink*-Reihe von der Herstellung und Tradierung von Differenz.

Verletzung: Haut und Nekropolitik

Infolge des Schwesternzwists kommt es zu einer Separation, die durch eine Mauer verräumlicht wird und Saintstone von Featherstone trennt. Diese Separation ist kennzeichnend für nekropolitische Systeme, die darüber bestimmen können, wer leben darf und wer sterben muss (vgl. Mbembe 2019, 66; Stingelin 2021).[19] Durch die Verbannung in einen ressourcenarmen, lebensfeindlichen Ort setzt Saintstone die *geortherten* Bewohner:innen Featherstones dem Tode aus. Die Regierenden des wohlhabenden Saintstone rechtfertigen dies mit dem Bedürfnis nach Sicherheit und Schutz.

Die im Rückgriff auf die Geschichtentradition tätowierten Saintstoner:innen empfinden Untätowierte als hässlich, sodass Inklusion und Exklusion in die Körper eingeschrieben werden und deutlich wird, wie Schönheitsempfinden und Ästhetik kulturell tradiert und politisiert werden. Das Markieren funktioniert damit als ritueller Akt, mithilfe dessen die binär gedachte Grenzziehung zwischen ‚Gut' bzw. dem ‚Eigenen' (*marked*) und dem ‚Bösen' und ‚Anderen' (*blank*) immer wieder beglaubigt und damit (erinnerungs-)kulturell tradiert wird. Mit der Tattookultur verbunden ist die Idee, dass es unehrlich und unaufrichtig sei, die eigene Biografie nicht für alle sichtbar zur Schau zu stellen. *Blanks* werden damit mit Lug und Betrug assoziiert.[20]

---

[19] Mbembe führt hier eine Idee Foucaults weiter, der in *Der Wille zum Wissen. Sexualität und Wahrheit I* (1976) für den Übergang in die Moderne feststellt: „[M]an könnte sagen, das alte Recht, sterben zu *machen* oder leben zu *lassen* wurde abgelöst von einer Macht, leben zu *machen* oder in den Tod zu *stoßen*." (Foucault 2020, 68; kursiv i. O.) Siehe dazu auch Gehring 2020, 266 und v. a. Stingelin 2021.

[20] Auch dies stellt eine Umkehr der in Europa lange Zeit dominant verbreiteten Vorstellungen dar, galten doch Tattoos gerade im Christentum und Judentum als unrein und Tabu (siehe z. B. Levitikus 19, 28). Das hat u. a. zu tun mit dem Verhältnis von monotheistischen Religionen zu Bildern. Zudem gibt es eine starke Verbindung von Tattoo und Sexualität, die beispielsweise über Analogien zu Penetration und Unbeflecktheit hergestellt wird (siehe z. B. Mäder 1998).

Politiker:innen feuern das Misstrauen gegenüber den *blanks*, also Untätowierten, an, bezichtigen sie, Straftaten zu begehen und zu lügen. Ein unmarkierter Leichnam wird im Museum, dem zentralen institutionellen Erinnerungsspeicher, als Mahnung ausgestellt und zum monströsen „Körperobjekt" (Mbembe 2021, 153 f.; vgl. auch Foucault 2016) gemacht. Kindern werden Schauergeschichten von der White Witch erzählt und den Untätowierten sagt man nach, dass sie des nachts den Nachwuchs entführen und das Vieh rauben, womit u. a. auf tradierte, extratextuelle antiziganistische und antijudaistische Fremdstereotype verwiesen wird. Wie deutlich wird, greift die Reihe damit einige zentrale Topoi auf, die in der Geschichte der Menschheit zur Diffamierung, Ausgrenzung, Verfolgung und Ermordung von Minderheiten genutzt wurden.

Ab dem zweiten Band, *Spark*, wird dann vermehrt von der Gemeinschaft der Featherstoner erzählt, die aus *blanks* besteht und sich auf der Geschichte und Tradition der zweiten Schwester Belia gründet. Hier werden Geschichten mit dem weitestgehend gleichen Plot wie in Saintstone erzählt. Allerdings ist die Perspektive die von Belia und die Wertungen des Geschehens sind damit umgekehrt. Die Existenzberechtigung von ihr und ihren Nachfahr:innen, also den *blanks*, wird in Saintstone infrage gestellt, sodass sie sozusagen zu Leerstellen in den Geschichten von Saintstone werden. Die Geschichten werden in Featherstone oral tradiert und es findet eine ähnliche Abwertung von Saintstone und den *marked* statt, wobei es zu bedenken gilt, dass sich Saintstone in der Machtposition befindet.

Die Auseinandersetzung mit den *blanks* aus Featherstone wird durch den Tod des Vaters der Protagonistin und Erzählerin Leora[21] ins Rollen gebracht. Seine Haut soll nicht zu einem Buch gebunden werden, da er eine (zuvor durch Haare verdeckte) Krähe auf dem Kopf tätowiert hat, die ihn als Schwerverbrecher markiert, sodass der ausgeführte Totenritus für ihn nicht veranstaltet werden kann. Hier zeigt sich die Bedeutung von Trauer für den politischen Prozess, wobei sich an Judith Butlers Ausführungen in *Precarious Life* anknüpfen lässt, in denen sie feststellt, dass Trauerprozesse einigen Menschen verwehrt bleiben. Auch läutet die dort gestellte Frage „What makes for a grievable life?" (Butler 2004, 20) in Broadways Trilogie einen Widerstandsprozess ein. Denn die Tatsache, dass der Vater der Protagonistin Leora nicht im konventionellen Sinne betrauert werden kann, dass sein Tod und damit auch sein Leben dem Vergessen anheimfallen sollen, löst aus, dass Leora ihre Weltsicht hinterfragt. Wie sich zudem herausstellt, war der stigmatisierte Vater ein Terrorist im Sinne von Saintstone und einer der wichtigsten Führer:innen einer Untergrund-Widerstandsgruppe. Diese schmuggelte Waren von Saintstone nach Featherstone, was das Überleben der *blanks* sicherte. Im geopolitisch ungünstig gelegenen Featherstone leben die Menschen in großer Armut, da Saintstone sie vom Zugang zu fruchtbarem Land und anderen Ressourcen abschneidet, wodurch sie

[21] Im Text wechseln sich intern fokalisierte Traumpassagen, die Geschichten aus dem Gründungsmythos und längere Erzählpassagen ab.

auch keine Handelsmöglichkeiten haben. Die Featherstoner:innen werden im Text auch als Exilierte bezeichnet, da die Moriah-Nachkommen sie aus ihrem Gebiet durch einen Krieg vertrieben und eine Mauer errichtet haben. Damit erinnert die Situation durchaus an postkoloniale Kontexte. Diese Lesart wird dadurch verstärkt, dass die Kultur der Featherstoner:innen im Kern eine orale ist, wohingegen die Saintstoner:innen Bücher, eine Bibliothek und ein Museum besitzen. Umgekehrt wird eine historische Verknüpfung von Tätowierungen und vermeintlichen Eigenschaften ihrer Träger:innen wirkmächtig. So stellt beispielsweise DeMello fest: „The middle class has also typically viewed getting a tattoo a sign of a lack of discipline and self-control, of an inability to consider the future" (DeMello 2000, 140), womit sich die Bürgerlichen von der Arbeiter:innenklasse, aber auch von BIPoC abzugrenzen versuchten. In den Romanen wird nun aber gerade das Tätowiertsein mit Disziplin, Selbstkontrolle und Zukunftsperspektiven verknüpft, die Gemeinschaft der *marked* als *zivilisiertere*, *kultiviertere* und mächtigere dargestellt.

Parallel zu Leoras Selbstfindung, die mit ihrer beginnenden Politisierung korrespondiert, rüstet sich Saintstone für einen Krieg. Die Rhetorik gegenüber den *blanks* wird brutaler und militärischer; auch Gesetze werden verschärft. Saintstone entwickelt sich unter seinem charismatischen Führer Major Longsight und seinem ‚exekutiven Bluthund' Jack Minnow zu einem totalitären Staat und die Erzählung wird zur Dystopie. Zugunsten der *Sicherheit* sollen alle Markierungen und ihre Bedeutungen aufgelistet werden, sodass eine Überwachung der Körper und eine Festschreibung von Bedeutungen vorgeschrieben werden. Damit gaukelt der Staat vor, dass es nur eine Deutung eines Tattoos gibt, wenngleich Tätowierungen polysemisch sind. Auf diese Weise soll auch suggeriert werden, dass der Gründungsmythos eindeutig ist und es nur eine *wahre Geschichte*, ein *grand narrative*, gibt, von der Handlungsanweisungen für die Gegenwart abgeleitet werden. Der Leitspruch heißt: „*The stories are our past. Through our past we shall live our present.*" (Broadway 2017, 99; kursiv i. O.)

Die beiden Gesellschaften in Saintstone und Featherstone verschärfen ihre gegenseitigen Vorurteile, bis die Überzeugung herrscht, dass ihre jeweilige Existenz nur noch durch den Tod der anderen Seite gewährleistet werden kann. Beide Seiten bedienen sich einer Reinheits-Rhetorik, beispielsweise wenn von einem Heiligen See erzählt wird, der in einem Initiationsritual von Sünden reinwäscht. Damit trifft hier zu, was Foucault für die kriegerische Seite der Bio-Macht ausführt:

> Der Tod des Anderen bedeutet nicht einfach mein Überleben in der Weise, daß er meine persönliche Sicherheit erhöht; der Tod des Anderen, der Tod der bösen Rasse, der niederen (der degenerierten/ der anormalen) Rasse wird das Leben im allgemeinen gesünder machen, gesünder und reiner. (Foucault 2020, 105)

Das Andere wird wiederum durch die Frage, ob jemand durch die Haut als Moriah- oder Belia-Anhänger:in markiert ist, definiert. Rein im jeweiligen Sinne ist, wer markierte bzw. unmarkierte Haut aufweist (vgl. auch DeMello 2000, 140).

Heilung: Einheit durch Fragmentierung oder Kanon, Interpretation und Wertung

Leora wird im Verlauf der Erzählung zur Heldin, der es gelingt, die Binarität der Gesellschaftsordnung ins Wanken zu bringen. Zentral ist dabei der Kampf um die Deutungshoheit der mündlich (Featherstone) und bildlich (Saintstone) tradierten Geschichte um die Zwillingsschwestern. Der Plot der Geschichten ist dabei nahezu identisch – die Ausdeutung und Wertung des Geschehens und damit die Kanonisierungsprozesse sind aber gegensätzlich. Beispielsweise ist die Magie, die Moriah als Segen empfindet, für Belia ein Fluch. Um die Anderen verstehen zu können, ist es entsprechend notwendig, sich die Geschichte aus ihrer Perspektive erzählen zu lassen. Die Kriegsgefahr wird hier utopisch gelöst durch die Protagonistin, die einen Dazwischen-Status hat und eine magische Verbindung zu ihren Vorfahr:innen aufbaut. Diese übermitteln ihr einen verloren gegangenen Teil des Geschichtenkanons, welcher von der Wiedervereinigung der Zwillingsschwestern erzählt. So träumt Leora nicht nur von den Schwestern, auf ihrem Bauch bildet sich nach und nach ein *mark*, das Moriah und Belia mit ineinander verschränkten Händen vereint zeigt. Dieses Bild war ursprünglich im Geschichtenkanon der Saintstoner enthalten, wie ein sehr altes Stück Haut beweist, das entweder einer:einem Geschichtenerzähler:in oder Moriah selbst gehört haben könnte (Broadway 2019, 69 ff.). Dass dieser *mark* nun auf Leoras Haut erscheint, verdeutlicht, dass Versöhnung der richtige Weg ist. Zudem vereinen sich die Schwestern in Leoras Körper, indem Moriahs magische *marks* gerade auf dem Körper erscheinen, der Belia, der direkten Vorfahrin Leoras, zum Verwechseln ähnlichsieht. Im Prozess dieser Heldinnenwerdung wird Leoras Körper damit zur symbolischen und tatsächlichen Leinwand des Widerstands. Motive werden durch sie um- und neu gedeutet. Und dabei geschieht das, was Kang und Jones ausführen: „The tattooed body serves as a canvas to record the struggles between conformity and resistance, power and victimization, individualism and membership." (Kang/Jones 2007, 47)[22]

Zum Schluss erleidet Leora schwere Verbrennungen und bekommt dadurch eine neue Haut:

> I love my new skin, which has been stretched to fit me. There are glimpses of the old me between the cracks […] The mark of the sisters is gone, and I miss them, but I am getting used to being the patchwork girl. […] My scars tell my story more clearly than any ink. (Broadway 2019, 282)

[22] Die Ursprungsgeschichte wird dabei aus der jeweilig anderen Perspektive erzählt, wodurch zuletzt ein gegenseitiges Verstehen erzeugt werden kann: „The ability to narrate ourselves not from the first person alone, but from, say, the position of the third, or to receive an account delivered in the second, can actually work to expand our understanding of the forms that global power has taken." (Butler 2004, 8)

Man könnte also sagen, dass die *grand narratives* hier am Ende im Sinne Lyotards zugunsten einer fragmentierten, veruneindeutigten Erzählung aufgebrochen werden. Das Selbst wird in seine Einzelteile zerlegt und neu zusammengefügt. Es ist ein Patchwork. Der Heilungsprozess der Haut korrespondiert dabei mit dem Heilungsprozess der Protagonistin und der neuvereinten Gemeinschaft. Dabei wird der Körper von Leora vermonstert[23], wodurch ihr eine Selbstaneignung desselben gelingt. Durch die neu zusammengestückelten Bilder weicht Leoras Körper von den Schönheitsidealen beider Gemeinschaften ab. Gleichzeitig wird ihr Dazwischen-Status damit inkorporiert: Weder ist sie *blank* noch ist sie mit den gängigen Bildern markiert. Vielmehr zeigt ihr Körper die gewaltvolle Geschichte von Saintstone und Featherstone.

Die *Ink*-Trilogie zeigt damit den Facettenreichtum von Tattoo- und Tätowierungsbedeutungen und greift Erkenntnisse der Tattoo Studies implizit auf. Insbesondere spielt sie mit der Idee, dass Tattoos narrativ sind (oder Schemata des Narrativen indizieren) und das Selbst erzählen. Die *marks* dienen in Saintstone als individuelle Selbstvergewisserung, gleichzeitig imaginiert sich Saintstone über das Tätowieren und über die mit den Tätowierungen verbundenen Geschichten als Gemeinschaft. Die Haut als größtes Organ des Körpers ist hier das Medium, auf dem Geschichten und Geschichte in ihrer Veränderbarkeit festgehalten werden; sie fungiert als Inklusions- und Exklusionsmarker: Tätowierte gehören dazu, Untätowierte werden ausgeschlossen. Durch kulturelle und politische Praktiken werden Differenzen hergestellt, die in Körpern sichtbar eigenschrieben und im Verlauf der Erzählung überwunden werden müssen.

Die Saintstoner Tattoos haben starke soziale, individuelle bzw. identitätsstiftende, spirituelle und erinnerungskulturelle Funktionen und einen betont künstlerischen Wert. Sie bieten Erzählanlässe, werden als Arbeit am Selbst verstanden und zu Biografien gebunden. Um sie spinnen sich eine ganze Kultur und auch ein Wirtschaftszweig. Sie werden zur Überwachung der Bürger:innen benutzt, aber auch zum Widerstand gegen das System. Untätowierte werden in Saintstone mit deviantem Verhalten und Unaufrichtigkeit verbunden, gleichzeitig gibt es auch *marks* für Verbrecher:innen. In Umkehr der diffamierenden, in europäisch geprägten Gesellschaften lange vorherrschenden Ansicht, wird in der *Ink*-Trilogie die tätowierte Gesellschaft als technikaffinere, reichere und machtvollere gezeigt, die eine andere, nicht-tätowierte Gruppe unterdrückt.

Zudem verdeutlicht die Reihe, dass bei Tattoos wie auch bei literarischen Texten nicht von der einen Interpretation oder Lesart gesprochen werden kann. Mit einem Tattoo das eigene temporäre Selbst – oder wie bei Broadway die Geschichte einer Gemeinschaft – eindeutig zu fixieren, ist nur bedingt möglich, weil sich Bedeutungen mit der Zeit und von Mensch zu Mensch wandeln. Tätowierungen wie Identitäten entziehen sich einer fixen und eindeutigen

[23] Gemeint ist hier eine Aneignung des Körpers durch Körperpraktiken, die den gängigen Körperidealen zuwiderlaufen (vgl. Braunberger 2000).

Bedeutung und sind von Ambivalenz geprägt. Auf den Prozess des *Lesens* und *Interpretierens* von Tattoos wird im Text ausführlich eingegangen. Dabei werden – wie so oft – Analogien zum Buch bzw. zur Literatur hergestellt und noch weiter fortgeführt, indem Haut zu Büchern gebunden und diese wiederum in einer Bibliothek aufbewahrt werden. Es findet also eine Verkörperung von Literatur statt.

Literatur

Primärliteratur

Bradbury, Ray: The Illustrated Man [amerikan. EA 1948]. New York [u. a.]: Simon & Schuster, 2012

Broadway, Alice: Ink. London: Scholastic Children's Books, 2017

Broadway, Alice: Spark. London: Scholastic Children's Books, 2018

Broadway, Alice: Scar. London: Scholastic Children's Books, 2019

Hocus Pocus (USA 1993). Regie: Kenny Ortega. Drehbuch: Kirschner, David/Cuthbert, Neil/Garris, Mick. Produktion: Kirschner, David/Haft, Steven. Walt Disney Pictures

Sekundärliteratur

Anderson, Benedict: Imagined Communities. Reflections on the Origin and Spread of Nationalism [1983]. London ^{2}2016

Assmann, Jan: Kollektives Gedächtnis und kulturelle Identität. In: Assmann, Jan/Hölscher, Tonio (Hg.): Kultur und Gedächtnis. Frankfurt/M. 1988, 9–19

Barron, Lee: Tattoo Culture. Theory and Contemporary Contexts. London; New York 2017

Beeler, Karin: Tattoos, Desire and Violence. Marks of Resistance in Literature, Film and Television. Jefferson, NC; London 2006

Braunberger, Christine: Revolting Bodies. The Monster Beauty of Tattooed Women. In: NWSA Journal 12 (2000) 2, 1–23

Buckle, Jennifer L./Corbin Dwyer, Sonya: Embodied meaning making: Memorial tattoos as a visual expression of grief. In: Death Studies 47 (2023) 1, 1–9, https://doi.org/10.1080/07481187.2021.1983889 (12.03.2023)

Butler, Judith: Precarious Life. The Powers of Mourning and Violence. London [u. a.] 2004

DeMello, Margo: Bodies of Inscription: A Cultural History of the Modern Tattoo. Durham, North Carolina 2020

Foucault, Michel: Recht über den Tod und Macht zum Leben. In: Folkers, Andreas/Lemke, Thomas (Hg.): Biopolitik. Ein Reader. Berlin 2020 (Suhrkamp Taschenbuch Wissenschaft; 2080), 65–87

Foucault, Michel: Sexualität und Wahrheit. In: Ders.: Die Hauptwerke. Frankfurt am Main ^{4}2016 (Suhrkamp Quarto), 1021–1582

IMAS Report: Tätowierungen in Österreich: Der Megatrend der Individualisierung, der unter die Haut geht. In: Aktuelle demoskopische Studien zu Wirtschaft und Gesellschaft (2020) 2, 1–8

Kang, Miliann/Jones, Katherine: Why Do People Get Tattoos? In: Contexts 6 (2007) 1, 42–47

Kosut, Mary: Tattoo Narratives: The intersection of the body, self-identity and society. In: Visual Sociology 15 (2000) 1, 79–100

Lombroso, Cesare: Der Verbrecher in anthropologischer, ärztlicher und juristischer Beziehung. In deutscher Bearbeitung von M.O. Fraenkel. Hamburg 1887

Lombroso, Cesare/Ferrero, Guglielmo: Das Weib als Verbrecherin und Prostituirte: anthropologische Studien gegründet auf eine Darstellung der Biologie und Psychologie des normalen Weibes. Mit 7 Tafeln, 18 Textillustrationen und dem Bildnisse C. Lombrosos. Hamburg 1894

Mbembe, Achille: Kritik der schwarzen Vernunft. Übers. a. d. Franz. von Michael Bischoff. Berlin ^{5}2021

Mifflin, Margot: Bodies of Subversion: The Secret History of Women and Tattoo. Brooklyn, NY 2013

Rosenbloom, Megan: Dark Archives. A Librarian's Investigation into the Science and History of Books Bound in Human Skin. New York 2020

Sullivan, Nikki: Tattooed Bodies. Subjectivity, Textuality, Ethics, and Pleasure. Westport, CT 2001

Sweetman, Paul: Anchoring the (Postmodern) Self? Body Modification, Fashion and Identity. In: Body and Society 5 (1999) 2, 51–76

Wolf, Werner: Das Problem der Narrativität in Literatur, bildender Kunst und Musik. Ein Beitrag zu einer intermedialen Erzähltheorie. In: Nünning, Ansgar/Nünning, Vera (Hg.): Erzähltheorie transgenerisch, intermedial, interdisziplinär. Trier 2002, 23–104 (WVT-Handbücher zum literaturwissenschaftlichen Studium; 5)

(Nicht-)Markierte Körper. Beobachtungen zum Potenzial eines weiten Inklusionsbegriffes in der Kinder- und Jugendliteraturforschung

Maren Conrad

Abstract This article elaborates to what extent a broad concept of inclusion from a literary studies perspective can be more than an analysis of scenes of protonormalistic exclusion as well as aesthetic categories and motif complexes such as 'illness' and 'disorder'. Taking a look at the concept of *(un-)marked bodies* it is trying to argue that not only scenes of exclusion but also of inclusion can be found in 19th century children's literature and onwards and may be considered as an alternative text structure which is able to stage an experience of diversification and agency as well as an approach towards a flexible normalism. The paper therefore aims to contribute to the further formation of the field of *literary disability studies*.

In seiner 2021 erschienenen, nur knapp einhundert Seiten umfassenden Publikation *Bösewicht, Sorgenkind, Alltagsheld. 120 Jahre Behindertenbilder in der Kinder- und Jugendliteratu*r liefert der Autor Udo Sierck einen kommentierten „Spaziergang durch seine kenntnis- und einsichtsreich zusammengetragene Sammlung eines Textkorpus, das der wissenschaftlichen Bearbeitung dringend bedarf" (Conrad 2022, 244). Udo Sierck, 1956 geboren, war in den 1980ern beteiligt an der damals sogenannten „Krüppelbewegung" und engagiert sich bis heute für die Rechte von Menschen mit Behinderung. Mithin ist seine Titelwahl also eine Selbstbezeichnung, deren Diskursmacht die digitale Gesellschaft als Teil eines globalen Engagements für Vielfalt und Sichtbarkeit spätestens seit 2015 unter Hashtags wie #ownvoices und #WeNeedDiverseBooks kennt und die Menschen mit Behinderung seit 2021 konkreter mit dem Hashtag #WeThe15 als globale Menschenrechtsbewegung sichtbar macht. Siercks Publikation ist dementsprechend geprägt von eben dieser gesellschaftlich zunehmend

M. Conrad (✉)
Arbeitsstelle für Kinder- und Jugendmedienforschung (ALEKI), Universität zu Köln, Köln, Deutschland
E-Mail: m.conrad@uni-koeln.de

A. Kagelmann et al. (Hrsg.), *Körper erzählen*, Studien zu Kinder- und Jugendliteratur und -medien 14, https://doi.org/10.1007/978-3-662-69255-4_5

wichtiger werdenden zusätzlichen Perspektive einer identifikatorischen Lesart von Behinderung, die damit als Kontext auch für das wissenschaftliche Feld der Kinder- und Jugendliteraturforschung an neuer Relevanz gewinnt. Darum gilt es auch, die Kritik ernst zu nehmen, die er zu Beginn seines Buches so klar formuliert und die sich sowohl an zeitgenössische Autor:innen als auch an die Wissenschaft wendet, wenn es dort heißt:

> Die Motivation zu diesem Buch entstand im Wesentlichen aus zwei Gründen. Zunächst fiel mir ein Bilderbuch zur Inklusion […] in die Hände, in dem die Hauptfigur angeblich aus der Binnenperspektive schildert, wie glücklich und zufrieden sie über die vielfachen therapeutischen und medizinischen Normalisierungsversuche sei. […] Der zweite Aspekt beruhte auf der wiederholten Klage, dass im Gegensatz zu englisch-sprachigen Untersuchungen im Rahmen der Disability Studies zum Thema im deutschen Sprachraum nur wenige Ansätze mit dieser speziellen Perspektive vorliegen. (Sierck 2021, 7)

Sierck formuliert eine durchaus berechtigte Kritik, wenn er zahlreichen gegenwärtigen Diskursen zu Büchern, in denen Behinderung eine Rolle spielt, dominiert sieht von Perspektiven, die vor allem an einer medizinischen Definition ausgerichtet sind. Wenn „als behindert beschriebene Körper" in der Literatur insgesamt, aber insbesondere in der Kinderliteratur, symbolisch aufgeladen und in ihrer Funktion als Metapher beständig reproduziert werden (Birnstiel 2016, 21), dann geschieht dies in Konstruktionen, die Lars Koch als „bipolare Konstellation von Behinderung und Nicht-Behinderung" erfasst und in denen er ein zugleich zentrales Potenzial sieht (2020, 196). Denn mit Koch können inszenierte Aufstörungen durch Behinderung Exklusionseffekte sichtbar machen und die ganze Logik solcher Erzählungen deckt so spezifische Normalitätsvorstellungen im Sinne enger Körper-, Text- und Weltgrenzen auf.

Im Sinne dieser (Selbst-)Beschränkung fokussiert die deutschsprachige literaturwissenschaftliche Forschung seit den frühen 1980er Jahren vor allem auf die Frage nach stereotypen Repräsentationen von – primär sichtbaren – Behinderungen. So bestimmt Backofens, aus sonderpädagogischer Perspektive formuliertes Diktum von den „Strickmustern" seit 1987 die Forschung bis heute wesentlich mit (vgl. Rana 2017), in dem sie für Figurenstereotype ein grobes Raster entwirft, das zwischen den binären Typen *Tyrann* und *Held* und Narrativen der *wunderbaren Heilung* und des *Musterkrüppels* unterscheidet. Flankiert wird die Studie Backofens in den 1980er Jahren von der im Kontext von (Sonder-)Pädagogik und Sozialwissenschaften stehenden Pionierarbeit Rosemarie Zimmermanns von 1982, die in ihrer heute kaum mehr zeitgemäßen Studie knapp 200 deutschsprachige literarische Texte, die der Kinder- und Jugendliteratur zugeordnet wurden und in denen Figuren mit Behinderung eine Rolle spielten, systematisch auszuwerten versucht (vgl. Zimmermann 1982). In der Kinder- und Jugendliteraturforschung liegen damit bisher in den 1980er-, 1990er- und 2000er Jahren nur jeweils zwei größere Studien sowie zahlreiche Einzeltextanalysen neueren Datums in Sammelbänden vor (vgl. Pattensen 2004; Standke 2017; Dommes 2019). So kommt es, dass als Untersuchungsansatz immer noch das *Strickmuster* nach Backofen eine zentrale Rolle spielt, wobei auch in der aktuellen Inklusions- und Intersektionalitätsforschung jenseits der Kinder- und

Jugendliteraturforschung die Grundannahmen Backofens zur Inszenierung von Behinderung einfließen diese zum Teil zwar kritisieren, aber auch aktualisieren (vgl. Reese 2010; Krammer 2016; Rana 2017; Dannecker 2023).

Neue Ansätze und kritische Reflektionen bieten dabei die Vorarbeiten zur Inklusion als neues ‚Paradigma' der Literaturdidaktik (Frickel/Kagelmann 2016), die anhand des Konzeptes eines ‚inklusiven Blicks' erstmals erarbeitet und in weiteren Arbeiten erweitert formuliert wurden (Frickel/Kagelmann 2019, Frickel/Kagelmann/Seidler/Glasenapp 2020, Kagelmann 2023). Eine strukturierte literaturhistorische Erfassung eines Textkorpus steht hingegen noch ebenso aus, wie eine auf aktuellen und etablierten literaturwissenschaftlichen Methoden basierende Entwicklung einer Disziplin der *Literary Disablity Studies*, die Analysemethoden für ein solches Korpus erarbeitet. Damit bleibt die Tendenz vorhanden, in der gegenwärtigen Forschung weiter einem im 19. Jahrhundert etablierten protonormalistischen und medizinischen Diskurs zu folgen, der geprägt ist von zentralen Binarismen, welche alternative Formen des Erzählens über Behinderung in der Kinderliteratur nicht beachten. Was Sierck aus Sicht der Aktivist:innen für Inklusion im Feld daher implizit und zu Recht anmahnt, wenn er mit dem Verweis auf die *Disability Studies* „Ansätze mit dieser speziellen Perspektive" einfordert, ist eine neue Perspektive, die nicht zwischen den oben skizzierten Extrempunkten steht, sondern ganz im Sinne Luhmanns eine Position in der Beobachtung dritter Ebene einnimmt, wie das die soziologisch orientierten *Disability Studies* zu leisten versuchen.

Unter einem weiten Begriff der Inklusion, so die erste Arbeitshypothese für Ansätze der *Literary Disablity Studies* in der Kinder- und Jugendliteraturforschung, darf daher nicht mehr nur das Motiv und die Repräsentation von Körpern mit Behinderung verstanden werden. Vielmehr bedarf es einer neuen Fokussierung auf die Frage, wie in Texten formal wie inhaltlich und implizit wie explizit Barrieren und Barrierefreiheit inszeniert und vermeintlich Ausgeschlossenes inkludiert wird. Das Anliegen dieses weiten Inklusionsbegriffes schließt daher an das Butlersche Anliegen an, einen „Kampf darum" zu führen, „die Normen zu verändern, durch die Körper erfahren werden" (Butler 2011, 52).

Die im Folgenden skizzierten Möglichkeiten eines weiten Inklusionsbegriffs argumentieren daher für eine neue literaturwissenschaftliche Perspektive auf die Kinderliteratur, in der Inklusionsszenarien als Momente einer Erfahrung von Diversität und Handlungsmacht gelesen werden können (vgl. Keuchel 2016). Die hier durchgeführte analytische Skizze will so zu einer weiteren Formierung des Feldes der *Literary Disability Studies* in der Kinder- und Jugendliteraturforschung beitragen.

Literary Disability Studies: Grundlagen

Für die Kinderliteratur lässt sich konstatieren, was Koch auch für das Theater feststellt: „‚Normale' Körper verbleiben meist in der Latenz, sind da, aber als nicht weiter thematisierte Elemente von Normalität zugleich unsichtbar." (Koch

2020, 205 f.). Die Kinderliteratur ist primär eine Literatur von nicht-behinderten Körpern, denn diese nicht-behinderten Körper

> sind angeblich die sichtbarsten […], da sie aber die Norm sind, sind sie de facto unsichtbar. Es bedeutet fast nichts, wenn ein nicht-behinderter Körper die Bühne betritt. […] Mit einem behinderten Körper ist das anders. Sobald er die Bühne betritt, ist er sichtbar, vielleicht sogar hypersichtbar. (Siebers 2012, 16).

Während Koch annimmt, dass ein behinderter Körper im Theater die Bühnenfiktion unterbricht (vgl. 2020, 207), gehen Mitchell und Snyder (2011) mit Blick auf die Literatur davon aus, dass die Markierung von Behinderung im narrativen Text eine Betonung der Künstlichkeit des Textes leistet, indem die Behinderung zum zentralen Moment der Strukturierung der Diegese und zugleich zur daran gekoppelten essenziellen sprachlich-rhetorisch strukturierten und strukturierenden Metapher einer avisierten Textbedeutung wird. Es ließe sich mithin im Anschluss an Backofens Beobachtungen und Kategorien für die historische Kinderliteratur formulieren: Texte, in denen Menschen mit Behinderung eine zentrale Rolle spielen, sind durch die Inszenierung der Behinderung schon prädestiniert, bestimmte diegetische und narrative Strukturen zu perpetuieren. Im Sinne der Definition Jacques Rancières von einer Politik der Kunst wird der behinderte Körper damit als politischer Körper im Text dazu verwendet, die dargestellte Welt zu strukturieren und eine „spezifische Form der Erfahrung […], die mit anderen Formen der Erfahrung übereinstimmt oder mit ihnen bricht" (Rancière 2008, 77) festzulegen. Dies wird etwa in Klassikern wie Johanna Spyris *Heidi* (1880) und Frances Hodgson Burnetts *Der geheime Garten* (*The Secret Garden*, 1911) realisiert durch Strukturierungen der Oppositionen von Kultur und Natur (vgl. Büttner/Ewers 2008; Escher 2001), oder in *Vorstadtkrokodile* mit den Oppositionen von Zugehörigkeit und Ausgrenzung.

Der behinderte Körper erscheint so als *Markierter Körper* – ein hypersichtbarer Körper vor dem Hintergrund nicht-behinderter Körper, – und auch der von Normalität geprägte Textkörper wird von der diskursiven Macht der Markierung unmittelbar transformiert. Texte, die Behinderung explizit inszenieren, erzeugen dafür eine eigene Textstruktur.

> Whereas the "able" body has no definition core (it poses as transparently "average" or "normal"), the disabled body surfaces as any body capable of being narrated as "outside the norm" […] disabled bodies as a reminder of the "real" physical limits […] the *matter* of narrative that cannot be deconstructed away by the textual operations. (Mitchell/Snyder 2011, 49)

Aus Sicht der soziologisch orientierten *Disability Studies* – und im Anschluss an Jürgen Link und Michel Foucault – lassen sich die hier skizzierten „Problematisierungs- und Bearbeitungsweisen von Behinderung als ein widersprüchliches Wechselverhältnis von protonormalistischen und flexibelnormalistischen Praktiken" erfassen (Waldschmidt 2020, 111). Genau dieses Wechselverhältnis verhandeln zahlreiche Texte der Kinder- und Jugendliteratur anhand der Lesbarmachung körperlicher Abweichungen, die oft invektiv als *marked bodies* inszeniert werden (vgl. Mitchell/Snyder 2011). Inklusion ist damit aus dieser Perspektive auch ein Handlungsimperativ, der sich unmittelbar an unsere eigenen Methoden richtet. Erste Bestrebungen dieser Verbindung fanden bereits insbesondere in einem anglofonen literaturwissenschaftlichen Forschungsfeld statt, das feststellt: „disability is everywhere in literature" (Barker/Murray 2018, 1) und auch den Begriff der „marked bodies" (Mitchell/Snyder 2011) wesentlich mitprägt. In ihrer Studie *Narrative Prosthesis. Disabilty and the Dependencies of Discourse* argumentieren David T. Mitchell and Sharon L. Snyder, dass Behinderung in der Literaturgeschichte als „master trope of human disqualification" der einzige Identitätsmarker ist, der andere Differenzkategorien als „constructed category of discursive investment" (ebd., 2) überlagert und zur doppelten Negation zusammenführt: „[D]isability has undergone a dual negation – it has been attributed to all ‚deviant' biologies as discrediting feature, while also serving as the material marker of inferiority itself" (ebd., 3). In der daran anschließenden Metapher der *narrative prosthesis* identifizieren sie einen Illusionseffekt als zentrales Moment von Texten, die Behinderung explizit inszenieren. In einer argumentativen Verkehrung dieser These lesen Mitchell und Snyder die Inszenierung von Behinderung als Hilfsmittel zur Thematisierung von Mangelhaftigkeit, die zugleich als Kompensation der eigenen literarischen Mangelhaftigkeit dient: „The need to restore a disabled body to some semblance of an originary wholeness is the key to a false recognition: that disabilities extract one from a social norm or average of bodies and their corresponding (social) expectations" (ebd., 9). Die als markierte und damit also explizit als behindert beschriebenen Körper, die Behinderung in Texten realisieren, werden in diesem Kontext vor allem als Metapher gelesen, als „[…] textual device that, precisely because of the ways in which it reconfigures what disability means, ultimately has little to say about the actual lives experienced by those with disabilities" (Barker/Murray 2018, 2 f.). Wobei hier besonders deutlich wird, welche zentrale Rolle die Inszenierung von Behinderung auch in der Kinder- und Jugendliteratur einnimmt, wenn sie als Störung markiert und dadurch als Normverstoß symbolisch aufgeladen wird, um so in ihrer Funktion als stereotype Metapher oder eben als *Strickmuster* beständig reproduziert zu werden. Dabei lässt sich in einem weiten Begriff von Behinderung in der Literatur aus Sicht der *Disablitiy Studies* festhalten, dass „the meanings we attribute to disability are shifting, elusive, and sometimes contradictory. Disability encompasses a broad range of bodily cognitive, and sensory differences and capacities" (Adams/Reiss/Serlin 2015, 5). Als Definition, die den gesellschaftlichen Konstruktionscharakter entsprechend markiert, kann daher gelten: „[D]isability is produced as much by environmental and social factors as it is by bodily conditions" (ebd.). Eine weitere zentrale Rolle nimmt die Bedeutung von Behinderung als Identitätsmarker ein, da diese Markierung im produktiven Wechselverhältnis mit anderen Differenzkategorien und Identitäten stehen kann. Der Literatur kann in diesem Kontext eine Sonderrolle zukommen, denn

> [e]inen anderen Zugang zu den Sichtbarkeits- und Anerkennungsordnungen der Gesellschaft hat die Kunst, die in ihrer Fähigkeit zur Beobachtung zweiter Ordnung die

> Konstitutionsbedingungen des Sozialen in anderer Weise kenntlich machen, erproben und durchspielen kann. (Koch 2020, 197)

Ansätze der *Literary Disablitiy Studies* fokussieren idealerweise in Anlehnung an die Grundannahmen der *Disablitiy Studies* sowohl auf die diskursive Produktion von Behinderung in Kunst und Gesellschaft als auch auf die sozialen Implikationen und (Inklusions- wie Exklusions-)Effekte bestimmter Inszenierungsstrategien im engeren und Diskursstrategien im weiteren Sinne.

Exklusionsszenarien und Normalismustheorie

Das wohl bekannteste deutschsprachige Beispiele für diesen Effekt des *marked body* als *narrative prothesis* ist der klar als deviant/krank/behindert markierte Körper Klaras bei Johanna Spyri. Hier findet das Phänomen des *de-Cripping* Anwendung, wenn es im Finale des Texts im Extremraum von Natur, Alm, Blumenwiese und Sternenhimmel zur Heilung durch Selbstüberwindung, Natur- und Gottesnähe kommt und dieser damit nicht als Text über Behinderung, sondern ein rein religiöser Text agiert. Knapp einhundert Jahre später führt Max von der Grün in *Vorstadtkrokodile* (1976) programmatisch die sukzessive Integration einer Figur im Rollstuhl in ein Kinderkollektiv als alternatives Konzept eines *marked body* als *narrative prothesis* vor, indem der Text über Integration und soziale Ausgrenzung spricht, wenn sein zentraler makierter Körper des Protagonisten seinen Wert ‚trotz' Behinderung im Sinne eines *supercripping*s durch Heldentaten und besondere Klugheit legitimiert (vgl. Rana 2017).

Texte wie diese erzeugen ein besonderes Paradoxon: Einerseits öffnen sie das Feld für weitere literarische Produktionen im Fahrwasser der erfolgreich kanonisierten Werke und erhöhen damit insgesamt die Sichtbarkeit und Häufigkeit der Repräsentation von Behinderung, andererseits aber produzieren und reproduzieren sie in ihren Narrativen die von Lars Koch problematisierte „bipolare Konstellation von Behinderung und Nicht-Behinderung" (2020, 206), die den gesellschaftlichen Diskurs bis heute wesentlich bestimmt. Dem damit im Sinne Jürgen Links heraufbeschworenen protonormalistischen Diskurs werden jedoch bereits seit seinen Anfängen im 19. Jahrhundert Diskursstrategien eines alternativen, bisher nicht also solchen erkannten, Kinderliteraturtyps entgegengestellt. In diesen alternativen Texttypen finden wir eine klare Opposition von Exklusionsszenarien einerseits und Inklusionsszenarien andererseits. Letztere unterscheiden sich von ersteren wesentlich dadurch, dass sie zwar *marked bodies* enthalten, diese aber nicht als explizit handlungstragende, primär konfliktzentrierte Momente der Störung im Text inszenieren. Wie dies funktionieren kann, soll im Folgenden skizziert werden, in kurzen Schlaglichtern auf kanonische Texte der letzten 180 Jahre, von Heinrich Hoffmann, Theodor Storm und Johanna Spyri über Gerd von Bassewitz bis hin zu Astrid Lindgren.

Gabriele von Glasenapp hat im Struwwelpeter (1845), Heinrich Hoffmanns Klassiker der schwarzen Pädagogik, aus Perspektive der Inklusionsforschung beobachtet, dass sich in diesen frühen Texten eine Sozialisationsliteratur der „spektakulären Exklusionsszenarien" (Glasenapp 2020, 32) etabliert. Glasenapp stellt fest, dass für einen Großteil der Kinder- und Jugendliteratur des 18. und 19. Jahrhunderts gilt:

> Die fiktionalen wie faktualen Texte möchten ihren Leser*innen Modelle einer gelingenden Integration von Heranwachsenden in die bestehende Gesellschaft offerieren – eine Intention, der der nötige Nachdruck durch die Darstellung von zum Teil spektakulären Exklusionsszenarien verliehen wird. (ebd.)

Diese spektakulären Exklusionsszenarien bestimmen wesentlich die heute kanonisierten kinderliterarischen Texte zu Behinderung und schließen unmittelbar an ebenso fest etablierte wie gut erforschte kinderliterarische Phänomene des Normverstoßes und der Störfigur, der Verweigerer:innen und der Ungehorsamen seit dem 19. Jahrhundert an. Im Anschluss an Carsten Gansels Theoriebildung zur Funktion der „Störung" (2015) in der Kinderliteratur spielt hier die Normalismustheorie nach Jürgen Link erneut eine zentrale Rolle und damit auch das, was Udo Sierck mit Blick auf Autor:innen wie Forscher:innen kritisiert: Eine Tendenz zur Dominanz der Narrativierung von Normalisierungsversuchen.

Bemerkenswerterweise sind diese Erzählungen auch eng verknüpft mit Momenten des Versehrens, Verletzens, ja mit der Produktion eines als behindert lesbaren Körpers, wie der abgeschnittene Daumen in der Hoffmannschen Erzählung von Konrad visualisiert.[1] Es handelt sich bei solchen Warngeschichten oder Schreckmärchen, gelesen mit Jürgen Links Normalismustheorie, also um die Inszenierung von „massiven, abschreckenden Normalitätsgrenzen" (Link 2013, 107) bei denen im Rahmen einer protonormalistischen Diskursstrategie Devianz durch Verbrennen oder Verstümmeln, Verhungern oder Verwahrlosung gemaßregelt wird, anstatt zu integrieren oder gar zu inkludieren. Die explizite Markierung und Inszenierung dieser protonormalistischen Grenzen ist es auch, die Behinderung von Nicht-Behinderung in zahlreichen kanonischen Texten abgrenzt und Kinderkörper mit Behinderung entsprechend als außenstehend markiert. Link entwirft aber auch das Gegenmodell des flexiblen Normalismus, auf das das Zitat von Anne Waldschmidt oben schon verwies und das einen „Willen zur Inklusion" (Link 2008, 70) voraussetzt:

[1] Informierte Lesende mögen hier einwenden, dass Hoffmanns Text doch als doppelt codiert und parodistisch zu lesen ist, sowohl die politischen Subtexte als auch die visuelle Übertreibung bis hinein in die karikaturhafte Text- und Bildgestaltung legen diese Lesart natürlich nahe. Diese Lesart verändert aber die Argumentation, die auf eine kindliche Lesart abzielt nicht, sondern kann hier nur als erwähnenswertes Supplement angefügt werden. Zumal die Ikonographie des devianten Kindes, das unter elterlicher Ermahnung Exklusionsszenarien erprobt, in kinderliterarischen Klassikern von „Where the Wild Things Are" (Sendak 1963) bis hin zu aktuellen Werken wie „Julián Is a Mermaid" (Love 2018) fortgesetzt wird.

> Die normalistische Strategie mit engem Normalspektrum, breiten Bereichen der Anormalität und massiven Normalitätsgrenzen [...] nenne ich Protonormalismus, die heute herrschende umgekehrte Strategie mit breitem Normalspektrum, maximaler Inklusion und porösen Normalitätsgrenzen flexiblen Normalismus. (Link 2013, 3)

Im Sinne eines flexiblen Normalismus bilden hier breite Übergangszonen eine *normal range* und erlauben damit ein erweitertes Verständnis von dem, was als *normal* gelten kann. Narrativ können sich solche Diskursstrategien in einem Erzähltyp der Literatur realisieren, der nicht wie bei Hoffmann, Spyri und von Grün aggressiv ausgrenzt, sondern implizite Inklusionsszenarien realisiert.

Inklusionsszenarien

Inszeniert wird, wie in den folgenden Textanalysen gezeigt werden soll, in solchen Erzählungen eine Transgression, zum Beispiel in Form einer extrem ungewöhnlichen Raumbewegung, die die Grenzen der dargestellten Welt exemplarisch für die Grenzen des dargestellten Normalismus ausweitet. Ein solcher Fall liegt vor in Theodor Storms *Der keine Häwelmann* von 1849. Storms Text ist dem Untertitel nach ein Kindermärchen, tatsächlich aber hat der kleine Held dieser Geschichte das volle Potenzial, eine Störfigur zu sein und wird von der Forschung bisher auch so interpretiert.

> Das Häwelmann-Märchen erscheint retrospektiv wie eine Entfaltung von Arthur Drummonds viktorianischem Gemälde, [...] „His Majesty the Baby". Freud zitiert diesen Titel 1914 in seiner Studie *Zur Einführung des Narzißmus* als Illustration des „primären Narzißmus". (Detering 2017, 93)

Der kleine Häwelmann erweitert mit seinem Aufbegehren sukzessive die Grenzen seiner Welt: Er hebelt erst die Toleranzgrenzen seiner Mutter aus, die aus Notwehr und Erschöpfung tief einschläft, dann hebt er die Gesetze der Physik aus den Angeln – indem er auf den Strahlen des Mondes durch das Schlüsselloch der Zimmertür sein zu Hause verlässt und verstößt schließlich gegen alle Regeln der Geografie und Schwerkraft als er über den Rand der Welt hinausfährt, bis die Sonne kommt und „- eins, zwei, drei! nahm sie den kleinen Häwelmann und warf ihn mitten in das große Wasser. Da konnte er schwimmen lernen." (Storm 1849, 24) Mit diesem sarkastischen Erzählerkommentar hört der Text fast – aber eben nicht ganz auf. Die abschließenden vier Sätze des Kindermärchens lauten:

> Und dann?
> Ja und dann? Weißt du nicht mehr?
> Wenn ich und du nicht gekommen wären und den kleinen Häwelmann in unser Boot genommen hätten, so hätte er doch leicht ertrinken können! (Ebd.)

In einer Konstellation eines romantisch-ironischen *mise en abyme* öffnet sich damit die Erzählung in den letzten Zeilen zur Erzählsituation. Die Erzählung endet nicht mit dem Tod des Kindes, sondern wählt einen metaleptischen Illusionsbruch als Auflösung. Das Kunstmärchen entwirft dabei ganz explizit einen Gegenentwurf zu den zeitgenössisch so gut etablierten protonormalistischen Exklusionsszenarien: Exklusion bedeutet in der Warn- und Erziehungsliteratur im 19. Jahrhundert für Kinder, ausgeschlossen zu sein aus der Sphäre der Erwachsenen. Auch Erzählinstanzen wahren zu den kindlichen Rezipierenden entsprechend oft, wie etwa bei Hoffmann, eine Distanz qua Doppelcodierung. Storms Märchen aber agiert kooperativ: Es erklärt Weltregeln beständig, verbindet erwachsene Erzählinstanz und kindliches Publikum, Rahmenerzählung und Figur und ändert die scheinbar festen Grenzen und Regeln der dargestellten Welt. Dass die Geschichte ein expliziter Gegenentwurf zu Hoffmanns bestraften Kindern ist und einem Programm der Harmonisierung und Inklusion von vermeintlich Anormalem folgt, markiert der Text entsprechend von Anfang an. Für böse Kinder innerhalb des vorgeführten Erzählszenarios gibt es keine Bestrafungen, wenn etwa der kleine Häwelmann gleich in der ersten Szene dreimal „kopfüber und kopfunter" erst „die Wand hinauf, dann kopfüber die Decke entlang und dann die andere Wand wieder hinunter" (ebd., 23) fährt, legitimiert die Erzählinstanz dieses eigentlich unerhörte Ereignis fast schon lakonisch und zugleich pseudowissenschaftlich: „Es war ein großes Glück für den kleinen Häwelmann, daß es gerade Nacht war und die Erde auf dem Kopf stand; sonst hätte er doch gar zu leicht den Hals brechen können." (Ebd.)

Die Anormalität des Helden wird ganz explizit nicht sanktioniert und endet nicht in *spektakulären Exklusionsszenarien,* sondern in einer beständigen experimentellen Erweiterung der diegetischen Toleranzgrenzen, schafft also entsprechend der Definition Links breite Übergangszonen, die die Utopie der Inklusion realisieren. Der Text agiert damit ganz anders als dies in den kanonischen Texten eines kinderliterarisch typischen Protonormalismus wie bei Hoffmann oder auch Wilhelm Busch etabliert wurde. Alle drei Texte inszenieren den vermeintlich ‚primären Narzißmus' ungehorsamer Kinder, Hoffmann und Busch aber inszenieren diesen aus erziehender Perspektive sanktionierend und exkludierend und dazu passend in dem, kindliches Verstehen exkludierenden, Genre der Satire, während Storms Text in erster Linie harmonisierend und damit auch kommunikativ auf Augenhöhe mit dem kindlichen Lesenden agiert, wofür das Kunstmärchen sicherlich ein besonders privilegiertes Genre ist.

In einer vertiefenden Betrachtung des Märchens mit der Terminologie Jürgen Links lässt sich in der Raumbewegung des kleinen Häwelmanns mit seinem offensichtlich sehr schnellen und sehr geländegängigen Rollbettchen sogar von dem „Faszinationstyp" einer „‚nicht-normalen Fahrt'" (Gerhard/Grünzweig/Link/Parr 2003) sprechen. Dieser Geschichtentyp der Literatur kann eine extreme und ungewöhnliche Raumbewegung als sukzessive Denormalisierung darstellen und so im Sinne eines flexiblen Normalismus weiche Übergangszone zwischen den Kategorien ‚normal' und ‚nicht-normal' inszenieren, die die Grenzen der dargestellten Welt und des dargestellten Normalismus ausweitet. Genau dieses Verfahren ist hier nachweisbar, wenn die (Lebens- ja fast Todes-)Reise des kleinen Häwelmanns bis an die Ränder der dargestellten Welt erfolgt und dort aber keine räumlichen Grenzen markiert, keine Handlung sanktioniert wird, sondern Handlungsalternativen angeboten werden. Der abschließende metaleptische Dialog und die anschließende fingierte Interaktion mit der Figur zeigen dabei, wie hier eine offenkundig flexibel-normalistische Diskursstrategie realisiert wird, die zugleich sprachlich auch den Maßstäben einer gewaltfreien Kommunikation folgt, in der die Maxime ist, das Kind zu retten, statt zu strafen, zu kommunizieren, statt zu streiten.

Diese Erzählstruktur – quasi als alternatives *Strickmuster* mit ganz ähnlicher Struktur, Raumbewegung und Elementen der *nicht-normalen-Fahrt* – lässt sich in zahlreichen Erzählungen der Kinderliteratur wiederfinden, so etwa in direkter motivischer Parallele zu Storm auch bei *Peterchens Mondfahrt* (1915). Beide Erzählungen beschreiben im Rahmen einer bemerkenswerten Eskalationsästhetik eine ‚nicht-normale Fahrt' im Sinne eines Fluges in den Himmel, mithin also eine Raumbewegung bis zu einem *Extrempunkt* der dargestellten Welt (vgl. Renner 2004). Und beide Erzählungen beenden diese Reise zum Extrempunkt mit einem vermeintlich tödlichen Sturz und einer ebenso plötzlichen wie alogischen und damit narrativ mindestens paradoxen Rettung aus dem Gefahrenraum. Beide Erzählungen verzichten dabei auf Aspekte der Bestrafung oder Belehrung der Kinder, begleiten und beschützen sie aber mit verschiedenen narrativen Verfahren und Erklärungsangeboten der Erzählinstanz. Der von ihnen bereiste Raum ist ein Raum der Kindheitsautonomie, wie ihn die Romantik typischerweise entwirft und für die nicht zuletzt die Instanz des Mondes an der Seite der Kinder als Verweis auf romantische Traditionen lesbar wird, verkörpert er doch in bester Weise in der Lyrik der Romantik Konzepte von Transzendenz und Sehnsucht (Spinner 1969, 99).

Dieses Erzählprinzip lässt sich in zahlreichen kinderliterarischen Texten immer wieder nachweisen, wobei sich mit dem Aufbruch der Kinder- und Jugendliteratur ab der Mitte des 20. Jahrhunderts auch neue, zunehmend explizit thematisierte gesellschaftliche Themen in dieser Konstellation einfinden. So etwa in Astrid Lindgrens Erzählung *I skymningslandet* (dt. *Im Land der Dämmerung*) von 1949. Wie schon bei dem kleinen Häwelmann und Peter und Anneliese beginnt auch hier die Erzählung mit einer nächtlichen Reise, einem Flug aus dem Kinderzimmer heraus und hinein in eine ‚nicht-normale Fahrt'. Der Protagonist Göran fährt unter anderem in einer sehr seltsamen Straßenbahn durch die Parallelwelt eines fantastisch-märchenhaften Stockholmer Dämmerlandes. Allerdings findet diese ‚nicht-normale Fahrt' auf den ersten Blick nun unter einigen geänderten Vorzeichen statt, denn hier wird die Reise aus der Ich-Perspektive eines autodiegetischen Erzählers inszeniert. Zudem erzählt „I skymningslandet" explizit die Geschichte eines Jungen, der sein Bett wegen seiner Schmerzen im Bein nicht verlassen kann. Diesen sichtbar als behindert und von Barrieren umgebenen markierten Körper, den *marked body* Görans teilt die Figur sich als Merkmal sowohl mit Storms Häwelmann als auch mit dem Summsemann bei Bassewitz. In beiden Erzählungen ist deren Immobilität Teil der Initialzündung der eigentlichen Handlung, dort jedoch noch, ohne dass deren Körper explizit als behinderte Körper markiert werden, während dies nun bei Lindgren erstmals eine explizite Inszenierung erfährt.

Die Illustratorin Else Wenz-Viëtor zeigt in der Bilderbuchausgabe von 1929, die mit ihrer Gestaltung wesentlich zur Popularität des Buches beigetragen hat, den kleinen Häwelmann auf der ersten Illustration passenderweise sogar ganz ähnlich wie Göran als im wahrsten Sinne des Wortes ‚ans Bett gefesselt' – und damit nah an den stereotypen Darstellungen für Krankheit und Behinderung. Bei Lindgren ist die Behinderung des Protagonisten die große Störung der Diegese und expliziter Erzählanlass: Görans Körper ist ein *marked body* – seine Krankheit dominiert die Geschichte bis in den letzten Satz, wenn dort betont wird, dass es im Land der Dämmerung nichts ausmachen würde, wenn man ein schlimmes Bein habe, denn dort könne man ja fliegen. Lindgren macht die Geschichte seiner Reise so explizit zu einer Krankheitserzählung – anders bei Storm und Bassewitz und das, obwohl beide Texte fast genau gleich funktionieren: Der kleine Häwelmann ist ans Bett gefesselt – er verlässt seinen Rollwagen keine Sekunde, er rollt vielmehr durch die Welt und fordert Sichtbarkeit, Mobilität, wenn nicht sogar Barrierefreiheit ein. Das fehlende Bein des Summsemanns und der dazugehörige Unfall sind ebenfalls Initialzündung der Geschichte und das Bein zurückzubekommen, mithin also die Behinderung des Maikäfers ungeschehen zu machen, ist das Handlungsziel des gesamten Narrativs. Dafür werden unmögliche Fahrten und Flüge unternommen, eigentlich unüberwindbare Barrieren und Figuren überwunden. Die Körper von Häwel- und Summsemann aber werden nicht als krank oder behindert markiert, und durch diese fehlenden Markierungen findet hier eine inklusive Inszenierung von Körpern statt, die potenziell Merkmale einer Behinderung tragen, welche aber eben nicht, wie bei Mitchell und Snyder als Stigma herausgearbeitet, zur *narrative prothesis* für den Text instrumentalisiert werden. Die Texte verzichten viel mehr auf den etablierten Binarismus von behindert und nicht-behindert, anders als die Texte von Spyri, Lindgren und von der Grün.

Diese Gefahr der Hyper-Sichtbarkeit oder Unsichtbarkeit bestimmter Körper ist der Grund dafür, dass es sich lohnen kann, für Textanalysen einen weiten Inklusionsbegriff zu verwenden. Es bedarf langfristig eines Analysemodells für Formen der Inklusion und Exklusion, beziehungsweise für die Analyse mit Inklusions- und Exklusionsmodellen und zu den Anwendungspotenzialen einer Normalismustheorie. Auch eine kulturhistorische und kulturwissenschaftliche Kontextualisierung schließt an dieses Modell an, das die Perspektiven der Intersektionalitätsforschung mit in den Blick nimmt. Dazu zählen Ansätze der *Diversity Studies*, *Queer Studies* und *Gender Studies* ebenso wie die der *Disablity Studies.* Ein solcher weiter Inklusionsbegriff aus der Beobachtung erster, zweiter und dritter Ordnung heraus erscheint notwendig für ein konsequentes Weiterdenken der literaturwissenschaftlichen Inklusionsforschung. Literarische Inklusionsszenarien können, wie hier skizziert wurde, das sein, was Butler „Phantasietätigkeit" (2011, 52) nennt und die mit Kagelmann fungieren als „Anti-Macht-Praxen, die sich jenseits – oder besser: so weit wie möglich entfernt von – der Macht (der Sprache/Diskurse) konstituieren." (2023, 193). Diese zeichnen sich als performativer Lösungsansatz für die Neubearbeitung etablierter Binarismen ebenso als Ort von Fantastik, Chaos, Fantasie und Subversion aus, wie durch alternative Inszenierungen von Vielfalt, die mit einer Nicht-Markierung von Körpern und deren Grenzen als neue Form der Erweiterung eines Normalismusdiskurses einhergehen und so die bisher so fest etablierte Fokussierung auf Störungen und Abweichungen in Frage stellen.

Literatur

Primärliteratur

Burnett, Frances Hodgson: The Secret Garden [EA 1911]. Authoritative Text, Backgrounds and Contexts, Burnett in the Press, Criticism. Hg. v. Gretchen Holbrook Gerzina. New York: [o. V.], 2006 (A Norton Critical Edition)

Bassewitz, Gerdt von: Peterchens Mondfahrt [EA 1915]. München: Südwest-Verlag, 1994

Grün, Max von der: Vorstadtkrokodile. Eine Geschichte vom Aufpassen. [EA 1973]. München: cbt, 2002

Hoffmann, Heinrich: Der Struwwelpeter [EA 1845]. Frankfurt/M.: Literarische Anstalt Rütten & Loening, 1917 (400. Auflage)

Lindgren, Astrid: I skymningslandet [EA 1949]. Stockholm: Rabén & Sjögren, 1994

Lindgren, Astrid: Im Land der Dämmerung [EA 1949]. Hamburg: Oetinger, 2007

Love, Jessica: Julián is a Mermaid. Somerville, MA: Candlewick, 2018

Spyri, Johanna: Heidi – Heidis Lehr- und Wanderjahre. Heidi kann brauchen, was es gelernt hat [EA 1880]. Vollständige Ausgabe. Erster und Zweiter Teil. München: [o. V.], 2021

Sendak, Maurice: Where the wild things are. New York: Harper & Row, 1963

Storm, Theodor/Wenz-Viëtor, Else (Ill.): Der kleine Häwelmann [EA 1929]. Oldenburg: Lappan, 2004

Storm, Theodor: Der kleine Häwelmann [EA 1849]. In: Laage, Karl Ernst/Lohmeier, Dieter (Hg.): Theodor Storms sämtliche Werke in vier Bänden. Frankfurt/M.: Deutscher Klassiker Verlag, 1987/88

Sekundärliteratur

Adams, Rachel/Reiss, Benjamin/Serlin, David: Disability. In: Dies.: Keywords for Disability Studies. New York [u. a.] 2015, 511

Backofen, Ulrike: „Musterkrüppel, Tyrann, Held... Musterkrüppel, Tyrann, Held..." und andere „Strickmuster". In: Ammann, Wiebke/Backofen, Ulrike/Klattenhoff, Klaus (Hg.): Sorgenkinder – Kindersorgen. Behindert-werden, behindert-sein als Thema in Kinder- und Jugendbüchern. Oldenburg 1987, 18–23

Barker, Clare/Murray, Stuart: The Cambridge companion to literature and disability. Cambridge: Cambridge University Press, 2018

Birnstiel, Klaus: Unvermögen, Technik, Körper, Behinderung. Eine unsystematische Reflexion. In: Harrasser, Karin/Roeßinger, Susanne (Hg.): Parahuman. Neue Perspektiven auf das Leben mit Technik. Köln [u. a.] 2016, 21–38

Butler, Judith: Die Macht der Geschlechternormen und die Grenzen des Menschlichen. Frankfurt/M. 2011

Büttner, Peter O./Ewers, Hans-Heino: Arkadien in bedrohlicher Landschaft. Die Mehrfachcodierung der Schweizer Berge in Johanna Spyris Heidi-Romanen (1880/81). In: Białek, Edward/Pacholski, Jan (Hg.): „Über allen Gipfeln…" Bergmotive in der deutschsprachigen Literatur des 18. bis 21. Jahrhunderts. (Beihefte zum Orbis Linguarum. Hg. von Edward Białek und Eugeniusz Tomiczek; 71) Dresden [u. a.] 2008, 13–28

Conrad, Maren: Rezension zu Sierck, Udo: Bösewicht, Sorgenkind, Alltagsheld. 120 Jahre Behindertenbilder in der Kinder- und Jugendliteratur. In: „Natur schreiben“ Jahrbuch der Gesellschaft für Kinder- und Jugendliteraturforschung 2022, 244–245. https://doi.org/10.21248/gkjf-jb.100

Dannecker, Wiebke: Intersektionale Verstrickungen in Jackie Thomaes Roman *Brüder* und deren Bedeutung für eine kulturtheoretische Fundierung der Diversitätsorientierten Deutschdidaktik. In: Abrego, Verónika/Henke, Ina/Kißling, Magdalena/Lammer, Christina/Leuker, Maria-Theresia (Hg.): Intersektionalität und erzählte Welten. Fachwissenschaftliche und fachdidaktische Perspektiven auf Literatur und Medien. Darmstadt 2023

Detering, Heinrich: Der kleine Häwelmann. Ein Kindermärchen. In: Demandt, Christian/Theisohn, Philipp (Hg.): Storm-Handbuch. Leben – Werk – Wirkung. Berlin: 2017, 93–94

Dommes, Grit: »Hoffentlich [...] nicht normal«. Behinderung als Theorie der deutschsprachigen Kinder- und Jugendliteratur. In: Luserke-Jaqui, Matthias (Hg.): Literary Disability Studies. Theorie und Praxis in der Literaturwissenschaft. Würzburg 2019, 45–83

Escher, Georg: „Berge heissen nicht“. Geographische, soziale und ästhetische Räume im „Heidi“-Roman. In: Halter, Ernst (Hg.): Heidi – Karrieren einer Figur. Zürich 2001, 277–289

Freud, Sigmund: Zur Einführung des Narzißmus. In: Ders.: Psychologie des Unbewußten. Studienausgabe, Bd. III. Frankfurt/M. 1997, 37–68

Frickel, Daniela A./Kagelmann, Andre (Hg.): Der inklusive Blick. Die Literaturdidaktik und ein neues Paradigma. In: Dies. (Hg.): Der inklusive Blick. Die Literaturdidaktik und ein neues Paradigma. Frankfurt/M. 2016, 11–34

Frickel, Daniela A./Kagelmann, Andre: Kinder- und Jugendliteratur. In: Olsen, Ralph/Hochstadt, Christine (Hg.): Handbuch Deutschunterricht und Inklusion. Weinheim 2019, 242–256

Frickel, Daniela A./Kagelmann, Andre/Seidler, Andreas/Glasenapp, Gabriele von: Kinder- und Jugendmedien im inklusiven Blick. Analytische und didaktische Perspektiven. In: Dies. (Hg.): Kinder- und Jugendmedien im inklusiven Blick. Analytische und didaktische Perspektiven. Frankfurt/M. 2020, 9–26

Gansel, Carsten: Störungen in (Kinder- und Jugend-)Literatur und Medien. Aspekte einer Theorie der Störung. In: Freudenberg, Ricarda/Josting, Petra (Hg.): Norm und Normüberschreitung in der Kinder- und Jugendliteratur. München 2015, 15–28

Gerhard, Ute/Grünzweig, Walter/Link, Jürgen/Parr, Rolf (Hg.): (Nicht) normale Fahrten. Faszinationen eines modernen Narrationstyps. Heidelberg 2003

Glasenapp, Gabriele von: Möglichkeitsräume. Zur kinder- und jugendliterarischen Repräsentation von Inklusion avant la lettre. In: Frickel, Daniela A./Kagelmann, Andre/Seidler, Andreas/Glasenapp, Gabriele von (Hg.): Kinder- und Jugendmedien im inklusiven Blick. Analytische und didaktische Perspektiven. Frankfurt/M. 2020, 27–47

Gansel, Carsten: Störungen in (Kinder- und Jugend-)Literatur und Medien. Aspekte einer Theorie der Störung. In: Freudenberg, Ricarda/Josting, Petra (Hg.): Norm und Normüberschreitung in der Kinder- und Jugendliteratur. München 2015, 15–28

Kagelmann, Andre: „Die Nudel, du Schwachkopf!“ Wie mit inklusivem Blick ‚behinderte‘ und kranke Figuren in aktueller Kinder- und Jugendliteratur gelesen werden können. In: Kruse, Iris/Kanning, Julian (Hg.): „So viel Größenwahn muss sein!“ Kinderliteratur – Schule – Gesellschaft. München 2023, 177–196

Keuchel, Susanne: Zur Diskussion der Begriffe Diversität und Inklusion. Mit einem Fokus der Verwendung und Entwicklung beider Begriffe in Kultur und kultureller Bildung (2016), https://doi.org/10.25529/92552.382 (14.02.2023)

Koch, Lars: Invektives Theater und Theatrale Kritik. In: Häusler, Anna/Heyne, Elisabeth/Koch, Lars/Prokić, Tanja: Verletzen und Beleidigen. Versuche einer theatralen Kritik der Herabsetzung. Berlin 2020, 193–258

Krammer, Stefan: Kreuz und quer. Intersektionale Verstrickungen bei Josef Winkler. In: Arteel, Inge/Krammer, Stefan (Hg): In-Differenzen. Alterität im Schreiben Josef Winklers. Tübingen 2016, 91–100

Link, Jürgen: Normale Krisen? Normalismus und die Krise der Gegenwart. Paderborn [u. a.] 2013

Link, Jürgen: Zum diskursanalytischen Konzept des flexiblen Normalismus. Mit einem Blick auf die kindliche Entwicklung am Beispiel der Vorsorgeuntersuchungen. In: Kelle, Helga/Tervooren, Anja (Hg.): Ganz normale Kinder. Heterogenität und Standardisierung kindlicher Entwicklung. Weinheim [u. a.] 2008, 59–72

Mitchell, David T./Snyder, Sharlon L.: Narrative Prosthesis. Disability and the Dependencies of Discourse. Michigan 2011

Pattensen, Henryk: Behinderte in der Kinder- und Jugendliteratur. In: Franz, Kurt/Payrhuber, Franz-Josef (Hg.): Kinder- und Jugendliteratur. Ein Lexikon. Teil 6: Themen/Motive/Stoffe. Meitingen 2004, 1–30

Rancière, Jacques: Die Aufteilung des Sinnlichen. Die Politik der Kunst und ihre Paradoxien. Berlin 2008

Rana, Marion: Disability in Children's Literature: Tropes, Trends, and Themes. Ed. by Rana, Marion/Tomkowiak, Ingrid (2017). Zürich: Interjuli, Zeitschrift zur Kinder- und Jugendliteraturforschung, 26–45

Reese, Ingeborg: Strickmuster und Stereotypen. Die Darstellung von Behindert-Werden und Behindert-Sein, von Integration und Inklusion im Kinder- und Jugendbuch – ein Spiegelbild der Zeitepochen? In: JuLit 1 (2010), 3–8

Renner, Karl Nikolaus: Grenze und Ereignis. Weiterführende Überlegungen zum Ereigniskonzept von Jurij M. Lotman. In: Frank, Gustav/Lukas, Wolfgang (Hg.): Norm – Grenze – Abweichung. Kultursemiotische Studien zu Literatur, Medien und Wirtschaft. Festschrift für Michael Titzmann. Passau 2004, 357–381

Siebers, Tobin: Un/sichtbar. Observationen über Behinderung auf der Bühne. In: Schupper, Imanuel (Hg.): Ästhetik versus Authentizität. Reflexionen über die Darstellung von und mit Behinderung. Berlin 2012, 16–32

Sierck, Udo: Bösewicht, Sorgenkind, Alltagsheld. 120 Jahre Behindertenbilder in der Kinder- und Jugendliteratur. Weinheim [u. a.]: Beltz Juventa, 2021

Spinner, Kaspar Heinrich: Der Mond in der deutschen Dichtung von der Aufklärung bis zur Spätromantik. Bonn 1969

Standke, Jan (Hg.): Gegenwartsliteratur im inklusiven Deutschunterricht. Beiträge zur Didaktik der deutschsprachigen Gegenwartsliteratur; Trier 2017

Waldschmidt, Anne: Disability Studies zur Einführung. Hamburg 2020

Zimmermann, Rosemarie: Behinderte in der Kinder- und Jugendliteratur. Berlin 1982

Drängen, Fallen, Platzen. Menschenfresser:innen im Bilderbuch

Julia Boog-Kaminski

Abstract This article inquires into the motif of man-eating in children's and youth literature using two contemporary examples: *Die Menschenfresserin* by Valérie Dayre and Wolf Erlbruch (1996) and Maja Bohne's *Die unglaubliche Geschichte des Herrn Fliege* (2006). Both texts feature protagonists who transform into monsters owing to their 'pushing forward' posture. In psychoanalysis, this movement is associated with the neuroses mania and depression, in which oral gratification compensates for existential loss. *Die Menschenfresserin* and *Herr Fliege* exemplify such manic-depressive dispositions. The protagonists' grief forces them to push forward, fall and burst in all directions, thereby defy all developmental logic. The article argues that this habitus hinders their clear classification as either role models or anti-heroes; instead, they represent an organism in a constant state of flux, one that destroys and ejects, and that cannot be separated from its (civilised) environment.

Der Volksmund kennt eine große Bandbreite an „Kindleinfressern"[1], die den ungehorsamen Kindern in Sagen und Mythen mit dem Verschlingen drohen. Sie kommen unter anderen als (Wer)Wolf, Riese, Butzemann, Knecht Ruprecht oder Nachtkrabb nach Hause und bringen unartige Kinder entweder zu ihren hungrigen Nachkommen oder vertilgen sie selbst.[2] Die Brüder Grimm versammeln

[1] Der Kinderfresser, wie er auf Flugblättern oder auch Brunnenfiguren zu sehen ist, war eine weit verbreitete Kinderschreckfigur des Mittelalters und der Frühen Neuzeit. Vgl. u. a. die kunsthistorische Sammlung in Mödlhammer 2001.

[2] Vgl. Kaiste 2005, die die Kinderschreck-Figuren der Sagen und Volkslegenden als „Sinn-Modell" der schwarzen Pädagogik beschreibt.

J. Boog-Kaminski (✉)
ifk – Interntaionales Forschungszentrum Kulturwissenschaften, Wien, Österreich
E-Mail: boog@ifk.ac.at

A. Kagelmann et al. (Hrsg.), *Körper erzählen*, Studien zu Kinder- und Jugendliteratur und -medien 14, https://doi.org/10.1007/978-3-662-69255-4_6

neben dem Wolf in *Rotkäppchen* und der Hexe in *Hänsel und Gretel* eine weniger populär gewordene Kinderfresserin im Märchen *Von dem Machandelboom.* In vielen Illustrationen dieser Texte erscheinen diese Figuren zumeist als riesige Gestalten mit großen Mündern und langen, krallenartigen Fingern, mit denen sie die Kinder zu fassen suchen. Damit gehören sie bereits von ihrer Körperhaltung aus zur Kategorie des Monsters: Sie sind verkommene Erscheinungen, die weder ihre Körperlichkeit noch ihre Triebaffekte zügeln können.

Monster werden zunächst vor allem aufgrund ihres Aussehens als „monstrum" klassifiziert: Das heißt, als eine Gestalt, die etwas zeigt (monstrare) und vor etwas warnt (monere) (vgl. Bogards/Holm/Oesterle 2009, 11). Die typischen menschlichen Identifikationsmerkmale „aufrechter Gang, Sprachbesitz, weitgehende Haarlosigkeit" (Schmitz-Emans 2010, 111) werden bei Ungeheuern zumeist in eine gebückte, in jedem Fall gedrungene, oder sogar krabbelnde Art der Fortbewegung verwandelt, während ihre Körper mit (Tier-)Haaren, Beulen, Blättern oder anderen Auswüchsen bedeckt sind. Das Monster wird daher – besonders prominent von Hans Richard Brittnacher in seiner *Ästhetik des Horrors* – als Abweichung physischer Integrität definiert. Es stelle in erster Linie das „Modell eines entelechialen Körperkonzepts" (Brittnacher 1994, 184) in Frage, bei dem Proportionen sowie Funktionen harmonierten. Roland Bogards, Christiane Holm und Günter Oesterle spezifizieren die ästhetische Verfassung des Monsters noch deutlicher als die eines *Grenzbewohners*, der voneinander getrennte Bereiche durchmische: „Mensch/Tier/Pflanze, Organisches/Anorganisches, Leben/Tod, Reales/Fiktives – oder auch zweier oder mehrerer Arten, Geschlechter, Individuen, Medien" (Bogards/Holm/Oesterle 2009, 9). Das Chimärische und Liminale des Monsters entfalte sich dabei nicht nur in seiner Leiblichkeit, sondern auch in seinem relationalen Verhältnis zum ‚normalen' Raum und zur ‚normalen' Zeit: Es lebe zumeist am Rande der Gesellschaft und scheine sowohl einer archaischen Vergangenheit als auch einer unsicheren Zukunft anzugehören. Damit verkörpere es eine „stete Transformation zwischen einem Noch-nicht und Nicht-mehr" (ebd.).

Allerdings wird bereits mit Michel Foucault die innere Seite des Monstrums als eine deviante hervorgehoben: Foucault betont in seiner Vorlesung *Die Anormalen*, dass die „Körpermonster" der Antike, des Mittelalters und der Frühen Neuzeit – also insbesondere ‚Missgeburten' und Mensch-Tier-Wesen – spätestens mit Anbruch der Moderne zum „Sittenmonster" verkehrt werden: „[I]m Laufe des 18. Jahrhunderts ist die wichtigste und vorherrschende Figur, die nach und nach in die Rechtsprechung des beginnenden 19. Jahrhunderts einzieht […] das Monster" (Foucault 2007, 85). Doch nicht nur das Recht, auch Medizin und Psychiatrie entwickelten sich entlang dieser Extremfigur. Besonders durch die bürgerlichen Revolutionen werden in Europa nicht mehr Vampire, Hexen, Werwölfe oder Riesen mit Ungeheuern assoziiert, sondern vor allem grausame Despoten und Kriminelle. Auch Brittnacher betont, dass eine durchweg negative Auffassung vom Monster „vergleichsweise modern" sei, da die alteuropäischen Hochkulturen in missgebildeten Körpern oftmals „Wunderzeichen" Gottes vermuteten (Brittnacher 1994, 192). Erst die Aufklärung verbannte das Monstrum „als vermeidbares Naturphänomen" oder „Ergebnis eines irrationalen Aberglaubens" (ebd., 193) aus der Hochkultur. Daher wanderte es in die zu dieser Zeit noch als Trivialliteratur abgetane Phantastik, in die Schauer- und Horrorgeschichten für Erwachsene wie für Kinder und treibt dort bis heute sein Unwesen.

Im Folgenden werde ich die Ästhetik des Monsters im Bilderbuch der Gegenwart anhand zweier Werke exemplarisch ausführen: Besonders *Die Menschenfresserin* von Valérie Dayre und Wolf Erlbruch (1996) sowie Maja Bohnes *Die unglaubliche Geschichte des Herrn Fliege* (2006) zeigen Menschenfresser:innen-Gestalten, die sowohl aufgrund ihrer chimärenhaften Gestaltung als auch aufgrund ihres übermäßigen Begehrens zum Monstrum werden. Während die riesige Menschenfresserin als collagierter, fast auseinanderfallender Körper immer verzweifelter nach einem „appetitliche[n] Kind" (Dayre/Erlbruch 1996, 11) sucht, verschlingt der äußerst kleine Herr Fliege sogar Häuser und Straßen, um letztlich einer Weltkugel gleich angefüllt zu sein. Bei Frau wie Mann ist Grund ihres Kannibalismus ein „Kummer" (Bohn 2006, 4), der die zwei Monster eigentlich zu bemitleidenswerten, manisch-depressiven Charakteren macht. Manie wie Depression werden kulturgeschichtlich immer wieder mit dem „Monströsen" zusammengebracht[3] und innerhalb der Psychoanalyse mit der oral-kannibalistischen Phase des Kleinkindes in Bezug gesetzt. Diese Verbindung soll im Folgenden näher ausgelotet werden. Sprechend ist vor allem Sigmund Freuds und Karl Abrahams bis heute rezipierte Konzeption Manisch-Depressiver als Melancholiker, die einen existenziellen Verlust durch orale Befriedigung zu füllen suchten. Aus diesem Grund werden sie von den beiden Gründervätern der Psychoanalyse sowohl als „vampyrhaft" und „heisshungrig", aber auch als ‚vorwärtsdrängendes' Prinzip beschrieben (s. u.). Eine Körperhaltung und -bewegung, die in beiden Bilderbüchern der Gegenwart die Dynamik der Erzählung ausmacht und das Drama der Menschenfresser:innen entfaltet.

Das ‚vorwärtsdrängende' Prinzip der Psychoanalyse

Am Anfang der Liebe steht das Essen – jedenfalls in der Psychoanalyse. Karl Abraham entwickelt in den 1920ern die frühkindliche Sexual- und Beziehungstheorie Sigmund Freuds um den Kannibalismus des Säuglings weiter. Nach Abraham liegt vor jeder analen und genitalen Reifung die Saugphase des Kindes, in der Lust und Nahrungsaufnahme identisch seien. Liebesobjekt ist allein die Mutterbrust, an der jedes Begehren ausagiert werde (vgl. Abraham 1998a). Sie werde direkt vertilgt und nicht wie in den folgenden Entwicklungsstufen durch Ausscheidung (anal) oder Liebkosung (genital) umworben. Nur wer sich aus

[3]Foucault sieht zu Beginn des psychiatrischen Diskurses vor allem den Monomanen, also den Maniker, und später ebenso den melancholischen Triebtäter zum Inbegriff des Sittenmonsters werden (vgl. Foucault 2007, bes. die Vorlesungen vom 22. und 29. Januar sowie 5. Februar 1975, 46–178).

dieser Prägenitalität des Verschlingen-Wollens und Verschlungen-Werdens befreit, könne als gesund bzw. beziehungsfähig gelten – was in der Psychoanalyse häufig in eins gesetzt wird. Jeder psychisch kranke, besonders jeder manisch-depressive Mensch bleibe dagegen in der oralen Phase stecken.

Depression wird in dieser Definition durch die Erfahrung eines Verlusts indiziert. Eine verweigerte Brust, ein störendes Geschwisterkind oder einfach nur eine Magen-Darmerkrankung würden im oralen Stadium zu einer so großen Enttäuschung führen, dass die eigene Furcht und Trauer nur durch Einverleibung des Liebesobjektes kompensiert werden könne. Laut Abraham bietet das Wachsen der Zähne den konkreten Anlass zu der imaginierten Besitzergreifung (vgl. ebd., 140 f.). Während das Kind als Neugeborenes noch zahnlos an der Mutter hänge, trete es mit den ersten Kauwerkzeugen in eine deutlich aggressivere, ambivalente Beziehung mit ihr. Die Angst vor dem Verlust der Mutter aufgrund der eigenen Vernichtungsfantasien sowie die Angst, aufgrund der eigenen aggressiven Impulse selbst gefressen zu werden, wechselten einander ab und nährten sich gegenseitig. Das zahnende Kleine liebe und hasse seine Mutter(brust), weil sie für den Säugling nicht nur alles Begehrenswerte, sondern auch alles Bedrohliche verkörpere.

Die erwachsene depressive Erkrankung werde nach Abraham deswegen durch „die vollständige Zerreißung der Objektbeziehung" (ebd., 125) mithilfe von Introjektion im Kindheitsalter initiiert. Diese symbolische Einverleibung des Anderen gehe allerdings auch mit dessen Verlust einher, der von den Depressiven stetig betrauert werde. Auch im Erwachsenenalter seien diese Neurotiker:innen von dem Gedanken beherrscht, dass ihnen „ewig die Mutterbrust fließen" (Abraham 1998b, 211) solle. Sie werden als ungehemmte, „vampyrhafte" Charaktere beschrieben: „Die Art, in welcher [Depressive] Wünsche vorbringen, hat etwas beharrlich Saugendes an sich" (ebd., 212). Aus diesem Grund sei das orale Stadium auch besonders rücksichtlos und „*vorwärtsdrängend*" (ebd., 214, H.d.V.): Alles, was sich dem Depressiven in den Weg stelle, werde durch aggressives Reden oder Verhalten sowie permanente Selbstanklage zunichte gemacht. So bemerkt Freud, dass seine depressiven Patient:innen sich keineswegs „demütig", sondern „in höchstem Grade quälerisch, immer wie gekränkt und als ob ihnen großes Unrecht widerfahren wäre" (Freud 2000b, 202), verhielten.

Die Manie (altgriech.: Raserei) stellt in der Psychoanalyse die komplementäre Kehrseite der Depression. Traurigkeit wird hier in maßlose Lust verwandelt und der saugende Gekränkte so zum ‚wirklichen' Menschenfresser. Freud beschreibt den Maniker als „Heißhungrige[n]" (ebd., 208), während Abraham seine „Freßsucht" (1998a, 157) betont. Gekennzeichnet von maßloser Selbstüberschätzung und Wollust wird die Manie als „Orgie von kannibalischem Charakter" gewertet und von Abraham mit Freuds „Urverbrechen der Menschheit" (ebd., 159), der Totem-Mahlzeit, in Beziehung gesetzt. Als Ursprung der Entstehung von Kultur entwirft Freud in *Totem und Tabu* eine Szene, in der eine von einem übermächtigen Vater beherrschte Bruderhorde in plötzlicher Manie ihren Erzeuger tötet und verschlingt (Freud 2000a, 426 f.). Auch phylogenetisch wird die Entwicklung des Menschen damit von einem oral-kannibalistischem Stadium abgeleitet. Freud bezieht sich hier auf die Urhorde Charles Darwins, in der ein Männchen alle Weibchen für sich beansprucht haben soll, während er seine Söhne ausstieß und so zum Totemismus zwang: Das heißt, Clans zu bilden und unter seinen Mitgliedern Tabus zu etablieren, die sowohl Inzest als auch Anthropophagie verbieten. Für Freud und viele Ethnographen seiner Zeit ist das der Beginn von Kultur. Der kannibalische Akt wird dabei als „selbstverständlich" beschrieben, da die ‚Primitiven' sich über rituelle Totem- und Opfermahlzeiten die „Stärke" des Urvaters aneignen wollten. Kind und ‚Primitiver' träfen sich nach Freud in eben diesem „Animismus": „Indem man Teile vom Leib einer Person durch den Akt des Verzehrens in sich aufnimmt, eignet man sich auch die Eigenschaften an, welche dieser Person angehört haben." (Ebd., 370) Vernichtungs- und Erhaltungswunsch alternieren in der ethnologischen Beschreibung des kannibalen Aktes ebenso wie in den Beschreibungen des frühkindlichen oral-kannibalistischen Stadiums – und bedingen sich gegenseitig.

In der aktuellen Geschichtswissenschaft sowie Sozial- und Kulturanthropologie werden diese Zuschreibungen als westliches Konstrukt gewertet, welches den Kolonialismus ideologisch rechtfertigen sollte. Vor allem mit Eroberung der Neuen Welt wurde Anthropophagie zu *der* „europäischen Metapher für das Anderssein, für das Nicht-Zivilisierte" (Zika 1996, 75). Die Kolonisatoren unterstellten den Eingeborenen äußerst detailreich das Verspeisen ihrer Feinde ebenso wie eigenen Verwandten und damit einhergehend häufig Inzest und Kindstötung (vgl. Menninger 1996). Ein Schüler Abrahams, Felix Boehm, findet diesen Kannibalismus im 19. Jahrhundert auch in Afrika und Australien wieder: „In allen Zonen ist die Anthropophagie verbreitet gewesen, doch ist sie heute wesentlich im Gebiet der Tropen zu Hause" (Boehm 1932, 11). Gegenwärtig wird bei diesen Zeugnissen von einem autopoietischen System ausgegangen, das vor allem aus Projektionen und Rechtfertigungswünschen gespeist wurde und sich aus stark überlappenden intertextuellen Referenzen nährt (vgl. Röckelein 1996).

Auch Foucault sieht im „Menschenfresserwüstling" (Foucault 2007, 135) denjenigen Urtypen formuliert, der den Ausschluss des Anormalen aus der modernen Gesellschaft sichern soll. Während er den Totemismus- und Primitivitäts-Diskurs nur kurz streift (vgl. ebd., 139), sieht er in Ludwig XVI. und Marie-Antoinette die Prototypen für alle späteren inzestuösen und kannibalen Sittenmonster: „Die beiden Themen, das sexuelle Verbot und das Nahrungsverbot, werden ganz eindeutig in den beiden ersten großen Figuren des Monsters und des politischen Monsters verknüpft." (Ebd.) Als „monströses Paar" apostrophiert, werden König und Königin von den Revolutionären mit diesen beiden Lastern assoziiert, um sie als Rechtlose köpfen zu lassen.

Auch in einem neueren Aufsatz von Johannes F. Lehmann wird das Monströse an eben diesen „biologischen Schnittstellen des Organismus" (Lehmann 2009, 208) entworfen. Das Monster wird als ein im Kern hungriges, nicht zu füllendes Wesen – das heißt, mit der Pathologie des Manisch-Depressiven – beschrieben. Gleich den Manisch-Depressiven müssen Monster sich das Außen einverleiben, um ihren Organismus aufrecht zu erhalten: „[E]s [geht] darum, dass das Außen für das Monster nurmehr die Kehrseite eines gänzlich leeren Innen bildet und dieses Innen so leer ist, weil es einzig auf ein spezifisches Außen bezogen ist" (ebd.).

Aus diesem Grund trage jedes Monster, so unterschiedlich die Imaginationen auch sind, „das Moment der Gefräßigkeit, des Verschlingens, des Aussaugens, des Kannibalischen" (ebd., 210) in sich. Ihre Bewegungen und Körperhaltungen sowie ihr Charakter bekommen nach Lehmann etwas Maschinelles, das man in das ‚vorwärtsdrängende' Prinzip übersetzen kann: Rein auf ihre innere Leere bezogen, werden sie zu nach vorne drängenden, fallenden und in alle Richtungen aufplatzenden Charakteren, deren spezifischer Habitus anhand der beiden Bilderbücher der Gegenwart nun näher untersucht wird.

Die Menschenfresserin: Zerstückelter Körper und fallende Formen

Die Menschenfresserin von Valerie Dayre und Wolf Erlbruch scheint bereits auf den ersten zwei Seiten aufgrund einer Mangelernährung zum Monster zu mutieren: Vor der riesigen Frau, die sich auf einen massigen Tisch stützt, steht ein viel zu kleiner, sauberer Teller mit nur einer Erbsenschote. Diese Szene, die an den karg gedeckten Tisch des Suppenkaspers erinnert,[4] ist ein Zeichen dafür, dass die Menschenfresserin hungern muss. Gleichzeitig steht dieses Gemüse für Fruchtbarkeit und Kindersegen,[5] welche die Protagonistin angesichts der Kargheit der Schote aufgezehrt zu haben scheint. Der grundlegende Konnex des manisch-depressiven Krankheitsbildes – realer Hunger und unbefriedigte Libido – ist somit bereits zu Beginn der Erzählung visualisiert.

Mit weit aufgerissenem Auge, flammenden Wangen und einem grotesk aufgeblähten Körper blickt die Protagonistin die Leser:innen geradezu provokativ an. Den Kopf zur linken Seite gewandt, als sei sie im Aufbruch begriffen, liegt der glasige Augapfel in dunkler Höhle, nur von einem roten Strich umrandet. Die Augenbrauen sind tief heruntergezogen. Auch die Nase glüht rot, der Winkel des Mundes hängt weit nach unten. Die im Vergleich zum Rest des Körpers dünnen Arme sind auf den Tisch gestemmt. Die riesige Frau lauert. Mit diesem Körper und dieser Haltung wird sie sogleich als „anormal" – krank oder bösartig – klassifiziert. Der Anfang des Textes liest sich dazu wie der eines Märchens: „Da war eine Frau, die war so böse, daß sie wünschte, ein Kind zu essen" (Dayre/Erlbruch 1996, 6) und bringt ebenfalls die äußeren Anzeichen der Hässlichkeit mit innerer Amoralität in Beziehung. Die Menschenfresserin macht sich im Folgenden auf die Suche nach einem „Schlingel", den sie „verschlingen" kann (ebd., 7). Diese infantilen Wortspiele ebenso wie die Märchenanklänge dienen einerseits dazu,

[4] Vgl. hierfür meinen Artikel über den Suizid des Suppenkaspars, der von der immer gleichen Suppe auf dem Tisch indiziert wird (Boog-Kaminski 2021).

[5] Die kreisrund umschlossenen Erbsen gelten als Sinnbilder für die Eierstöcke der Frau, die im Märchen unter anderem beim *Aschenputtel* oder der *Prinzessin auf der Erbse* zum Tragen kommen (vgl. Zerling 2007, 156).

das schreckliche Ziel ihres Begehrens zu bagatellisieren; andererseits verweisen sie auf dessen Grund: die frühkindliche orale Phase, welche wiederum in vielen Märchengestalten wie der Hexe und dem Wolf eingefangen ist.

Vor dem Hintergrund einer kargen Landschaft wird der riesige Körper der Menschenfresserin daher als ein manisch-depressiv ‚vorwärtsdrängender' inszeniert, der rastlos, geradezu automatisiert nach einem „appetitlichen Kind" (ebd., 11) sucht. Der Illustrator Erlbruch zeigt seine Protagonistin dabei als einen aus mehreren Bögen zusammengesetzten Körper, der sich durch eine ebenso collagierte Umwelt bewegt. Das Kostüm der Menschenfresserin ist aus verschiedenem Muster- und koloriertem Packpapier gefügt, aus dem die Kohlezeichnungen des Kopfes und der Hände zwar scharf konturiert, aber mit blasser Farbigkeit hervorblitzen. Die Umgebung ist ebenfalls aus verschiedenen Papieren zusammengesetzt und lässt die Protagonistin wie durch eine Traumlandschaft ziehen. Durch eben diese Flickenhaftigkeit kann sie auch stets plötzlich am Rand der Bilder auftauchen. Mensch und Umwelt sind aus einem Material gemacht und lassen die Grenzen zwischen Innen und Außen, fiktiv und real, ebenso wie monströs und normal fließender werden. Ihr zusammengeschnittener Körper wirkt zwar einerseits fragil, andererseits aber ebenso ausufernd – als könne sie jeden Moment explodieren und ihre Umgebung mit sich reißen.[6] In seinem Schaffen offensichtlich von japanischen Farbholzschnitten inspiriert, nutzt Erlbruch das Durcheinander von Vor- und Hintergrund, Fläche und Tiefe, um auf die Verschiebbarkeit aller Elemente hinzuweisen. Die „transformative Körperlichkeit" (Bogards/Holm/Oesterle 2009, 10) der ‚Monsterin' wird durch dieses In- und Durcheinander verstärkt und stellt das „Modell eines entelechialen Körperkonzepts" (Brittnacher 1994, 184) in Frage.

Diese „ungefügt[e] Leiblichkeit" (Bogards/Holm/Oesterle 2009, 9) wird stets in Bewegung, von einem Rand des Panels zum nächsten stürzend gezeigt. Zudem sprengt die Menschenfresserin die Bilderrahmen, ist oft mit abgeschnittenem Kopf oder Gliedmaßen zu sehen, da sie nicht in die Norm der vor ihr flüchtenden Menschen passt. Die ebenfalls riesigen, mit Fingern wie Schlangen deformierten Hände ‚grapschen' nach der nächsten Doppelseite oder dem nächsten Kind. Im Text wird sie ebenfalls als „unentwegt hinter den Gören her" beschrieben, die sie „mit gierigen Händen" (ebd., 17) befühlt. Bild wie Schrift fangen damit eine Körperhaltung ein, die genuin die Ästhetik des Horrors, wie Brittnacher sie beschreibt, ausmacht: Monster hätten „zumeist ihren Platz am Rand, […] von [dem aus] sie ihre begehrlichen Finger, Klauen und Tentakel nach dem Opfer austrecken" (Brittnacher 2011, 274).

Die spatiale Grenzbesetzung mündet, wie bei vielen Monstern, zudem in eine temporäre: Die Menschenfresserin ist mit ihrer Rastlosigkeit weder in der Vergangenheit noch Zukunft zu verorten. Sie befindet sich im ewigen Durchgang, wie besonders ein Bild in der Mitte des Buches deutlich macht. Hier bewegt die

[6] Aus diesem Grund haftete der Collage bis in die 1990er der Makel des ‚Unkindgemäßen' an (vgl. Thiele 2013, 40).

Menschenfresserin sich an einer Gruppe von Erwachsenen vorbei, die Zylinder und Anzüge tragen und so deutlich den Bereich der Zivilisation markieren (vgl. Dayre/Erlburch 1996, 16 f.). Unter ihnen befindet sich der Mond, der die Protagonistin während ihrer gesamten Reise begleitet und in dieser Szene unter seinem Gewand ein Kind versteckt hält. Die durch ihn versinnbildlichte, idealisierte Weiblichkeit[7] wird durch eine Frau mit strengem Bleistiftrock ergänzt. Zudem gehen ihnen zwei männliche Gestalten mit Hüten und dicken Mänteln als Zeichen des Patriarchats voraus. Die Grenze von Natur und Kultur, Trieb und Sozialverhalten, die bereits durch die Protagonistin inszeniert wird, scheint damit verdichtet und zugleich in Frage gestellt: Nicht nur laufen die ‚Zivilisierten' in die entgegengesetzte Richtung, auch ‚zerschneiden' ihre in gleichmäßigen Muster geformten Kostüme das Flickenkleid der Menschenfresserin (s. u.). Während die erwachsenen Figuren in den Vordergrund montiert sind, ist die Protagonistin als Versatzstück hinter ihnen zu sehen. Sie geht nach rechts und die Bewohner:innen gehen nach links: Innerhalb der Buchlogik bewegen sie sich also in die Vergangenheit und damit in die Regression, während die Menschenfresserin nach vorne, in die Zukunft prescht. Sowohl die immer größer werdende Verzweiflung der Menschenfresserin als auch die Zerstörung, die von der zivilisierten Bevölkerung ausgeht, werden damit ersichtlich: Der Hunger der Menschenfresserin erscheint durch ihre Körperhaltung und Raumpositionierung nicht einfach als Opposition, sondern als Produkt der Zivilisation.

Auf den Folgeseiten wird die Menschenfresserin nun als vollkommen einsame Figur mit nach oben gestrecktem, fast kläglich aufheulendem Gesicht gezeigt. Die Verbannung der Mitmenschen stößt sie in immer größere Verzweiflung. Vom kranken Monster mutiert sie zunehmend zu einer monströsen Gottheit: Wie ein Totem und zugleich wie eine melancholische Ikone ist sie sowohl in der Mitte als auch zum Ende des Buches auf einem Felsen ausgestellt. Der Kopf ist wie bei einer grotesken Statue nach oben verdreht, der Körper bildet eine geradezu monolithische Säule. Die Menschenfresserin wird damit zum Mahnmal eines allgemein menschlichen Begehrens, das offenbar nicht in einer freudianischen Tötung des Vaters, sondern in der Verzehrung der Mutter besteht.

Die Mutterschaft kann als eigentlicher Kern der Monsterwerdung entdeckt werden: Am Höhepunkt der Geschichte ist die Menschenfresserin nur noch ein riesiger Kopf, der Rest des Körpers auf Haut und Knochen reduziert. Diese ausgezerrte, fast im Fallen begriffene Figur stolpert auf einen etwa 6-jährigen Buben in Schuluniform zu. Im Text heißt es: „Abgekämpft und hungrig, so daß sie sich kaum noch auf den Beinen halten konnte, kehrt sie endlich zu ihrem Haus zurück. Und da, als sie die Tür aufstieß, erblickte sie den niedlichsten Bengel auf Erden." (Ebd., 24) Doch der „Bengel" haftet seine Augen nur lächelnd auf

[7] Als permanenter Begleiter folgt der Menschenfresserin der Mond. Sein Gesicht ähnelt ganz im Gegensatz zu den groben Zügen des Monsters mittelalterlichen Darstellungen der Pietà. Doris Reske sieht hierin einen ersten Hinweis darauf, dass die Menschenfresserin als Gegentypus zur idealen Mutter entworfen ist (vgl. Reske 2003, 106).

eine Ziehharmonika. Man kann diese in sich versunkene, abgegrenzte Haltung als Abnabelung gegenüber seiner Mutter verstehen. Ganz im Unterschied zu ihr ist er mit feinem Buntstift gezeichnet und stellt damit eine in sich geschlossene, harmonische Figur dar. Die Menschenfresserin erscheint dagegen als besonders zerfallene, schwache, gar erbarmungswürdige Gestalt. Der nun folgende kannibalistische Akt durchbricht deswegen nicht nur die Grenze der Moralität oder des Geschmacks, er bricht auch die Logik der Geschichte: Die Menschenfresserin frisst nicht aus Bosheit, sie frisst aus Liebe. Sie ist weniger die Mutterbestie als die Mutter, die nur das Beste für sich und ihren Sohn will: die Wiedervereinigung.

Statt Befriedung und Sattheit bringt das Fressen des Anderen am Schluss jedoch die Zerstörung des eigenen Ichs mit sich. Abermals statuengleich wird die Menschenfresserin auf einem Felsen ausgestellt. Der vorwärtsdrängende Körper ist nun ganz versteinert. Die Menschenfresserin bereut ihre Tat und bettelt ihre Umgebung um einen „Kleinen" an: „Zum Lieben! Zum Lieben, ohne ihn zu essen", klagt sie: „Man hat mir meinen genommen. Man hat mir meinen gefressen" (Dayre/Erlbruch 1996, 31). Die Trauer um den Verlust des Jungen ist so groß, dass die Protagonistin seinen Mord nur auf ein Außen verschieben und sich selbst „dislozieren" kann (Görling 1999, 61). Das Ziel der Einverleibung, die „Kollokation" (ebd.), wie es in der Psychoanalyse heißt, also der Wunsch, zwei Dinge an einem Ort zusammenbringen, führt keineswegs zur „Auflösung der Differenzen" (ebd.) zwischen Ich und Anderem, Mutter und Sohn, sondern zur völligen „Ortlosigkeit des Subjekts" (ebd.). Die Menschenfresserin wird damit letztlich eine melancholische Ikone der Verlassenheit. Ein Wahr- und Warnzeichen manisch-depressiver Liebeskrankheit und innerer Leere – wie der kleine Mann Herr Fliege.

Herr Fliege: Rasender Kreisel und platzende Kugel

Der Protagonist Kurt Fliege aus Maja Bohns 1997 erschienenem Bilderbuch wird bereits auf der ersten Seite als „klein und kümmerlich" (Bohn 2006, 4) vorgestellt. In Paarreimen gedichtet wird hier im Text ebenso auf den „große(n) Kummer" von „Kurt Fliege aus Calummer" (ebd.) verwiesen. Der restliche Text ist im Kreuzschema arrangiert, wobei die ersten Seiten weiterhin die deprimierenden Eigenschaften des Helden als Endreim nutzen: Auf „kümmerlich" wird „absonderlich" (ebd.) gereimt, auf „unscheinbar" „übersah" (ebd., 7), auf „mickrig" „drum wurde er ganz knickrig" (ebd.). Die offensichtliche Depressivität des Hauptcharakters geht sogar so weit, dass „Fliege [...] um ein Haar / an dieser Qual gestorben" (ebd., 8) wäre. Noch deutlicher als bei der Menschenfresserin, die erst zu Mitte und Ende des Buches als Trauernde erscheint, werden bei Herrn Fliege der Kummer und seine Verlassenheit damit an den Anfang der Monsterwerdung gestellt.

Statt sich diesem Schicksal zu ergeben, ermächtigt sich der kleine Mann nach mehreren Seiten jedoch und „ruft [...] jetzt besessen. / ‚Ich will stark sein, groß und mächtig.' / Und beschließt: ,ich muss mehr essen!'" (Ebd., 10) Der zentrale Kreuzreim wird dabei zwischen „essen" und „besessen" gebildet und lässt seinen Hunger als übergroßen Triebaffekt erkennen. Dieser treibt ihn im weiteren Verlauf der Erzählung aus seiner Depression in eine manische Vertilgungsfantasie. Gleich der Menschenfresserin kommt das vorher statuarisch, zumeist in nachdenklicher, stehender Pose gezeigte Männchen nun in rasende Bewegung: „Ganz aufgeregt läuft Kurt nach Hause" (ebd., 13). Hier beginnt er alles aus seinem Kühlschrank und den Vorratskammern zu verzehren. Was anfangs noch wie ein köstliches Menü klingt – „Acht Himbeerpudding mit Kompott / sechs Räucherlachs mit Ei, / die Bohnensuppe – very hot –, danach Kartoffelbrei" (ebd., 15) – mündet in immer absurdere Speise- und Wortkombinationen wie „Essigbutterpapayapanaden" (ebd., 17), die ebenfalls auf das Ungetüme seines Aktes verweisen. Schließlich, als die Vorratskammern leer sind, verschlingt er stumm, das heißt, ohne textliche Untermalung, seinen Goldfisch (vgl. ebd., 22). Die Worte finden also in jenem Moment ein Ende, als die erste moralische Grenzübertretung vollzogen wird: In dem Bild ist ein bereits um seine mehrfache Körpergröße angeschwollener Herrn Fliege zu sehen, der mit fettem Gesicht und übermäßig großem Maul im Close-up sein Aquarium anlächelt. Auf der zweiten Seite der Doppelseite entleert er dieses Aquarium in seinen Schlund (vgl. ebd., 23).

Herr Fliege, dessen Mickrigkeit zu Beginn der Erzählung visuell deutlich gemacht wird, indem die ihn schmähenden (meist weiblichen) Erwachsenen nur bis zum Rumpf zu erkennen sind, während er ihnen bis zum Knie reicht, ist nun ein bildfüllender, dickbäuchiger Körper, der die Panelrahmen sprengt. Die Figuren sind allesamt mit schroffem Strich und schwarzer Umrandung von der in Buntstift und Aquarell gemalten Umgebung abgesetzt. Besonders Herr Fliege erscheint durch sein schwarz-weiß gemustertes Hemd und einen übergroßen schwarzen Hut nicht nur clownesk, sondern auch düster und erinnert damit abermals an die Ästhetik der Menschenfresserin. Während der Fokus bei der Menschenfresserin allerdings auf ihrer collagierten, „ungefügten Leiblichkeit" lag, wird Herr Fliege immer mehr zu einer Kugel. Wie Tilman Spreckelsen betont, wird dies noch unterstrichen durch „das karierte Jäckchen, das Fliege anfangs bis zum Hosenbund reichte und nunmehr, eingeklemmt zwischen dem fleischigen Nacken und den Schultern, als einigermaßen mattes Zitat der früheren Winzigkeit dient." (Spreckelsen 2007) Durch diese vom „entelechialen Körperkonzept" ebenso abweichende Form kann Herr Fliege sich auch vom aufrechten Gang befreien: „Er macht sich rund – der Nimmersatt –, / zieht Arm und Beine ein. / Saust rollend los, bis in die Stadt, / gleich in den Markt hinein!" (Bohn 2006, 25) Im Bild ist der Protagonist als ,unstoppbarer' Kreisel mit mehreren Füßen und einem zur Schnecke gewirbeltem Bauch dargestellt. Das manisch-depressive Moment des ,Vorwärtsdrängens' steigert sich in dieser Erzählung also zu einer automatisierten, vor allem auf seine innere Leere bezogene Bewegung, die im Bild der Spirale eindeutig um sich selbst kreist. In dieser Form wird das sich verselbständigende, permanent ,vorwärtsdrängende' Prinzip offenbar, das in beiden Bilderbüchern erstmal in eine Tragödie führt: Auch Herr Fliege wird zum Ende der Erzählung – die allerdings dann in ein Happy End übergeleitet wird – durch seine kannibale

Manie alles verlieren. Dieses Zuviel des Monsters wird neben der runden, riesigen Körperlichkeit durch seinen Habitus deutlich. Herr Fliege taucht ebenfalls wie die Menschenfresserin stets plötzlich vom Rand der Bildpanele (vgl. ebd., 26/29) oder hinter den Häusern der Stadt auf (vgl. ebd., 33/35). Seine kleinen Beine sind unter dem massiven Bauch in Schrittstellung zu sehen. Im Vergleich zu dem unermesslichen Kugelbauch, der ihn oft (doppel)seitenfüllend macht, sind die Beine, Ärmchen und der Kopf immer noch sehr mickrig. Herr Fliege ist ein wandernder Bauch, der alles ‚vernascht', was ihm vor die Augen kommt. Dabei wird die Liebe bzw. wird der Liebesmangel abermals als Grund des Fressens offenbar. Sich vom „missmutigen Zwerg zum gargantuesk grinsenden Genießer" (Spreckelsen 2007) entwickelnd, erhofft sich Fliege beim Anblick reizender junger Damen weitere Mahlzeiten. Fragt er sich bei Frau Lieblich noch „Ob die wohl schmeckt / Sie wirkt so appetitlich" (ebd., 28) und imaginiert dabei ein Stück Konfekt als ihren Körper, braucht es für weitere Menschenfresserphantasien keine visuelle Übersetzung mehr. Während Herr Fliege nur noch am Rand der Bilder erscheint, sind seine kannibalischen Akte rein über den Text nachzuvollziehen: Er verschlingt „ein Reihenhaus mit Wagen. Und als Dessert, gleich hinterher, / genug ist nicht genug, / gibt es die Kirche zum Verzehr / und einen Straßenzug." (Ebd., 34) Das Tabu des Menschenfressens ist ebenso wie in Erlbruchs Bilderbuch zwar illustrativ ausgespart, wird aber über bildliche Metaphern, wie Frau Lieblich als Konfekt oder Herrn Flieges über Häuser schleckende große Zunge, auch visuell angedeutet.

Der Kulminationspunkt seines Kannibalismus stellt das Verschlingen der Sonne dar: Sie gilt einerseits als Symbol der Aufklärung und damit der patriarchalen Ratio, andererseits als Sinnbild für mütterliche Wärme, und wird im Buch als „gute alte Sonne" (ebd., 36), also als Mutter, apostrophiert. Damit ist sie ebenso wie bei der Menschenfresserin Höhe- und Endpunkt des kannibalen Begehrens: Statt der Mutter, die ihr eigenes Kind frisst, scheint mit Herrn Fliege allerdings ein Kind in Szene gesetzt, das seine Mutter frisst. Gerade aufgrund seiner anfänglichen Kleinheit wird der Protagonist innerhalb der Forschung vor allem als Identifikationsangebot für kleine Leser:innen gewertet. Ute Dettmar setzt die Geschichte von Herrn Fliege mit Büchern wie Maurice Sendaks *Where the Wild things are* gleich, die über die verschlingenden Monster einen „Kompensationsraum" schaffen würden, „in dem Kränkungen, Ängste und Frustrationen verarbeitet, auch Macht- und Rachephantasien ausgelebt werden" (Dettmar 2013, 50). Spreckelsen sieht in der Geschichte ebenso den „beinahe kindliche[n] Wunsch [versinnbildlicht], sich alles einzuverleiben und über alles zu bestimmen"(Spreckelsen 2007). Für dieses Identifikationsmodell spricht der didaktische Schluss, der anders als bei der Menschenfresserin nicht mit großer Offenheit und Ambivalenz endet, sondern Herrn Fliege von einem ebenso „kleine[n] Fräulein" (ebd., 40) erlöst werden lässt. Nachdem der Riese die Sonne verschlungen hat und erkennen muss: „In meinem Bauch tobt jetzt das Leben / und ich bin wieder nicht dabei!" (Ebd., 38), lässt die „kleine Ilse" den riesigen Bauch, der zum Schluss allein eine ganze Seite füllt, mit einem Skalpell platzen. Mit einem Urknall – „peng, pong, piff mit aller Kraft, dann regnet's plötzlich ganze Herden / von der verschluckten Nachbarschaft" (ebd., 43) – wird Fliege von seiner selbstzerstörerischen Menschenfresserlust befreit. Wir sehen den Protagonisten glücklich, auf seine winzige Größe zusammengeschrumpft, im Arm von Ilse liegend (vgl. ebd., 45). Im letzten Bild wandern die beiden Liebenden der wieder ausgestoßenen Sonne entgegen.

Dieser Schluss löst die auf sich selbst bezogene „Spirale von Kränkung und Kompensation“ (Dettmar 2013, 51), die Fliege im Moment seiner Raserei darstellt, und lässt sie durch „die Macht der Liebe“ (ebd.) im wahrsten Sinne platzen. Dettmar sieht hierin Freuds *Unbehagen in der Kultur* eingeschlossen: Das unheimliche Gefühl, das in jedem Menschen ein Monster bzw. ein:e Menschenfresser:in lauert. Sie interpretiert die Geschichte daher als Warnung vor dem „Monster in uns“, vor allem aber als „Spannungsfeld von archaischer Wildheit und domestizierender Zivilisation“ (ebd., 52). Folgt man diesem Pfad, muss man jedoch eher von der Zusammengehörigkeit dieser scheinbaren Dichotomien als von ihrem „Spannungsfeld“ ausgehen – ein Ausgang, den sowohl Freuds Text als auch die beiden Bilderbücher zu forcieren scheinen.

Fazit: Kultureller Kannibalismus

Steht am Anfang der Liebe das Fressen, steht es als Menschenfressen innerhalb Freuds Theorie ebenfalls am Beginn der Kultur. In Freuds *Unbehagen in der Kultur* (1930), das als Fortsetzung von *Totem und Tabu* (1912/13) verstanden werden kann, wird der Todestrieb noch deutlicher als Grund kultureller Entwicklung konzeptualisiert. Es ist nicht der Eros, nicht Sexualität und Nächstenliebe, sondern der Ur-Vatermord und seine Verschlingung, die ein Über-Ich im Menschen einsetzen und ihn erst kulturfähig machen. Indem die Brüder der Urhorde in der Folge auf weitere Morde verzichten, führen sie Moral und Ethik in die Gesellschaft ein – und die Neurosen: „der Preis für den Kulturfortschritt [liegt] in der Glückseinbuße durch Erhöhung des Schuldgefühls“ (ebd., 260). Das Paradox ist also, dass der Grund der Kultur gleichzeitig ihr Verhängnis ist bzw. das Verhängnis des Menschen der Grund seiner Kultur. Paul Ricœur übersetzt diesen fatalistischen Wendepunkt im psychoanalytischen Verständnis als Kultur, die „sich meiner Gewalttätigkeit gegen mich selbst [bedient], um meine Gewalttätigkeit gegen den Mitmenschen in Schach zu halten“ (Ricœur 1974, 314). Freud hingegen fasst sie in die Formel von Plautus: *„Homo homini lupus“* (Freud 2000c, 240; Herv. JBK) – der Mensch ist dem Menschen ein Wolf und damit auch ein:e potentielle:r Menschenfresser:in.

Ebendies visualisieren die beiden Bilderbücher: Mit der Menschenfresserin und Herrn Fliege erscheint monströser Kannibalismus nicht in Opposition, sondern als Ursprung und Produkt der Zivilisation. Besonders durch ihre Körper und die Art, wie sich diese Körper durch den Raum bewegen, werden sie zu maximal ambivalenten, transgressiven Figuren. Stets vom Rand kommend, vorwärtsdrängend, kugelnd, platzend und (ver)fallend, stellen sie einen „Grenzbewohner“ dar, der „sich gegen jede Entwicklungslogik sperrt“ (Bogards/Holm/Oesterle 2009, 9). In diesem Sinne sind sie weder Identifikationsfiguren noch Anti-Helden.

Vielmehr figurieren sie einen sich ewig im Wandel befindenden, vertilgenden und auswerfenden Organismus, der nicht von der zivilisierten Umgebung zu trennen ist.

Literatur

Primärliteratur

Bohn, Maja: Die unglaubliche Geschichte des Herrn Fliege. Rostock: Hinstorff, 2006

Dayre, Valérie/Erlbruch, Wolf: Die Menschenfresserin. Aus dem Franz. von Gudrun Honke und Max Christian Graeff. Wuppertal: Hammer, 1996

Sekundärliteratur

Abraham, Karl: Versuch einer Entwicklungsgeschichte der Libido auf Grund der Psychoanalyse seelischer Störungen [1925]. In: Ders.: Psychoanalytische Studien. Bd. 1. Leipzig [u. a.] 1998, 113–183

Abraham, Karl: Beiträge der Oralerotik zur Charakterbildung [1925]. In: Ders.: Psychoanalytische Studien. Bd. 1. Leipzig [u. a.] 1998, 205–216

Boehm, Felix: Formen und Motive der Anthropophagie. Wien 1932

Bogards, Roland/Holm, Christiane/Oesterle, Günter: Vorwort. In: Dies (Hg.): Monster. Zur ästhetischen Verfassung eines Grenzbewohners. Würzburg 2009, 9–13

Boog-Kaminski, Julia: „Ich esse keine Suppe! Nein!“ Verneinungslust am Anfang der deutschen Kinder- und Jugendliteratur. In: Lucci, Antonio/Knobloch, Jan (Hg.): Gegen das Leben, gegen die Welt, gegen mich selbst. Figuren der Negativität. Heidelberg 2021, 361–383

Brittnacher, Hans Richard: Ästhetik des Horrors. Gespenster, Vampire, Monster, Teufel und künstliche Menschen in der phantastischen Literatur. Frankfurt/M. 1994

Brittnacher, Hans Richard: „Den Katzenartigen verbrennen“ oder: How to kill a monster. In: Kyora, Sabine/Schwagmeier, Ute: How to make a monster. Konstruktionen des Monströsen. Würzburg 2011, 267–278

Dettmar, Ute: Angst. Lust und Schrecken in der Kinder- und Jugendliteratur. In: kids+media 1 (2013): Angst und ihre Überwindung, 50–63

Foucault, Michel: Die Anormalen. Vorlesungen am Collège de France (1974–1975). Frankfurt/M. 2007

Freud, Sigmund: Totem und Tabu [1912–1913]. In: Studienausgabe. Hg. von Mitscherlich, Alexander/Strachey, James/Richards, Angela. Bd. IX: Fragen der Gesellschaft. Ursprünge der Religion. Frankfurt/M. 2000a, 287–443

Freud, Sigmund: „Trauer und Melancholie“ [1917]. In: Studienausgabe. Hg. von Mitscherlich, Alexander/Strachey, James/Richards, Angela. Bd. III: Psychologie des Unbewußten. Frankfurt/M. 2000b, 193–212

Freud, Sigmund: Das Unbehagen in der Kultur [1930]. In: Studienausgabe. Hg. von Mitscherlich, Alexander/Strachey, James/Richards, Angela. Bd. IX: Fragen der Gesellschaft. Ursprünge der Religion. Frankfurt/M. 2000c, 191–286

Görling, Reinhold. „Des einen Zahn im Schlund des anderen“. Phantasie und Phantasma des Kannibalismus in Kleists *Penthesilea*. In: Keck, Annette (Hg.): Verschlungene Grenzen. Anthropophagie in Literatur und Kulturwissenschaften. Tübingen 1999, 55–67

Kaiste, Jaana: Das eigensinnige Kind: Schrecken in pädagogischen Warnmärchen der Aufklärung und der Romantik. Uppsala 2005

Lehmann, Johannes F.: Der Verbrecher als Monster? Oder: Warum Menschen Monster brauchen, Monster aber nicht. In: Bogards, Roland/Holm, Christiane/Oesterle, Günter (Hg.): Monster. Zur ästhetischen Verfassung eines Grenzbewohners. Würzburg 2009, 191–217

Menninger, Annerose: Die Kannibalen Amerikas und die Phantasien der Eroberer. Zum Problem der Wirklichkeitswahrnehmung außereuropäischer Kulturen durch europäische Reisende in der frühen Neuzeit. In: Röckelein, Hedwig (Hg.): Kannibalismus und europäische Kultur. Tübingen 1996, 115–142

Mödlhammer, Hans: Der Kinderfresser und andere Beiträge zu Volkskunde und Symbolik. Eine Reise in die Vergangenheit. Puchheim 2001

Reske, Doris: Assoziative Analyse: „Die Menschenfresserin“ (1996) von Valérie Dayre und Wolf Erlbruch. In: Thiele, Jens (Hg.): Das Bilderbuch. Ästhetik – Theorie – Analyse – Didaktik – Rezeption. Oldenburg 2003, 104–116

Ricœur, Paul: Die Interpretationen. Ein Versuch über Freud. Frankfurt/M. 1974

Röckelein, Hedwig: Einleitung. Kannibalismus und europäische Kultur. In: Dies. (Hg.): Kannibalismus und europäische Kultur. Tübingen 1996, 9–28

Spreckelsen, Tilman: Das ist meiner! In: FAZ vom 14.04.2007, https://www.faz.net/aktuell/feuilleton/buecher/rezensionen/belletristik/das-ist-meiner-1438969.html (01.02.2024)

Schmitz-Emans, Monika: Kleines Monster-ABC. In: Dies./Röttgers, Kurt (Hg): Monster. Essen 2010, 110–125

Thiele, Jens: Zwischen Bilderbuch und Kunst. Überlegungen zu dem schwierigen Verhältnis von Kind und Kunst im Medium Buch. In: Kruse, Iris/Sabisch, Andrea (Hg.): Fragwürdiges Bilderbuch. Blickwechsel, Denkspiele, Bildungspotenziale. Berlin 2013, 35–51

Zerling, Clemens: Lexikon der Pflanzensymbolik. Basel 2007

Zika, Charles: Kannibalismus und Hexerei. Die Rolle der Bilder im frühneuzeitlichen Europa. In: Röckelein, Hedwig (Hg.): Kannibalismus und europäische Kultur. Tübingen 1996, 57–114

Körper oder Kollektive / Sozionarrative / Transformationen

Banden, Crews und Cliquen. Kollektive Körper der Adoleszenz

Dariya Manova

Zusammenfassung Als „kollektive Körper" bezeichnet der Beitrag Gruppen-Akteure in Texten für und über die Jugend. Ausgangsbeobachtung ist, dass das einzelne Individuum mit seiner durch Introspektionen erzählten Gefühlswelt in literarischen Jugenddarstellungen nicht allein auftritt, sondern sich oft in einem Kollektiv von Freund:innen und Mitstreiter:innen bewegt. Zurückgeführt werden Gruppen, Gangs und Cliquen in der Jugendliteratur auf politische, stadtarchitektonische und ökonomische Entwicklungen des frühen 20. Jahrhunderts, die die Herausbildung von Jugendgangs in urbanen, migrantischen Milieus begünstigt haben. Dass die Literatur dieses soziologisch und anthropologisch erforschte Phänomen gleichzeitig zum Ausgangspunkt unterschiedlicher vor allem politischer Alternativerzählungen machte, zeigen Beispiele aus der Literatur der Weimarer Zeit aber auch aktuelle Erscheinungen. Wie sich Jugend nicht anhand eines Individuums, sondern im Kollektiv erzählen lässt und was für politische und ästhetische Implikationen eine kollektive Erzählung hat, untersucht der Beitrag anhand zweier Beispiele der Gegenwartsliteratur: Angela Lehners *2001* und Sarah Jägers *Die Nacht so groß wie wir*.

Running Wild

In Egon Humers dokumentarischem Film *Running Wild* von 1992 begleitet die Kamera mehrere Gruppen Wiener Jugendlicher – darunter rechte Fußballhooligans und Jugendliche mit türkischem und jugoslawischem Migrationshintergrund – durch die Straßen, bei ihren Kampfsportübungen, beim Basketballspielen und Beatboxen oder in ihren Lieblingslokalen. „Beastie Boys", „Bloods", „City Boys", „Nasty Boys", „White Lifes", „Streetfighters" sind die selbst gewählten Namen

D. Manova (✉)
Institut für Germanistik, Universität Wien, Wien, Österreich
E-Mail: dariya.manova@univie.ac.at

A. Kagelmann et al. (Hrsg.), *Körper erzählen*, Studien zu Kinder- und Jugendliteratur und -medien 14, https://doi.org/10.1007/978-3-662-69255-4_7

der Protagonisten der Filmstudie zum Wiener Straßenleben in den 1990er Jahren. Der Film ist zwar eine Dokumentation, doch die selbstgewählten Namen der Gruppen sowie die einleitenden Sequenzen – glänzende Messerklingen und Bilder von durch die nächtliche Stadt spazierenden Gruppen männlicher Jugendlicher untermalt von *Keep it up* der deutschen Eurodance-Gruppe Snap! – referieren auf amerikanische Popkultur, auf Musik, Bilder und Motive des Western und des Action-Films.

Die adoleszenten Gruppenmitglieder, die durch den Regisseur, dessen Fragen und Stimme im Film selbst nicht zu hören sind, zum Reden und Erzählen gebracht werden, machen diese Bezüge bald explizit. Die Beastie Boys – benannt nach der amerikanischen Hip-Hop-Crew mit jüdischen Wurzeln, begeistern sich z. B. für Taekwondo, für Hip-Hop und für die damit zusammenhängenden Geschichten über L.A.-Gangs wie die Bloods und Crips sowie für Action-Hollywood-Produktionen aus den späten 1970ern und den 1980er Jahren. In ihren Vorlieben wird die Verstrickung von Kriminalität, Marginalisierungserfahrungen und Kunst sowie deren Popularisierung und Kommerzialisierung gut sichtbar. Denn auch wenn die Entstehung des Hip-Hop in die Ghettos amerikanischer Großstädte zurückzuverfolgen ist und historisch gesehen das Sprechen aus der Position rassistisch und klassistisch diskriminierter junger Männer ermöglichte, war sie auch der Anfang der Kommodifizierung dieser Erfahrung. So sind die von den Beastie Boys aufgezählten Filme über Bandenbösewichte und Polizeihelden, Polizeibösewichte und Bandenhelden – *Warriors* (Walter Hill, 1979), *Wanderers* (Philip Kaufman, 1979), *Colors* (Dennis Hopper, 1988) – Hollywoods Blockbuster-Reaktion auf die Bandengewalt in amerikanischen Großstädten seit den 1960er Jahren. Hip-Hop und Hollywood arbeiten dabei gemeinsam am Mythos Jugendbande, der auf die 1920er Jahre zurückzudatieren ist. Als reales soziales Phänomen wurde er rasant in die Literatur- und Filmproduktion aufgenommen und zum Teil der Populärkultur gemacht. Filmische Höhepunkte der Popularisierung der Jugendbande, in deren Tradition sich Humers Dokumentation einreihen lässt, sind die Spielfilme *The Wild One* (László Benedek, 1953), *Rebel Without a Cause* (Nicholas Ray, 1955) oder sein deutsches Pendant *Die Halbstarken* (Georg Tressler, 1956). Alle drei Filme haben für den Idol-Status ihrer prominenten Hauptdarsteller gesorgt: Marlon Brando, James Dean und Horst Buchholz. Die letzten beiden Filme legitimieren sich durch eingeblendete Textkommentare im Vorspann selbst als Warnung an eine gefährdete Generation von Jugendlichen im Kontext zeitgenössischer gewaltvoller Ausschreitungen. So zeigt Tressler die folgenden einführenden Sätze als Vorspann seines Erfolgsfilms *Die Halbstarken* und positioniert sich an der Grenze zwischen Dokumentation und Spielfilm:

> Dieser Film berichtet über die Taten einzelner Jugendlicher und ihres kriminellen Anführers, im Zwielicht von Erlebnisdrang und Verbrechen. Die Geschehnisse entsprechen tatsächlichen Ereignissen der jüngsten Vergangenheit und sollen eine Warnung sein für alle jungen Menschen, die in Gefahr sind, auf Abwege zu geraten. (Tremper, Tressler 1956)

Was sich als gutgemeinte Warnung liest, ist jedoch auch eine Reaktion auf Berichte der zeitgenössischen Presse über die schädlichen Wirkungen amerikanischer Filmimporte, die die Jugendlichen zu Gruppen bzw. Bandenbildung und zu ordnungsstörendem Unfug bewegen würden (Köppen 2016). Deutschland und Österreich waren Importländer (Mrozek 2019) für die populären Bilder heranwachsender Jugendgruppen aus den USA. Ihre europäischen Publika trugen zu Kultstatus der Filmstreifen bei (Wrage 2016).[1]

37 Jahre später ist Egon Humers Erkundung der Bezirke an der Außenseite des Wiener Gürtels und ihrer jugendlichen Bewohner:innen ebenfalls eine Reaktion auf den gesellschaftlichen Aufschrei über gewalttätige, ordnungs- und friedensstörende Jugendgruppen.[2] Dass sich die Gruppen und ihre Mitglieder nicht auf einen gemeinsamen Nenner bringen lassen, zeigen die Interviews trotz dem gemeinsamen Wiener Dialekt – die Jugendlichen identifizieren sich als Türken, „Yugos“ oder aber als Österreicher, kommen aus unterschiedlichen sozioökonomischen Klassen und reflektieren ihr Zusammensein als Widerstand oder aber als bloße Unterhaltung. In Humers Darstellung dürfen nicht nur die Jugendlichen für sich selbst sprechen, sondern sie werden von der Kamera verfolgt und in ihrer Verletzlichkeit, Emotionalität, Unsicherheit, aber auch in ihrer Verspieltheit und Lust an der Performance vor der Kamera gezeigt: „Auch wir, Jugendgangs haben Gefühle. Das muss gesagt werden. Wir sind nicht nur alte Schläger“ (Humer 1992, 30:49–31:00), stellt einer der Mitglieder der Beastie Boys verschmitzt fest. Nicht nur die US-amerikanische Popkultur verbindet sie dabei mit ihren Idolen, sondern auch die doppelte und dreifache Marginalisierungserfahrung – als Jugendliche, als Arbeiter:innen- und Migrant:innenkinder, denn die „Rassenkrawalle“, über die die Rap-Musik spreche, seien, so die Beastie Boys, mit der Ausländerfeindlichkeit in Österreich vergleichbar (Humer 1992, 10:43–10:48).

Gemeinsam haben die Wiener Jugendgruppen zudem, dass sie trotz der von ihnen behaupteten Gewaltfreiheit zum Objekt der polizeilichen Kontrolle und der spießbürgerlichen Aufregung werden. Mit ihrer schieren Präsenz auf der Straße sorgen sie, so die Berichte der Jugendlichen, für hochgezogene Augenbrauen. Dabei wird das Straßenkollektiv als Verweis auf eine andere, alternative Lebensform neben der Herkunft und dem Alter der Akteure zum Grund des Ausschlusses.

Humers Dokumentation besitzt einen ethnografischen Charakter und ist ein filmischer Beitrag aus der seit dem Anfang des 20. Jahrhunderts betriebenen Jugendsoziologie. Sie zeigt unterschiedliche Wiener Jugendmilieus um 1990 und ergründet anhand der Eigenaussagen der Mitglieder den Status dieser Gruppen heranwachsender Jugendlicher. In einer frühen Sequenz wehrt sich einer der

---

[1] Die Faszination der amerikanischen Vorbilder hat wiederum der österreichische Kabarettist Helmut Qualtinger 1957 im Lied „Der Halbwilde“ besungen.

[2] Zur Geschichte der Wiener Jugendbanden vgl. Rokko's Adventures, (2019) 20, 4–15. https://www.rokkosadventures.at/pdfs/Rokkos20_Jugendbanden.pdf (10.5.2023).

Jugendlichen vehement gegen die Bezeichnung „Bande“ und damit gegen die Markierung der Gruppen als gesellschaftsgefährdend:

> Weil die Regierung sagt, wenn jetzt zwei Gruppen aufeinanderschlagt [sic!], das ist dann schon eine Bande, für mich ist das keine Bande, dafür hab ich ja gesagt, für mich ist es eine Bande, wenn es Tod- und Mordschlag gibt, dann sind das zwei Banden, aber wenn das so zwei Gruppen sind, die sich gegenseitig schlagen, ist doch keine Bande, sind nur so, sagen wir, von mir aus, zwei blöde Gruppen, die sich schlagen, aber das ist doch lange keine Bande. (Humer 1992, 05:15–05:36)

Während dieses Gruppenmitglied den Begriff der Bande am Grad der Gewalttätigkeit misst, sprechen viele der anderen Interviewten davon, nur in der Situation der Selbstverteidigung Gewalt anzuwenden. Und während die Jugendlichen die Bezeichnung „Bande“ aufgrund der kriminellen Konnotationen ablehnen, übernehmen sie den englischsprachigen Begriff „gang“. Etymologisch geht dieser zurück auf „gehen“ und „Reise“ und verweist somit auf das Herumstreunen, auf das Gehen, die unstete Bewegung und die fehlende Sesshaftigkeit der Mitglieder. Daran sind bereits die Begriffsvielfalt und die divergierenden Definitionen der unterschiedlichen kollektiven Strukturen unter Jugendlichen zu erahnen. Walter Scherf führt die Begriffe „Horde“, „Rudel“, „Bande“, „Gang“ und die allgemeineren „Gruppe“, „Gemeinschaft“ an und stellt fest, dass ihre Nutzung und Bedeutung keineswegs einheitlich sind (Scherf 1963). Während die Horde eine Primitivform des ungeordneten Miteinanders sei, verfüge ein Rudel über einen Anführer, Bande und Gang wiederum seien weitere Stufen der Organisation und der verfestigten Führungsstrukturen. Dabei sind vor allem die letzten zwei Begriffe in Opposition zur bürgerlichen Gesellschaft zu denken. Scherf stützt sich dabei auf jugendsoziologische Studien seit den 1920er Jahren und sieht in den kollektiven Formen der Jugend einen allgemeinmenschlichen „Gesellschaftsdrang“, der sich in der Jugend in der Auflösung der vorgegebenen familiären Beziehungen hin zu „eigenaufgebauten Bindungen“ äußert (Scherf 1963, 146).

Weniger allgemeinmenschlich, sondern eher als Folge bestimmter sozioökonomischer, politischer und gesellschaftlicher Entwicklungen sieht der Soziologe Frederic Milton Thrasher die Entstehung von Jugendbanden im Chicago der 1920er Jahre. In seiner zum Standardwerk gewordenen Studie untersucht er über 1300 Gangs und versucht die Wesenszüge dieser Kollektivform anhand von Interviews, Eigen- und Fremdbeobachtungen zu extrahieren. Thrasher stellt dabei fest, dass Jugendbanden spontane Gebilde sind, die in der Situation eines gesellschaftlichen Ausschlusses bzw. Mangels entstehen. Die ausschließlich männlichen Jugendbanden sollen eine Alternativgesellschaft darstellen und einen Daseinsort schaffen, den die Massengesellschaft den Jugendlichen verweigert (Thrasher 1963, 32). Sie sind somit ein Phänomen der Adoleszenz und sind deswegen am stärksten nicht etwa von anderen Gangs bedroht, sondern sind vielmehr durch die Reintegration ihrer Mitglieder in die Ordnungsstrukturen der Arbeit, Freizeit und Familie und durch die Institution der Ehe zur Auflösung verdammt. Also ist die Gang eine Übergangskonstruktion – „a manifestation of the period of readjustment between childhood and maturity“ (Thrasher 1963, 32).

Wie die notwendigen Bedingungen für die Herausbildung solcher Jugendgangs entstehen, ist für Thrasher eindeutig – die schnelle wirtschaftliche Entwicklung einer Region, der Import ausländischer Arbeitskräfte und die dadurch verursachte Ballung von jungen Personen auf engem Raum seien dafür verantwortlich (Thrasher 1963, 337). Die Gangs, folgert Thrasher daraus, seien den migrantischen Gemeinschaften in den Großstädten inhärent. Thrashers Studie mit ihrer Konzentration auf migrantische Milieus ist die Fortschreibung der Geschichte der Jugend als gesellschaftliche Gefahr seit dem Ende des 19. Jahrhunderts. Der „Straßenjunge" ist schon seit den ersten Belegen des Begriffs im 18. Jahrhundert immer der Andere, er ist „eine pädagogische Figur" (Lindner 1983, 195) und soll der Warnung dienen. Bald erhält der Begriff eine stärkere politische Markierung – es ist die Arbeiterjugend, die vor allem als gefährlich und gefährdend gilt.

In dieser frühen empirischen Untersuchung der Jugendbande bietet die schnell wachsende, industrialisierte Großstadt den Nährboden für die Herausbildung heterogener Jugendgruppierungen, die weder eine organisierte politische Bewegung sind noch ein unkontrollierter Mob. Die zentrumsnahen Ghettos, wie Thrashers topographische Skizze zeigt (Abb. 1), sind die Orte, an denen sich die Gangs aufhalten und um Territorien kämpfen, sich diese „symbolisch" bzw. „imaginär" aneignen (Lindner 1983, 200). Die rußigen, verrauchten Migrantenviertel sind das Habitat der Jugendbanden. Während Walter Scherf in seiner Studie Kinder- und Jugendliteratur über Banden als empirische Quelle für soziologische Erkenntnisse kommentierte (Scherf 1963, 149), sah Thrasher gerade die Jugendbanden als Quelle literarischer Unterhaltungsstoffe:

> It is in such regions as the gang inhabits that we find much of the romance and mystery of a great city. Here are comedy and tragedy. Here is melodrama which excels the recurrent "thrillers" at the downtown theaters. Here are unvarnished emotions. Here also is a primitive democracy that cuts through all the conventional social and racial discriminations. The gang, in short, is life, often rough and untamed, yet rich in elemental social processes significant to the student of society and human nature. (Thrasher 1963, 3)

Die Bande, die für Thrasher in der Regel eine Bande migrantischer Jugendlicher ist, trägt das rohe, ungezügelte, elementare Leben und seine Dynamiken und Prozesse in sich und ist dadurch ein geeigneter Untersuchungsgegenstand für die soziologisch Interessierten und Vorbild für die Theaterbühne. Sie ist aber auch, wenn man Thrashers Diagramm der Naturgeschichte der Gang konsultiert, der Nukleus für alle weiteren spezifischeren und organisierteren Kollektive wie die politische Partei, die kriminelle Bande oder die Geheimgesellschaft (Abb. 2).

Die Jugendmilieus im Wien der 1990er Jahre zeugen in Humers Dokumentation für die Stabilität von Thrashers Ergebnissen. Die Gangs der grauen Wiener Bezirke sind auch in den 90ern ein Identifikationsangebot für migrantische und/oder in prekären Verhältnissen lebende Jugendliche. Einheitliche Kleidung oder markante Accessoires (Baseball-Caps, Halstücher), Sporttrainings und der geteilte Musik- und Filmgeschmack machen aus den einzelnen Individuen

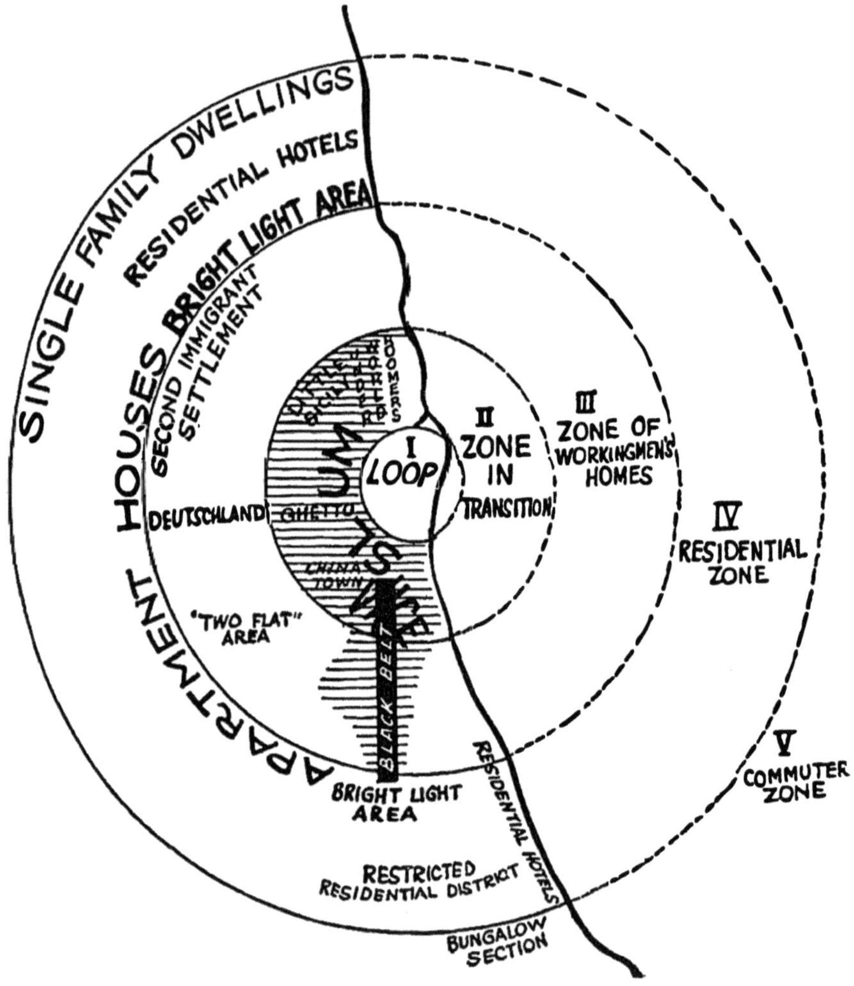

Abb. 1 Der Platz der Bande im urbanen Raum, Thrasher 1963, 21

eine körperlich und sprachlich homogene Gruppe – ein kollektiver Körper im öffentlichen Raum.

Die Beobachtung, dass die Gang und damit ja auch die Jugendgang eine Gesellschaft im Kleinen sei, die für die ästhetische und soziologische Erforschung grundlegender zwischenmenschlicher Dynamiken geeignet sei, bestätigt aber nicht nur Humers Dokumentation. Denn die Jugendgang figuriert in der deutschsprachigen Literaturgeschichte spätestens seit den 20er Jahren des 20. Jahrhunderts. Nicht zufällig ist die Häufung von Titeln in der Allgemein- sowie der Kinder- und Jugendliteratur, die über Jugendbanden und -gruppierungen erzählen – die ökonomischen und sozialen Folgen des Ersten Weltkriegs, das Wachstum

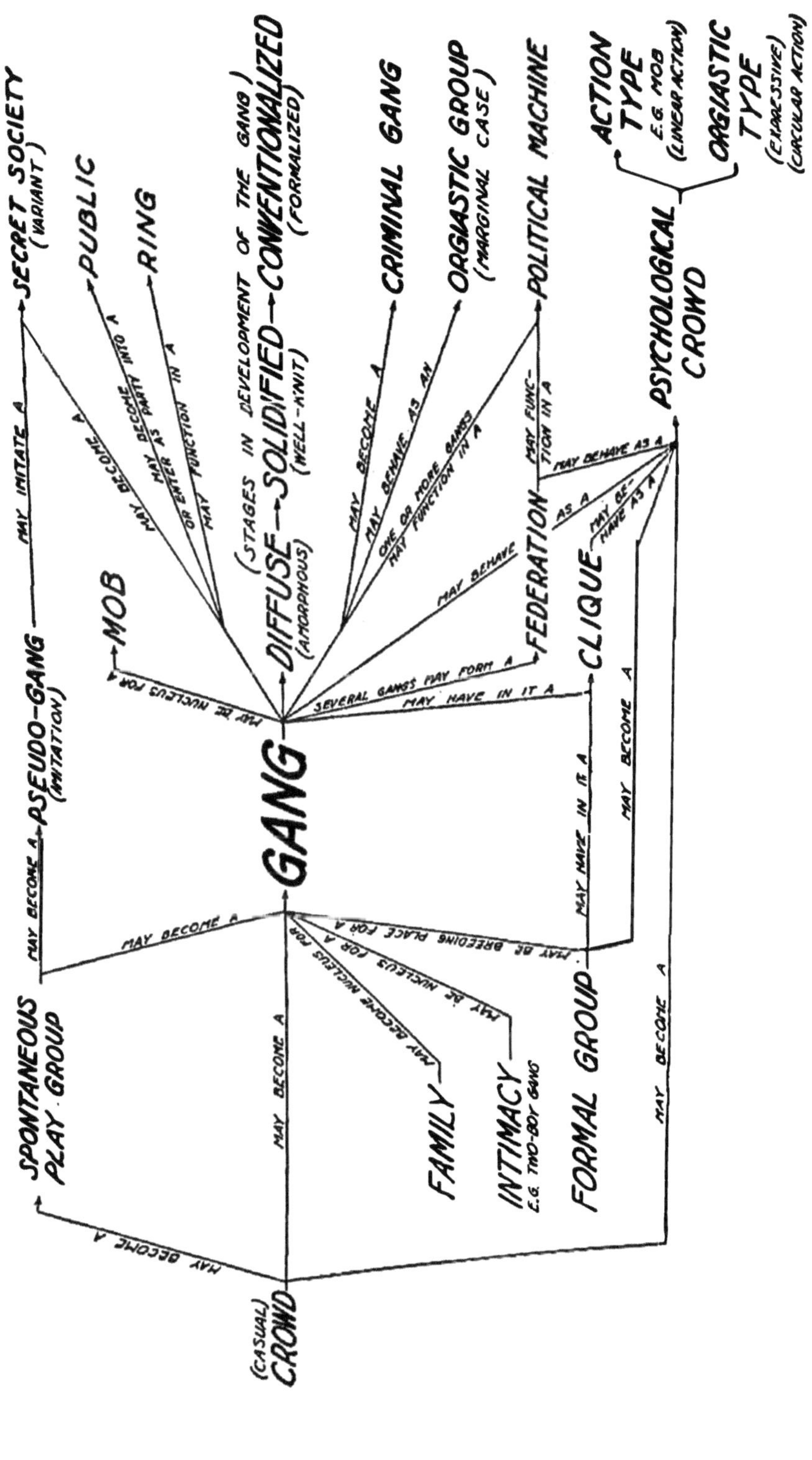

Abb. 2 Die Naturgeschichte der Gang, Thrasher 1963, 56

der deutschen Städte und die unzureichenden Ressourcen für die Versorgung ihrer Bewohner:innen boten einen geeigneten sozialen und topographischen Raum für die Entstehung von kleinkriminellen, proletarischen „wilden" Cliquen (Lindner 1984, 1993). Doch während Historiker:innen, Soziolog:innen und Ethnolog:innen bei der Erforschung der Geschichte der Jugendbande immer mit dem Quellenproblem konfrontiert waren, stets und nur über die Cliquen und Banden aus der Perspektive ihrer Kritiker:innen und Gegner:innen zu lesen (Lindner 1993, 452), hat sich die literarische Produktion der Zeit offenbar zum Ziel gemacht, dem Phänomen der Straßenbande und der Clique in der Weimarer Zeit eine eigene, auch wenn fiktiv-fiktionale Stimme zu geben.

In KJL-Klassikern wie Erich Kästners *Emil und die Detektive* (1929) und Kurt Helds *Die rote Zora und ihre Bande* (1941) sowie in zahlreichen Titeln der Exilliteratur der 1930er und 1940er Jahre (Benner 2015, 162–166) formieren sich die Kinderbanden entweder für die Lösung eines konkreten Problems oder im Namen des täglichen Überlebens. Sie vermitteln jedoch auch dezidiert politische Inhalte und reflektieren Fragen der Klassenzugehörigkeit, der Solidarität und der sozialen Ungerechtigkeit. In ihren Handlungen als hierarchisch geführte, aber demokratisch organisierte Gruppe unterlaufen die Kinder und Jugendlichen oft die vermeintlich selbstverständlichen Regeln der erwachsenen Gesellschaft. Die literarischen Banden- und Gruppenaktionen erinnern dabei an die Protest- und Streikzüge der Zeit nach 1918 (Steinlein 1999). In diesen Texten wird eine positive Umwertung der Jugendbande vorgenommen: keine ‚Delinquenten' und ‚Asozialen' bilden eine ‚primitive Horde', sondern gutmütige bürgerliche und proletarische Jugendliche finden im gemeinsamen Ziel zueinander. So sah der sozialistische Kulturhistoriker Otto Rühle im Straßenjungen eine junge Version des „revoltierenden Arbeiters" und in der Jugendbande eine „Vorläuferin der Organisierten Gemeinschaft" (Rühle 1925, 118, zit. nach Lindner 1983, 198). Die Jugendbande in der Literatur der 1920er, 1930er und 1940er Jahre ist durch ihre politischen Implikationen ein Motiv der realistischen KJL und der Literatur der Neuen Sachlichkeit, aus demselben Grund besitzt sie jedoch auch utopisches Potenzial.

In der Literatur der Gegenwart taucht die Jugendbande, die Clique, die Crew als kollektiver Protagonist von allgemein- und jugendliterarischen Coming of Age-Erzählungen auf. Während der gesellschaftliche Utopismus und der politische Widerstand in den Hintergrund rücken – eine Ausnahme wäre hier Sibylle Bergs *GRM. Brainfuck* (2019) –, wird die Jugendgruppe zu Ort und Strategie des Erwachsenwerdens, die einerseits einen geschützten Raum für Andersartigkeit und ein Mittel zur Darstellung von Diversität bildet, andererseits aber die individuelle Entwicklung sabotiert, einschränkt und einengt.

Das Ich im Wir

Im Mittelpunkt von Angela Lehners Roman *2001* (2021) stehen die 15-jährige Julia Hofer und ihre „Crew", ein Begriff, der aus Militär und Seefahrt kommt und der soviel wie Mannschaft bedeutet. Erzählt wird die Zeit zwischen dem ersten

Schultag des neuen Jahres und dem 11. September an einer Hauptschule in der fiktiven Stadt Tal:

> Unsere Stadt heißt Tal und das ist alles, was man wissen muss. Ich setzte die Kapuze auf, schiebe Cypress Hill in den Discman und marschiere los.
> *People always gotta see your smile*, kommt es durch die Kopfhörer. *No matter what you just been through.* (Lehner 2021, 7, kursiv i. O.)

Nicht nur amerikanische, sondern auch deutsche und österreichische Hip-Hop-Beats stellen den musikalischen Hintergrund für das Leben der beschriebenen Jugendgruppe dar. Dass man als Teil einer Jugendgang auch einen Verhaltens- und Kleidungscode befolgen muss, wie es schon die Chicagoer Jugendlichen in den 1920ern und die Beastie Boys in den 1990er taten, bestätigen die Kapuze und der Marschschritt im ersten Satz. Diesmal jedoch hat sich die Crew nicht in den Betonwüsten der österreichischen Hauptstadt gebildet, sondern in der Provinz; ihre Schutzfunktion ist jedoch stabil geblieben. Historisch ist der provinzielle Ort anders gewachsen – der größte Arbeitgeber ist mittlerweile der Wintertourismus und nicht die Milchfabrik; Trachten- und Schützenvereine sind Freizeitasyle für die Bevölkerung des Tals, katholische Bräuche sind eine willkommene Unterbrechung des Arbeitsalltags. Die arbeitslosen Fabrikarbeiter:innen bewegen sich auf denselben Straßen des „Winterwonderlands" (Lehner 2021, 7) wie die wohlhabenden deutschen Tourist:innen. Die durch mangelnde Verdienstmöglichkeiten verursachte Frustration wird von der Politik als Munition gegen Migrant:innen genutzt. Die Stadt ist im Gegensatz zu Thrashers Ausführungen nicht der Ort, an dem sich die Gang bildet, sondern sie ist das Ziel der Jugendlichen, das gerade die Auflösung der Bande herbeiführen wird. Salzburg oder Wien bieten für die Mitglieder von Julias Crew Freiräume, die im Tal fehlen. Gerade deswegen brauchen die Jugendlichen die Gruppe, die ihnen den alternativen Ort bietet, in dem sie abseits der homogenen Gesellschaft des Tals Freundschaft und Akzeptanz finden.

Julias Geschichte widerspricht also dem ersten Satz des Romans, denn der Ort Tal ist für das Schul- und Dorfpanorama sowie für das Leben der Crew entscheidend. Von der Situation in der fiktiven Kleinstadt erfährt man nicht durch eine auktoriale Erzählstimme, sondern von Julia selbst, die als Ich-Erzählerin fungiert. Im Gegensatz zu Thrashers und Humers Banden ist Julias Crew heterogener. Auch wenn die Jungs eindeutig über die Tätigkeiten der Crew bestimmen, ist Julia die Chronistin nicht nur der eigenen Adoleszenz, sondern auch der Gruppe, in der sie ihre Adoleszenz erlebt. In der eigenen Crew ist Julia zwar nicht die Anführerin, doch sind sie und ihre Freundin Melli diejenigen, die sich zum Schluss des Romans gegen eine Gruppe Neo-Nazis erfolgreich wehren und ihre Freundschaft auch nach dem Zerfall der Crew pflegen. Julia erhält im Erzählakt also die Macht, die ihr als Akteurin in der Crew bis auf das Ende des Romans entzogen ist.

In der Crew verbindet die Freund:innen die populäre Hip-Hop- und R'n'B-Kultur, die sie immer in Form von CD-Sammlungen dabei haben, und die (unterschiedlich ausgeprägte) Herkunft aus der sozialen Prekarität. Die Musik ist, ähnlich wie bei den Beastie Boys in Humers Dokumentation, Soundtrack der Handlung (Lexe 2021, 11–24), Gegenstand der Gespräche, aber auch

Kommunikationsmittel und oft Bindeglied zwischen den einzelnen Mitgliedern der Gruppe. Sie ist auch das außerschulische „Fach", in dem Julia neben Englisch Expertin ist. Sonst gehört sie zur „Restmüll"-Klasse der Hauptschule – der Klasse, die sich aus denjenigen zusammensetzt, die keine „Ärztekinder" sind und deswegen nicht aufs Gymnasium gehen und die nicht besonders sportlich oder sprachbegabt sind, um in die Spezialklassen der Schule zu dürfen. Im „Restmüll" muss man „nichts Besonderes mehr leisten, außer existieren, aber auch das ist manchmal schwer" (Lehner 2021, 11). Dorthin gehen auch Melli, die sitzengeblieben ist und Friseurin werden will, Andreas, dessen Vater nicht mehr in der Milchfabrik arbeitet, Tarek, dessen Eltern einen Kebabladen besitzen, und Bene, der geschichtsinformierte und sprachsensible „Itaker", der sich zum Schluss outet.

Der Begriff ‚Klasse' bekommt hier also eine zweite Bedeutung und bezieht sich nicht nur auf eine Einheit gleichaltriger Schüler:innen, sondern auch auf ihren sozioökonomischen Hintergrund. Denn der „Restmüll" ist der Ort für die „Unterschicht", der schon vom Elternhaus aus entweder am ökonomischen, am kulturellen, am sozialen und dadurch auch am symbolischen Kapital oder aber an allen vier der von Pierre Bourdieu differenzierten Kapitalarten mangelt (Bourdieu 1992).

Während sich Julias Klasse über vermeintliche negative Eigenschaften definiert, die teils eine Eigen- und teils eine Fremdzuschreibung sind, bietet die Crew eine Möglichkeit der positiven Umdeutung des Andersseins und ein Wir, das mit Scharfsinn, Schlagfertigkeit und dem gemeinsamen Wissen über Musik und Rap-Lyrics verbunden ist. Die Crew ist für Julia alles, ihre sonstigen Mitschüler:innen kennt sie kaum. Eine Familie außer der Crew haben Julia und ihr Bruder Michael nicht, sie wohnen allein – das lässt uns die Ich-Erzählerin zumindest bis zur vorletzten Seite des Romans glauben; sie haben wenig Geld und ernähren sich von Spaghetti Bolognese und Fertigcappuccino. Die Crew ist für Julia und ihren Bruder also eine Ersatzfamilie.

Besucht wird das Geschwisterpaar von der dreibeinigen Straßenkatze, die Julia liebevoll „Quasimodo" tauft. Die abgemagerte, nicht vermisste, nicht schöne Katze bekommt bald eine symbolische Funktion für den gesellschaftlichen Status der Gruppe. Die Crew und der „Restmüll" sind dabei die Angebote kollektiver Identität und Aushandlungsplatz der sich verändernden und als „hässlich" kodierten Körper. „Tschusch", „Homo" und „Mongo" sind dabei Adressierungen, die die Gruppe auch für die interne Kommunikation nutzt; sie verteilt diese zwar paritätisch, reproduziert so aber trotzdem die Ausgrenzungen, die sie im Tal erfährt. Die pubertierenden Körper der Jugendlichen erweisen sich außerdem als höchst verletzlich: Michael bricht sich im Alkoholrausch das Bein, Hannes wird wegen schlechter Haut und unangenehmen Körpergeruchs von allen außerhalb der Crew gemieden. Julia selbst muss bald während der schulärztlichen Kontrolle erfahren, dass sie neben dem Zuschwer- und Zukleinsein einen „anständigen Büstenhalter und eine Brille" (Lehner 2021, 176) braucht.

Die als Mängel ausgestellten Merkmale des eigenen, individuellen Körpers verlieren jedoch immer dann an Bedeutung, wenn die Crew gemeinsam die Lieblingslieder einstudiert und nachrappt, also kollektiven Ritualen nachgeht. Szenen und

Episoden des Zusammenhalts bilden die erzählerischen und affektiven Höhepunkte des Romans und rücken die gebrechliche Körperlichkeit und Unsicherheit der Protagonistin in den Hintergrund. Ein Beispiel dafür ist das Texta-Konzert, bei dem Julia unverhofft die Chance bekommt, bei der Zugabe auf der großen Bühne aufzutreten und den Song „Sprachbarrieren" in Dialekt zu rappen:

> Ich schaue in die Menge. Von hier oben wirkt das Publikum furchteinflößend. Ich merke, wie ich erstarre, wie das Atmen schwerer wird. Da höre ich ein Klatschen. Auf der Tribüne steht mein Bruder fest auf beiden Beinen. [...]
> Mein Bruder ballt oben die Fäuste und schaut mir so fest in die Augen, wie er es noch nie getan hat. Ich sehe sogar von hier, wie sein Mund bebt. Es geht ihm um etwas, das mit mehr zu tun hat als dem Texta-Konzert. Man muss sich trauen, denke ich und greife nach dem Mic. Es wird still im Raum, und in diese Stille hinein sage ich:
> ‚Wenns da die Schuach ausziagt.'
> Die Goldhaubenfrauen jubeln auf. Mein Bruder stößt die Faust in die Luft. Die Menschen in der ersten Reihe nicken im Beat. Und dieser Beat fährt jetzt auch in mich. Abwechselnd mit den anderen Band-Mitgliedern rappe ich die erste Strophe. Die Hände der Menge werden zu einem Meer und die Musik schlägt die Wellen und ich kippe hinein. (Lehner 2021, 278)

Julias Konzertauftritt kommt in Lehners Roman eine Schlüsselrolle zu. Nicht nur steht er für die emotionale Annäherung der Geschwister, sondern auch für die kurzzeitige Erfüllung eines im Roman unausgesprochenen Wunsches nach Repräsentation, Sichtbarwerden und letztlich Anerkennung.

Der Rausch des ersten und letzten Auftritts, in dem sich Julia in einer Welle von Händen auflöst, vergeht jedoch zu schnell. Die Diagnostizierung von Julias Kurzsichtigkeit fällt mit einem Bruch in der Crew und einer Nachjustierung in Julias Wahrnehmung zusammen. Denn ausgestattet mit der groben Krankenkassenbrille beginnt Julia nicht nur ihre Mitesser, sondern noch mehr und anderes zu sehen: Dass die Freund:innen in der Crew schon einen Plan für die Zeit nach der Schule haben, dass ihr Bruder zum Studium nach Salzburg zieht und dass Melli und Tarek Sex miteinander haben. Julia ist eine Erzählerin mit einer stark eingeschränkten Sicht, die erst im Verlauf der fast neun Monate langen Romanhandlung die schmerzvolle Erkenntnis machen muss, dass es die Klasse, die Crew und die Wohngemeinschaft mit dem Bruder nicht für immer geben wird.

Ein weiteres Mal taucht Julia in einen kollektiven Körper ein und auch hier wird deutschsprachiger Hip-Hop zum literarischen Soundtrack. Doch sie tritt nicht mehr auf einer Bühne auf, sondern muss in einer Bar ihre Freund:innen vor einer Gruppe Neo-Nazis verteidigen:

> Ineinander verkeilte Körper fallen im Schneckentempo zu Boden, Fäuste recken sich quälend langsam im Schein des blauen Deckenlichts in die Luft und über alles legt sich, unerträglich in die Länge gezogen, der Refrain dieses Scheiß-Tomekk-Song. *Isch lebe für Hip-Hop. Hip-Hip. Hop-Hop.* (Lehner 2021, 333)

Melli und Julia müssen sich als Überbleibsel der Crew gegen die Schläger:innen verteidigen; bevor sie fliehen, gelingt es ihnen jedoch, zumindest für einen kurzen Moment die Oberhand zu gewinnen und damit ihre gemeinsame Stärke wahrzunehmen. Gerade im Kollektiven und in der körperlichen Auseinandersetzung kann Julia die individuellen Gebrechen und vermeintlichen Mängel vergessen und sich von den Einschränkungen einer hierarchisch aufgebauten Gesellschaft der Schönen, Gebildeten und Wohlhabenden, die außerhalb der Gruppe vorherrschen, lösen. Im Widerstand gegen einen aggressiven Gegner gelten nur der Zusammenhalt, die Rücksicht und die körperliche Kraft.

Die Omnipotenz, die Julia der Crew und dadurch auch sich selbst zugesprochen hat, wird durch die Entwicklung der Handlung und der allmählichen Auflösung der Gruppe in Frage gestellt. Julia vollzieht dabei das aus der psychologischen Forschung bekannte Muster der adoleszenten Entwicklung – die Projektion der kindlichen Allmachtfantasien zuerst auf die Eltern und die eigene Familie und ihre Verlagerung während der Adoleszenz auf Gruppen außerhalb des familiären Kreises (Erdheim 1997, 30). Im Prozess der Verlagerung dieser Omnipotenz wird zwar eine Abhängigkeit des Individuums von der Gruppe etabliert, dafür bekommt das Individuum jedoch Schutz und Geborgenheit. Die Sicherheit, die Julia in der Crew empfindet und der Glaube, dass in diesem Kollektiv die eigenen Wünsche und Fantasien Wirklichkeiten werden können, bleiben im Laufe des Romans allerdings auf der Strecke. Die kollektiven Akteur:innen lösen sich sukzessive auf und während für die meisten die Auflösung ein natürliches und gar herbeigewünschter Teil der Entwicklung ist, ist das für die Protagonistin und Erzählerin eine grundlegende Störung ihrer Identität, die bis dahin nur als Teil des „Restmülls" und der Crew möglich war.

Julias Ohnmacht spitzt sich im Geschichtsunterricht dabei besonders zu. Während die Klasse am Beginn des Romans auch sprachlich als ein einziges Gebilde den Lehrer:innen gegenübersteht, schafft es der Geschichtslehrer durch ein Rollenspiel, Zwist unter den Schüler:innen zu stiften. In dem Experiment bekommt jede Schüler:in die Rolle einer weltpolitischen Akteur:in (Einzelpersonen, Medien, internationale Institutionen) zugewiesen, die er oder sie bis Ende des Jahres spielt und durch Recherchen mit Kommentaren, Haltungen und Meinungen ausstatten muss. Julia fällt die UNO zu, sie meldet sich das ganze restliche Jahr nicht und bleibt, passend zu ihrer Chronistinnen-Rolle, eine Beobachterin der Entwicklungen in der Klasse von außen.

Dass gerade die mehrfach aussortierten und marginalisierten Schüler:innen, die erst versuchen, überhaupt Akteur:innen des eigenen Lebens zu werden, auf einmal Slobodan Milošević, Vladimir Putin, Jörg Haider oder *die* Presse spielen müssen, bringt unerwartete Spannungen in die Klasse. Über die desinformierten und radikal zugespitzten Meinungen über Russland und den Nahen Osten erleben die Schüler:innen vielmehr wiederholt die eigenen, lokalen Konflikte, die der Weltpolitik gar nicht unähnlich sind und die sie ganz persönlich betreffen. Sie werden auch außerhalb des Schulhofs zu Träger:innen politischer Programme und insbesondere der Forderung nach mehr Repräsentanz. So bietet eine Episode Julia und Melli Gelegenheit, über die nahende Einführung des Euros und die Repräsentativität der Bilder und Gesichter der Schilling-Banknoten nachzudenken: „Wenn man nach dem Geld geht, gibt es in Österreich keine Frauen. Es gibt nur Männer und die einzige Stadt ist Wien" (Lehner 2021, 371).

Auch der letzte Tag der erzählten Zeit, der 11. September 2001, ist durch ein weltpolitisches Ereignis bzw. dessen mediale Übertragung geprägt – die Liveübertragung vom Tag des Terroranschlags bildet die Kulisse für Julias abschließende und überraschende Auseinandersetzung mit ihrer Mutter. Julia erwähnt kein einziges Mal ihre Eltern und verschweigt ebenso die Gründe für die Abwesenheit von erwachsenen Bezugspersonen. Sie hat zwar als intern fokalisierte Ich-Erzählerin eine eigeschränkte Sicht auf ihre Umwelt und ihre Transformation im Roman besteht auf der narratologischen Ebene darin, diese Einschränkung immer wieder aufzuheben. Teile ihrer Innenwelt und ihres Privatlebens blendet Julia wiederum bewusst aus, verheimlicht sie vor ihren Adressat:innen. Dadurch entpuppt sich Julia als eine unzuverlässige Erzählerin und zeigt Kontinuitäten zu Lehners Debütroman auf, *Vater unser* (2019), in dem die psychisch kranke Ich-Erzählerin ähnlich ambig ihre Familienverhältnisse andeutet. Keine psychische Störung, sondern die Phase der adoleszenten Aushandlung des Ichs in unterschiedlichen Kollektiven und Großerzählungen steht in *2001* im Hintergrund der unzuverlässigen Erzählstimme bzw. bedingt diese. Dabei läuft die Figur stets Gefahr von ihnen – der Klasse, der Crew, der eigenen Familie, den weltpolitischen Ereignissen – vereinnahmt zu werden.

Das dramatische Fernsehgeschehen leitet die Wut ein, die in Julia aufkommt, und zwar bei der für die Leser:innen überraschenden und lakonischen Erwähnung der Mutter, die wie „ein Embryo" (Lehner 2021, 378) auf dem Sofa liegt. Die Adressierung „Mama!" ist der eigentliche Abschluss des Romans, der aufgrund der fehlenden Information vielmehr als ein Erzählanfang wirkt. Der Aufschrei zum Schluss deutet die Integration der Mutterfigur in die Welt der Erzählerin bzw. die Überführung ihrer Figur vom Unbewussten ins Bewusstsein des Textes an. Dass Julia ihre Mutter nicht mehr ignorieren und verschweigen kann, ist ein Zeichen der vollzogenen Transformation und der durch die Adoleszenz ermöglichten nachträglichen Eröffnung einer neuen Perspektive (Freud 1990, Erdheim 1993).

Julia Hofer wird am Ende der eigenen Erzählung von der beobachtenden Chronistin ihres Lebens zur Akteurin. Zur Metamorphose tragen ihre Zugehörigkeit zur Crew, aber auch die kollektiven körperlichen Erfahrungen bei. Im Zusammensein mit Anderen, im Adrenalin-Rausch des Bühnenauftritts und der Schlägerei sowie im Beat löst sich der zu einem Problem gewordene adoleszente Körper auf. In der Verteidigung des eigenen Reviers erlebt die Erzählerin eine Transformation zur planenden Protagonistin des eigenen Lebens, die sich am Ende für eine Ausbildung in Wien und somit für das Verlassen des Tals entscheidet.

Ineinander – Miteinander – Nebeneinander

Von einer zunächst festen Clique, ähnlich wie schon in ihrem ersten Roman *Nach vorn, nach Süden* (2020), handelt auch Sarah Jägers jugendliterarischer Roman *Die Nacht so groß wie wir* (2021). Maia, Suse, Bo, Tolga und Pavlow erinnern sich in der Nacht ihrer Schulabschlussparty (in kursiv abgesetzten, nicht chronologisch angeordneten Analepsen) an ihre Freundschaft. Dem letzten Abend in der Schule messen sie bewusst den Charakter eines *rite de passage* (Gennep 2005; Freese 1971) ins Leben der Erwachsenen bei: „Das ist die Nacht, in der wir sterben müssen. Vom Ungeheuer verschlungen und dann wiedergeboren" (Jäger 2021, 23). Durch das Thema eines Schulreferats über Übergangsriten in Papua-Neuguinea können die Figuren ihre eigene Lage adressieren und gleichzeitig auf einer metafiktionalen Ebene das Thema des Romans und sein Genre kommentieren. Der Roman erzählt diesen letzten Abend der Schule als einen letzten Abend der Clique, die im Chaos des emotionalen Übergangs zerfällt und aus deren Asche, drei Figuren ‚wiedergeboren' werden.

Die zumindest am Anfang stabile Gruppe besteht im Gegensatz zu Lehners Crew nicht aus Außenseiter:innen, die sich durch ihre Klassenzugehörigkeit miteinander solidarisieren. Die heterogene Gruppe ist vielmehr ein Abbild einer idealen Gesellschaft im Kleinen, die der Roman implizit herstellt. Vom Bildungsbürgertum zur Arbeiter:innenfamilie decken die Mitglieder der Clique ein breites Spektrum an sozioökonomischen und kulturellen Herkünften ab. Migration, Sucht, psychische Krankheiten und Wohlstandsverwahrlosung sind Teil ihrer Familiengeschichten; in der Gruppe herrschen jedoch gegenseitige Unterstützung und Sorge füreinander. Am Tisch im Lieblingslokal sitzt die politisch engagierte Gymnasiastin neben dem sitzengebliebenen Gesamtschüler, die abenteuerliche und sexuell aufgeschlossene Suse neben dem schweigsamen und verschlossenem Tolga. Die Gruppe als kollektive Akteurin hat im Kontext von Jägers Roman ihren literaturhistorisch festgeschriebenen subversiven Charakter eingebüßt und ist zum natürlichen Teil der Adoleszenz in einer westeuropäischen Wohlstandsgesellschaft geworden. Keine aufeinander abgestimmte Kleidung, keine Subkultur der Unterdrückten und keine Marginalisierungen verbinden sie, sondern der geteilte Ort, die geteilten Erinnerungen und die auf die Haut tätowierten fünf Stühle ihres Stammlokals.

Die Zusammengehörigkeit der Gruppe findet in der Erzähltechnik einen Ausdruck, die in einem Kapitel von der singulären Perspektive der wechselnden Ich-Erzähler:innen zur ersten Person Plural übergeht. Das Sprechen im Chor geschieht parallel zur Auflösung der einzelnen Körper in einem kollektiven Körper, der sich aus den gleichzeitig an Lyrik und Textnachrichten erinnernden Zeilen zusammensetzt:

> Wir.
> Zusammen.
> Hier:
> Auf Suses Bett.
> Wir liegen immer auf Suses Bett, weil ihr Bett das größte ist. Es ist groß genug für zwei. Majas Kopf auf Suses Bauch, Suses Beine über den Beinen von Pavlow. Tolgas Kopf auf Bos Arm, Bos Beine aufgestellt und Pavlow, der sich dagegen lehnt.
> […]
> Menschen.
> Verknotet.
> Ineinander. (Jäger 2021, 123)

Die idyllischen Szenen eines organisch-symbiotisch anmutenden Miteinanders gehören, das mutet auch die typografische Absetzung an, der Vergangenheit an. Jedes weitere Kapitel destabilisiert die als ewig imaginierte Freundschaft und deutet ihre Sollbruchstellen an: Die politisch engagierte Maja hat die Abiturfeier-Abstimmung manipuliert, wodurch sie ihre Praktikumsreise gefährdet. Ihr Geheimnis hat Maja nur Bo gebeichtet, der die Abiturprüfungen in der Gesamtschule nicht bestanden hat und sitzen bleibt. Bo wiederum verheimlicht ein Gehirnaneurysma, das bald operiert wird. Pavlow ist in Suse verliebt und glaubt, dass sie im Herbst gemeinsam nach Ghana verreisen werden. Suse will aber nach Hamburg zu Nastja, ihrer neuen Liebe. Und Tolga, das fünfte Mitglied der Clique, bleibt bis zum Ende der Erzählung ein unlesbarer, stiller und schüchterner Beobachter seiner Freund:innen.

Die versteckten Konflikte bekommen eine psychologische Tiefe während der Feier und spitzen sich in der Form individueller Körpererfahrungen zu – Pavlow zerstört am Anfang des Abends die Wohnung der neuen Familie seines Vaters, Maia muss sich gegen ihre psychisch kranke Mutter wehren, Tolga verliert sich im Tanz, Bo führt einen inneren Dialog mit seinem Aneurysma und Suse wird am Ende des Romans durch den wütenden Pavlow körperlich misshandelt und muss dem Täter gewordenen Freund entkommen.

Die verknoteten Körper der Freund:innen in der idealisierenden Erinnerung werden zwar als Symbol der emotionalen Nähe und des Vertrauens rekonstruiert und im „Wir" sprachlich homogenisiert. Im Laufe der Handlung bekommt dieser kollektive Körper aber die Züge einer organischen Masse, eines gegen die Norm des Singulären verstoßenden Körpers – der in der Biologie- und Kulturgeschichte als monströs beschrieben wurde (Canguilhem 2009). Dass die bestärkende Nähe in der Clique zur Bedrohung der psychischen und körperlichen Integrität des Einzelnen werden kann, macht der Verlauf der Abiturfeier deutlich, der im körperlichen Übergriff kulminiert und das Ungeheuer des papua-neuguineischen Übergangsritus wiederaufgreift.

Der Zusammenhalt der Gruppe der Fünf baut auf körperlicher und emotionaler Nähe auf. Im Roman ist er jedoch als solcher nie in der Gegenwart präsent, sondern erst in der Erinnerung imaginiert. Das harmonische Zusammensein ist nur in der Retrospektive möglich, zu Beginn der Diegese sind die einzelnen Figuren schon individuelle, gleichberechtigte Erzähler:innen. Dadurch liegt auch der Abschied von der Jugend in einer nicht erzählten Zeit vor dem Erzählakt selbst, der in der Nacht der Abschlussfeier vollendet wird. Der Prozess der Ablösung vom Kollektiv wird also auch an der Vielfalt nebeneinanderstehender Erzählmodi sichtbar. Die Protagonist:innen und Erzähler:innen werden von „Wir Fünf" zu „Fünf", zu „Drei" und treten im letzten Abschnitt des Romans in eine neue Art des Zusammenseins ein – ein Nebeneinander und Miteinander anstatt eines Ineinanders.

Kollektive Körper? Widerständige Körper?

Die Literaturgeschichte der Bande oder gar der Jugendbande ist noch nicht geschrieben worden. Auch wenn sich seit den 90er Jahren immer mehr Publikationen der Adoleszenz abseits der männlichen weißen Norm widmen

(Jakobi/Osthues/Pavlik 2022), werden der Prozess des Heranwachsens und seine literarische Würdigung in der Literaturwissenschaft weiterhin mit einem Schwerpunkt auf Subjekt und Individuum untersucht (Gansel 2000, Pompe 2011). Dabei stellt die Existenz und Präsenz kollektiver Akteure in der Literatur für und über Jugendliche Fragen nach der Möglichkeit eines adoleszenten Übergangs im Kollektiv, Fragen nach den psychischen und körperlichen Grenzen des Ichs, nach den Grenzen und Kompetenzen eines adoleszenten Ich-Erzählers und den alternativen Weisen, eine Gruppe darzustellen oder gar, wie bei Jäger, eine Gruppe selbst zu Wort kommen zu lassen. Besteht die Gruppe aus einzelnen Stimmen oder können diese sich im Übergangsprozess zu einer Stimme und einem Körper vereinen? Denn die Geschichte der Adoleszenzliteratur ist trotz ihrer Ursprünge im Bildungs- und Entwicklungsroman nicht ausschließlich eine Literatur des Individuums, sondern auch eine der Bande, Clique, Crew, des festen Freundeskreises, in der das Ich für eine Gruppe eintritt und spricht und ein Wir für die einzelnen Individuen einsteht, sie aneinanderbindet. Dabei zeugen die diskutierten Beispiele für eine positive Umdeutung der Gruppe und Bande in der Literatur der Gegenwart – von einer kleinkriminellen Gruppe hin zu einem inklusiven Raum, für die temporäre Stabilität ihrer Eigenschaften, aber auch für ihre zunehmende Reduktion von einem protopolitischen Gebilde auf ein Netz emotionaler Bindungen.

Das Leben als Erwachsener und die vermeintlich abgeschlossene Selbstsuche sind, so zeigen die untersuchten Beispiele, mit kollektiven Strukturen schwierig zu vereinen. In diesem Sinne ist die literarische jugendliche Bande, die Clique und die Crew, wie in der Soziologie der 1920er Jahre beschrieben, immer auch eine Formation auf Zeit. Ähnlich zur biologischen Familie wird sie im Prozess der persönlichen Orientierung verabschiedet. Sie bietet eine kollektive Identität und einen Schutzraum für die Prekären, Outsider, Elternlosen und all diejenigen, die nach einer Identität (noch) suchen. Sie unterläuft die Differenzen und Hierarchien der Klassengesellschaft, zeichnet ex negativo die Grenzen einer Mehrheit und lehrt Widerstand gegen diese. In letzter Konsequenz provoziert sie Widerstand gegen die eigenen Strukturen und Dynamiken und fördert, durch die Stärkung des Individuums, die eigene Ab- und Auflösung.

Literatur

Primärquellen

Running Wild (Österreich 1992). Drehbuch, Regie: Egon Humer. Prisma Film- und Fernsehproduktion. https://www.youtube.com/watch?v=3O-ocmPjGxw (10.5.2023)

Die Halbstarken (Deutschland 1956). Produktion: Wenzel Lüdecke. Regie: Georg Tressler. Drehbuch: Will Tremper/Georg Tressler. Inter West Film GmbH

Jäger, Sarah: Die Nacht so groß wie wir, Hamburg: Rowohlt Taschenbuch Verlag, 2021

Lehner, Angela: 2001, Berlin: Hanser, 2021

Sekundärliteratur

Benner, Julia: Federkrieg. Kinder- und Jugendliteratur gegen den Nationalsozialismus 1933–1945, Göttingen 2015

Bourdieu, Pierre: Ökonomisches Kapital – Kulturelles Kapital – Soziales Kapital. In: Ders.: Die verborgenen Mechanismen der Macht. Hamburg 1992, 49–80

Canguilhem, Georges: Die Monstrosität und das Monströse. In: Ders.: Die Erkenntnis des Lebens. Berlin 2009, 309–336

Erdheim, Mario: Psychoanalyse, Adoleszenz und Nachträglichkeit. In: Psyche 47 (1993) 10, 934–950

Erdheim, Mario: Weibliche Größenphantasien in Adoleszenz und gesellschaftlichen Umbrüchen. In: Jahrbuch für Literatur und Psychoanalyse. Hrsg. von Cremerius, Johannes/Fischer, Gottfried/Gutjahr, Ortrud [u. a.]. (1997) 16: Adoleszenz, 27–44

Freese, Peter: Die Initiationsreise. Studien zu Helden im modernen amerikanischen Roman. Neumünster 1971

Freud, Sigmund: Erinnern, Wiederholen und Durcharbeiten (1914). In: Ders.: Gesammelte Werke in Einzelbänden. Hrsg. von Freud, Anna/Bibring, E. [u. a.]. Bd.10. Frankfurt/M. 1990, 126–136

Gansel, Carsten: Der Adoleszenzroman. Zwischen Moderne und Postmoderne. In: Lange, Günter (Hg.): Taschenbuch der Kinder- und Jugendliteratur, Bd. 1: Grundlagen, Gattungen. Hohengehren 2000, 359–398

Gennep, Arnold van: Übergangsriten [franz. EA. 1909]. Frankfurt/M. 2005

Köppen, Manuel: Die Halbstarken. In: Schütz, Erhard/Agazzi, Elena (Hg.): Handbuch Nachkriegskultur. Berlin [u. a.] 2016, 666–669

Jakobi, Stefanie/Osthues, Julian/Pavlik, Jennifer (Hg.): Adoleszenz und Alterität. Aktuelle Perspektiven der interkulturellen Literaturwissenschaft und Literaturdidaktik. Bielefeld 2022

Lexe, Heidi: Seiten aufschlagen, Saiten anschlagen. Formen und Funktionen eines literarischen Soundtracks. In: Jahrbuch der GKJF (2021), Thema: Klänge, 11–24

Lindner, Rolf: Straße – Straßenjunge – Straßenbande. Ein zivilisationstheoretischer Streifzug. In: Zeitschrift für Volkskunde (1983) 2, 192–208

Lindner, Rolf: Bandenwesen und Klubwesen im wilhelminischen Reich und in der Weimarer Republik. Ein Beitrag zur historischen Kulturanalyse. In: Geschichte und Gesellschaft 10 (1984) 3: Sozialgeschichte und Kulturanthropologie, 352–375

Lindner, Rolf: Die Wilden Cliquen in Berlin. Ein Beitrag zur historischen Kulturanalyse. In: Historische Anthropologie (1993) 3, 451–467

Mrozek, Bodo: Jugend – Pop – Kultur. Eine transnationale Geschichte, Berlin 2019

Pompe, Anja: Die Tiefe der Oberfläche. Subjektkritik im Adoleszenzroman der 1990er-Jahre. In: Germanisch-Romanische Monatsschrift 61 (2011) 1, 61–76

Rokko's Adventures (2019) 20, 4–15. https://www.rokkosadventures.at/pdfs/Rokkos20_Jugendbanden.pdf (10.5.2023)

Rühle, Otto: Die Seele des proletarischen Kindes. Dresden 1925

Scherf, Walter: Die Kinder- und Jugendbande. Analyse literarischer Zeugnisse kindlichen Gesellschaftsdranges. In: Jugendliteratur. Monatshefte für Jugendschrifttum (1963) 4, 146–169, 204–220

Steinlein, Rüdiger: ‚Gemeinsam sind wir stark'. Die Kindergruppe als soziales Modell bei Erich Kästner und anderen Autoren der 20er- und 30er-Jahre. In: Der Deutschunterricht 52 (1999) 6, 449–460

Thrasher, Frederic M.: The Gang. A Study of 1313 Gangs in Chicago [1927]. Chicago 1963 (Abridged edition)

Wrage, Henning: Neue Jugend. Einleitung. In: Schütz, Erhard/Agazzi, Elena (Hg.): Handbuch Nachkriegskultur. Berlin [u. a.] 2016, 641–651

Wut und Weiblichkeit. Der Körper als Zeichenträger von Alteritätserfahrungen

Anna Stemmann

Abstract The staging of bodies is often connected with gender constructions. How bodies are seen or how they are treated often conveys binary ideas of masculinity and femininity. However, gender is not the only category associated with the body as a sign carrier. This article examines how the aspects of gender, rage, violence and the experience of alterity interpenetrate in the representation of the body. At the center is the staging of female-read bodies of characters whose behavior stands out from gender norms. The associated conflicts are intensified in those texts that show female protagonists who experience intercultural difference in the context of migration movements (cf. King 2020). This refers to individual experiences of boundaries and foreignness. Following Andrea Horvárth, we must ask how a *poetics of alterity* (2016) manifests itself in the sign carrier of the body.

Die Darstellungen von Körpern sind häufig mit Genderbildern verbunden. Eine solche enge Verbindung zeigt Esther Beckers Roman *Wie die Gorillas* (2021) auf. Dieser erzählt von drei 17-jährigen jungen Frauen. In kurzen, schlaglichtartigen Episoden, die lose miteinander verbunden sind, geht es um ihren Alltag. Ihr Heranwachsen ist hochgradig durchdrungen von Gendernormierungen, die sich in Körperbildern niederschlagen. Als junge Frauen arbeiten sie sich an der Differenz zur kulturellen Dominanzgruppe der Männer ab. Erst als sie im Äußeren vermeintlich nicht mehr als Frauen lesbar sind, fühlen sie sich frei:

> Ich lasse mir auch einen Wickel anlegen, Olga ist rabiat, obwohl mein Busen geschrumpft ist, seit ich dünn bin und sie gar nicht so viel Kraft hineinlegen müsste. […] Wir laufen im Quartier herum, und es fühlt sich wirklich gut an. Obwohl alles abgequetscht ist, sind wir frei. Wie die Gorillas stolzieren wir noch ein paar Blocks. (Becker 2021, 55 f.)

A. Stemmann (✉)
Institut für Germanistik, Universität Leipzig, Leipzig, Deutschland
E-Mail: anna.stemmann@uni-leipzig.de

A. Kagelmann et al. (Hrsg.), *Körper erzählen*, Studien zu Kinder- und Jugendliteratur und -medien 14, https://doi.org/10.1007/978-3-662-69255-4_8

Nachdem eine der sichtbaren körperlichen Geschlechtsmarkierungen verschwunden ist, was ein ‚rabiater' Prozess ist, fühlen die drei jungen Frauen sich in ihren Bewegungen im öffentlichen Raum frei und agieren performativ in einer anderen Rolle. Beispielhaft zeigt die Episode, wie im Roman gegenderte Aspekte thematisiert werden, die mit dem Körper verzahnt sind und verdeutlicht damit, in welchen beklemmenden gesellschaftlichen Gefügen sich weiblich gelesene Körper zu verorten, zu verhalten und zu präsentieren haben. Dass diese Erfahrungen oftmals gewaltsam sind, verdeutlicht eine Szene, in der die namenlose autodiegetische Erzählstimme als Kind bei einem Augenarzt brutal behandelt wird:

> Zu viert müssen sie mich festhalten. Vielleicht auch zu fünft. […] Ich winde mich mit aller Kraft, sie halten meine Arme überkreuz am Rücken fest, damit ich nicht um mich schlagen kann, meine Füße treten ins Leere […]. Meinen Kopf fixiert, machen sie sich daran, mein rechtes Augenlid zu öffnen. (Ebd., 9)

Programmatisch wird diese Episode als Auftakt des Romans erzählt; davon ausgehend zeichnet der Text nach, wie die Körper junger Frauen in verschiedenster Weise Gewalt erfahren und im wortwörtlichen wie auch übertragenen Sinne gezähmt werden. Dies spiegelt auch die Behandlung in der Augenarztpraxis: „[M]eine Protestversuche […] werden jedes Mal ein wenig zaghafter werden, kraftloser, irgendwann werden sie völlig einschlafen, abklingen wie eine Kinderkrankheit." (Ebd., 10 f.) Der Verweis auf die Kinderkrankheit deutet bereits jenen Entwicklungsprozess an, durch den die Heranwachsende sich in die geforderte Rolle einfügen soll.

Leitmotivisch verhandelt Beckers Roman die „Frage von Kontrolle und Macht über den eigenen Körper" (ebd., 12). In der Dreierkonstellation der jungen Frauen öffnen sich Bezugspunkte, die aus intersektionaler Perspektive verschiedene Differenzkategorien beinhalten, denn nicht nur Gender ist als Kategorie relevant, sondern auch *race* und *class*. So hat Olga, deren Eltern eine Migrationsgeschichte haben, andere Konflikte mit ihren Eltern als die beiden anderen jungen Frauen. Für Olga vernetzen sich verschiedene Alteritätserfahrungen: Ihre Eltern sind streng religiös, konservativ und unterziehen ihre Tochter u. a. regelmäßig einer Leibesvisitation auf der Suche nach Knutschflecken, um zu verhindern, dass sie vorehelichen Kontakt mit Männern hat. Es ließe sich an dieser Stelle kritisch diskutieren, welches interkulturelle Bild von Eltern mit einer Migrationsgeschichte hier gezeichnet wird; was der Roman aber aufzeigt ist, wie stark der weibliche Körper durch Normierungen, Erwartungshaltungen und auch mediale Bilder markiert wird, die kulturell geprägt sind. Somit zeigt sich in literarischen Darstellungen, wie der Körper „durch die Kultur, in einem sozialen Kontext konstruiert" (Sampson 1996, 99) ist.

Ebenjene Zusammenhänge verdeutlichen sich auch innerhalb der Handlung, wenn die Erzählerin am Ende des Romans ein Medienkommunikations-Studium aufnimmt und für eine Hausarbeit brutale Horror-Filme sichtet. Dabei reflektiert sie über die narrativen Handlungsmuster, in die vor allem Frauen-Körper als passive Objekte eingebunden sind: „Ich sehne mich nach Szenen, in denen das Mädchenopfer die phallische Waffe – das Messer, die Axt, die Kettensäge – an sich reißt und zurückschlägt." (Becker 2021, 144)

Dass die Erzählstimme ein derart brutales Aufbrechen der Erzählmuster imaginiert, durch das der Frauenkörper endlich zum aktiven Subjekt werden kann[1], betont, wie beschneidend medial perpetuierte patriarchale Muster für Frauen sind und wie schwierig ein Ausbrechen aus diesen ist. Gleichzeitig eignet sich die weibliche Erzählinstanz in der Beschreibung ihrer gewalttätigen Fantasie einen Topos an, der in der Regel männlich besetzt ist. Auf solche narrativen Umcodierungen weisen Julia Boog-Kaminski, Lena Ekelund und Kathrin Emeis in ihrem Band *Aufbruch der Töchter* (2020) hin:

> Die Stimme des ursprünglich schwächsten Parts in der patriarchalen Familie eignet sich die *auctoritas* an, um aus weiblicher Perspektive die Auswirkungen von Prüfungen, Anpassung, Entwicklung und Scheitern auf die Familiendynamik und Subjektgenese zu beschreiben. (Boog-Kaminski/Ekelund/Emeis 2020, 13)

In den Romanen, die im Folgenden im Hinblick auf die Darstellung von Körper, Alterität und Wut untersucht werden, finden ebensolche Umcodierungen statt. So sind die Protagonistinnen in Alina Bronskys *Scherbenpark* (2008) und Fatma Aydemirs *Ellbogen* (2017) wütend auf bestehende Verhältnisse. Sie sind nicht mehr nur passive Figuren, denen etwas passiert, sondern werden zu Figuren, die wortwörtlich zurückschlagen und davon erzählen.

Körper schreiben

In *Scherbenpark* geht es um das Heranwachsen der 17-jährigen Sascha, die mit ihren jüngeren Geschwistern im sogenannten Solitär Hochhaus nahe Frankfurt am Main lebt. Gemeinsam mit ihrer Mutter ist sie vor einigen Jahren nach Deutschland eingewandert. Nachdem der Stiefvater ihre Mutter ermordet hat, zeichnet der Text nach, wie Sascha nach Rache sinnt. *Ellbogen* erzählt von der 17-jährigen Hazal, die in Berlin aufwächst. Ihre Eltern sind aus der Türkei eingewandert und der Text widmet sich ihrem Leben und Erleben in Deutschland, das immer wieder mit Konflikten in der Familie, aber auch im weiteren Umfeld verbunden ist.

Beide Figuren stehen exemplarisch für wütende Frauenfiguren: In auffälliger Weise nutzen sie als Erzählstimmen der beiden Romane Bezüge zu ‚männlich' konnotierten Handlungen, um sich selbst zu beschreiben – ähnlich wie die Ich-Erzählerin in Beckers Roman *Wie die Gorillas*. So hält Hazal in *Ellbogen* fest: „Aber mit Elma habe ich dicke Eier." (Aydemir 2020, 65). Auch die Protagonistin Sascha repräsentiert in *Scherbenpark* Grenz- und Normüberschreitung – schon

[1] Im Horror-Film hat sich mit dem sogenannten *Final Girl* zwar ein Narrativ etabliert, in dem es einer Frauenfigur am Ende gelingt, den Täter zu besiegen. Dies schaffen aber nur solche Frauenfiguren, die sich zuvor brav und/oder sexuell enthaltsam gezeigt haben. Diese Tugenden transportieren wiederum Bilder von keuscher Weiblichkeit, denen die Figuren in Beckers Roman nicht entsprechen.

allein durch ihren Namen, der sich einer eindeutigen Genderzuweisung entzieht. Sascha hält fest: „Ich bin mir selber ein Mann.“ (Bronsky 2014, 19)

Dass damit Männlichkeit als eine implizit erstrebenswerte Norm gesetzt und Weiblichkeit abgewertet wird, verdeutlicht, wie verfestigt patriarchale Strukturen sind. Weiblichkeit wird damit zur negativ besetzten Differenzkategorie, von der die Figuren sich abgrenzen möchten.

Musikalische Referenzen, die in die beiden Erzählberichte montiert sind, verdeutlichen die Aneignung unterschiedlicher Genderrollen und verbinden diese mit kulturellen Alteritätskonflikten. Als Hazal in *Ellbogen* mit Freund:innen zusammensitzt, läuft im Hintergrund deutschsprachige Rapmusik: „Haftbefehl rappt irgendwas von *Depressionen im Ghetto*.“ (Aydemir 2020, 25) Die Lyrics von *Depressionen im Ghetto* werden zwar nicht weiter zitiert und lakonisch als „irgendwas“ abgewertet, verdichten jedoch als intermediale Referenz das Erleben von Hazal. Interessant ist an dem Song *Depressionen im Ghetto*, wie am Beginn mediale O-Töne aus Fernsehsendungen eingebettet werden, die über Migration und sozialen Aufstieg berichten. Dass Haftbefehl dieses Material aufnimmt, ist ein Verfahren der Aneignung, um herauszustellen, dass jetzt nicht mehr nur Andere über migrantische Jugendliche sprechen, sondern Haftbefehl selbst aus seiner Perspektive davon rappt.

Die Musik, die Rapper wie Haftbefehl berühmt gemacht hat, arbeitet häufig mit Gender-Stereotypen. In ihren Songs beziehen sie sich ausschließlich auf junge Männer, meist mit Migrationsgeschichte, rappen von Gewalt und Verbrechen, während Frauen höchstens in misogynen Motiven präsent sind. Folgerichtig rappt auch Sascha in *Scherbenpark*, hier aber zu Lyrics des US-amerikanischen Musikers Eminem; sie beschreibt entlang der Songzeilen ihre eigene Situation:

> Also singen wir oft zusammen, er seinen Text und ich meinen, bloß die Melodie ist gleich und die Richtung auch. […] *I'm sorry, Mama*, sagt Eminem. / Dir wird es leidtun, Vadim, sagt Sascha. / *I never meant to hurt you.* / Und wie ich dir wehtun will. (Bronsky 2014, 202 f.)

Das musikalische Fremdmaterial wird nicht bloß referenziert, sondern in der damit verbundenen Semantik wie in einem Palimpsest genutzt und erweitert, um aus Saschas Mitsicht ihr Erleben zu verdeutlichen. Dass Sascha und Hazal sich aus dem Archiv der Rapmusik bedienen und dieses zur eigenen Selbstbeschreibung verwenden, zeigt eine Umcodierung populärkultureller Muster: Die beiden jungen Frauen schreiben sich selbst in eine Sphäre ein, die eigentlich von männlicher Dominanz und Wut geprägt ist. Sie vollziehen damit, wie Julia Freytag zusammenfasst, „aktive und aggressive adoleszente Selbstbehauptungen und -abgrenzungen und artikulieren ihre Wut – Affekte und Verhaltensweisen, die kulturell eher männlicher Jugend zugeordnet werden.“ (Freytag 2020, 107) Beide Figuren, Hazal und Sascha, eignen sich den männlich konnotierten Topos der Gewalt und der Wut in einem Akt der Selbstermächtigung an. Sie erzählen aber nicht nur davon, sondern gehen sowohl mit ihrem eigenen Körper als auch mit denen anderer drastisch gewaltvoll um und brechen die Vorstellungen von Gendernormen in sichtbaren Körperspuren in Form von Verletzungen auf.

Poröse Körper – Alterität

Scherbenpark und *Ellbogen* zeigen Protagonistinnen, die im Kontext von Migrationsbewegungen der Eltern in ihrem Heranwachsen in Deutschland stetig interkulturelle Differenzerfahrungen machen, da sie von der weißen Mehrheitsgesellschaft oft nicht als Teil ebendieser wahrgenommen werden. Dazu kommen Auseinandersetzungen mit der eigenen Elterngeneration. Aus sozialwissenschaftlicher Perspektive hat Ursula Apitzsch auf die damit verbundenen Konflikte hingewiesen, diese wirken „nämlich nicht nur in Richtung auf die Ankunftsgesellschaft, sondern auch in Bezug auf die Erfahrungen der eigenen Elterngeneration." (Apitzsch 2003, 67) Vera King und Hans-Christoph Koller sprechen in dieser Hinsicht von einer „verdoppelten Transformationsanforderung" (King/Koller 2006, 12).

Generationale und gesellschaftliche Konflikte spielen für die Darstellung von Adoleszenz traditionellerweise eine zentrale Rolle, wie Heinrich Kaulen und Carsten Gansel etwa für die sogenannten klassischen und modernen Adoleszenzromane im 20. Jahrhundert gezeigt haben (vgl. Kaulen 1999). Während der sogenannte postmoderne Adoleszenzroman Konflikte mit der Elterngeneration fast komplett ausspart (vgl. Gansel 2003, 243), kehren diese in neueren Romanen nach 2000 wieder zurück (vgl. Stemmann 2019, 194). Für adoleszente Figuren mit Migrationsgeschichte sind dabei „die Ungereimtheiten und Bruchstellen der neu erlebten Kultur" wesentlich, „um schließlich alte und neue Erfahrungen miteinander zu verbinden." (Horvárth 2016, 10) Damit sind individuelle Grenz- und Fremdheitserfahrungen gemeint, die nicht nur die Ebene des Privaten innerhalb einer Familie einschließen, sondern auch die der Gesellschaft einbeziehen. Die adoleszenten Protagonistinnen „ergreifen das Wort und werden selbst zu Erzählerinnen ihrer eigenen wie der familialen Fremdheitserfahrungen." (Boog-Kaminski/Ekelund/Emeis 2020, 7)

In *Ellbogen* hadert Hazal mit ihren familiären und gesellschaftlichen Bedingungen. Trotz all ihrer Versuche auszubrechen, kann sie sich nicht aus diesen Gefügen herausnehmen. Sascha hingegen stellt sich solchen Mechanismen in *Scherbenpark* trotzig entgegen. In ihrer beißend ironischen Erzählstimme versucht sie Handlungsmacht zurückzugewinnen: „Wenn ich mal eine Zwei kriege, kommt der Lehrer zu mir und entschuldigt sich." (Bronsky 2014, 12) Sie besucht eine Schule außerhalb des ‚Problem-Viertels' und wirkt in der homogen weißen Schüler:innenschaft, als wäre sie „aus einem Ufo geklettert" (ebd, 14). Aufgenommen, „um ein bisschen Integration zu proben" (ebd.), wie Sascha spöttisch festhält. In ihrem Erzählton versucht Sascha sich zwar ironisch zu distanzieren, immer wieder verdeutlicht der Roman aber die Risse, die die Alteritätserfahrungen in ihrem Selbstbild hinterlassen.

In ihrer *Poetik der Alterität* spricht Andrea Horváth von porösen Texten, in denen sich Alteritätserfahrungen in der Form spiegeln. Solche Romane erweisen sich „auf Grund ihrer hybriden und intertextuellen Erzählstrategie, die das Fremde und das Eigene auf verschiedene Weise verknüpft, als poröse Texte." (Horvárth

2016, 11) Diese Metapher der Durchlässigkeit ließe sich auch für poröse Körper nutzen, die im Kontext von Alteritätserfahrungen entstehen. In den Darstellungen lösen sich verbindliche Selbstentwürfe auf; die porösen Körper werden brüchig und durchlässig für unterschiedlichste Zuschreibungen: „Das Ich ist demnach ‚durchsetzt' mit Elementen des Anderen und insofern porös. Diese Porosität wird durch einen migratorischen Kontext verstärkt und offensichtlich." (Ebd., 10) Der Körper fungiert als sichtbarer Zeichenträger für diese Porosität – markiert etwa durch Kleidung oder Verhaltensweisen, die wiederum mit Genderbildern verbunden sind. Vera King weist darauf hin, dass im Kontext von Migrationserfahrungen einerseits

> neue kulturelle Figurationen von Geschlecht [entstehen], andererseits – in Abhängigkeit von sozialen Milieus und Positionen – auch Ungleichzeitigkeiten und Gegenbewegungen, die mitunter als intergenerationale Geschlechterkonflikte markiert werden (King 2020, 31).

Hazal begehrt in *Ellbogen* gegen die strengen Regeln ihrer Eltern auf, wenn sie draußen heimlich raucht, Alkohol trinkt und sich mit Röcken und High Heels kleidet (vgl. Aydemir 2020, 119). Die Wohnung von Hazals Tante ist außerdem ein Ort der Emanzipation, der Hazal eine mögliche Befreiung aus tabuisierten Körpernormen aufzeigt. Dort liegen Tampons auf dem Tisch, „wie weiße Patronen, die nur darauf warten, abgeschossen zu werden." (Ebd., 81) Worauf damit geschossen wird, bleibt offen; möglicherweise auf die starren familiären, aber auch die gesellschaftlichen Normen, nach denen bestimmte Aspekte der Körperlichkeit nicht offen gezeigt werden dürfen.

Selbstinszenierung: Körper und Adoleszenz

In der Phase der Adoleszenz nehmen Verhandlungen über das eigene Selbstbild eine wichtige Position ein; nicht unerheblich ist dabei die Auseinandersetzung mit dem eigenen Körper, die nicht nur eine physische Veränderung meint, sondern auch den Prozess der sozialen Einbettung und Konstruktion von Körpern. In auffallender Weise setzen sich die Protagonistinnen der beiden Romane mit sich selbst und ihrer Umwelt über die Einordnung, Darstellung und abfällige Kommentierung von Körpern auseinander. Sascha beschreibt ihre Cousine Maria in *Scherbenpark*, die wie „importiert aus Nowosibirsk" (Bronsky 2014, 24) bei ihnen auftaucht. Detailliert in all ihren Macken und als deutlichen Fremdkörper nimmt Sascha Maria in abwertender Weise als nicht kompatibel mit dem kulturellen System in Deutschland wahr:

> Maria ist Mitte dreißig und sieht aus wie fünfzig. […] Maria, das sind schwielige Hände groß wie Spaten, aber mit rot lackierten Nägeln, kurze Haare, blondiert und dauergewellt, dicke Beine mit Krampfadern, […] ein Hintern so breit, dass darauf ein Hubschrauber landen könnte. (Ebd., 24 f.)

Maria steht exemplarisch für ein negativ markiertes Frauenbild, zu dem Sascha keinerlei Anknüpfungspunkte findet, dieses aber als Kontrastfolie für ihre eigene Selbstwahrnehmung benötigt. Auch in Aydemirs Roman *Ellbogen* geht es für die Erzählstimme am Beginn zunächst um die Auseinandersetzung mit anderen Frauenbildern und ihren Körpern, wobei Hazal sich explizit von einer Gleichaltrigen abgrenzt:

> Hätte Desiree mir nicht mit ihren langen, sauberen Fingern jeden Lippenstift und Nagellack einzeln vorgeführt, wäre ich niemals auf die Idee gekommen zu klauen. Es war Sommer, das weiß ich noch genau, denn Desiree trug hellblaue Hotpants und die auf ihren Beinen glänzenden Härchen standen aufrecht […]. Obwohl ich erst sieben war, wusste ich, dass ich so kurze Hosen niemals würde tragen dürfen. Und ich wusste auch, dass Mama mir niemals erlaubt hätte, einen Glitzerlippenstift zu kaufen. (Aydemir 2020, 7)

Die Freundin der Erzählerin Hazal heißt Desiree, ein Name, der an *desire* erinnert, das englische Wort für Begehren. Desiree kann ihren Körper auf eine Weise zeigen, schmücken und präsentieren, wie es Hazal nicht möglich ist, von ihr aber durchaus ersehnt wird. Diese Limitierung resultiert aus ihren familiären Strukturen, weil ihre Eltern ihr bestimmte Dinge nicht erlauben. Auch als fast 18-jährige darf sie nicht das anziehen, was sie möchte und wechselt performativ zwischen den unterschiedlichen Rollen zuhause und in der Außenwelt: „Weil ich dann ständig so tue, als wäre ich jemand anderes." (Ebd., 33)

Desiree wird damit bereits am Beginn des Romans als Kontrastfigur eingeführt. Sie repräsentiert Normen und Erscheinungsformen, die Hazal kulturell von einer Mehrheitsgesellschaft ausschließen: „Desiree war blond und hielt sich für Barbie. Eigentlich sah sie tatsächlich ein bisschen aus wie Barbie, doch das habe ich ihr nie gesagt. Das Leben war schon gut genug zu Desiree." (Ebd., 7) Diese Aussage verweist auf eine zentrale Dimension des Romans, durch die die verschiedenen Konstitutionen und Bedingungen des Heranwachsens offenlegt werden: Hazal muss sich immer wieder mit interkulturellen Alteritätserfahrungen auseinandersetzen und erlebt, wie sie in Deutschland, obwohl sie dort geboren wurde, häufig als Ausländerin gelesen und als eine vermeintlich „kulturell Fremde" (Büker/Kammler 2003, 13) markiert wird. Während Desiree als Barbie mit ihrem weißen Normkörper nirgends aneckt, steht Hazals Körper stetig im Fokus einer Aushandlung der Sichtweisen anderer; ist also individuelles, aber auch familiäres und gesellschaftliches Diskursobjekt. Der Barbie-Körper ist zwar auch durch patriarchale Strukturen geprägt; dennoch steigert sich der Grad der Diskriminierung für Frauen of Color (vgl. Roig 2021, 45), wird zur Frage nach der Normierung des Körpers doch das Fremdheitsgefühl innerhalb der Mehrheitsgesellschaft hinzugefügt. Diese Alteritätskonflikte verbinden sich in beiden Romanen mit den Prozessen des Heranwachsens:

> Fallen Adoleszenz und Migration zusammen, kommt es zu einer doppelten Erfahrung von Differenz: zum einen durch die Konfrontation mit einer neuen und fremden Kultur, Sprache und Gesellschaft, zum anderen durch die Begegnung mit dem sich verändernden adoleszenten Selbst, das oft als fremd wahrgenommen wird. (Boog-Kaminski/Ekelund/Emeis 2020, 17)

Im porösen Körper, der unterschiedlichsten Bildern und Normen entsprechen muss, laufen die Alteritätserfahrungen der adoleszenten Protagonistinnen zusammen. Der Körper und das damit verbundene eigene Selbstbild werden zum durchlässigen Konstrukt. Dabei fallen verschiedene Aspekte ineinander: Die Selbst- und Fremdwahrnehmung in der Familie und in der Gesellschaft, die durch die herausfordernden Prozesse der Adoleszenz im Heranwachsen weiter verstärkt werden. Es lässt sich dabei beobachten, wie sich „diverse kulturelle Stile in der gleichen Person kombinieren" (Reckwitz 2008, 126) können.

Körper und Gewalterfahrung

In *Scherbenpark* steht der Aktionsraum des sogenannten Solitärs als großer ‚Betonklotz' sinnbildlich für das Moment der Hoffnungslosigkeit und Stagnation, das seine Bewohner:innen erfasst hat (vgl. Stemmann 2022). Die deutsche Sprache, die Sascha im Gegensatz zu den meisten Menschen des im Roman sogenannten „Russengetto[s]" (Bronsky 2014, 180) ausgezeichnet beherrscht, wird zu einer Waffe, mit der Sascha sich gegen die rauen Bedingungen wehrt; oder durch die sie sich von ihren Mitmenschen isoliert – und als autodiegetische Erzählstimme damit die Macht bekommt, selbst davon zu berichten. Saschas Alteritätserfahrungen beinhalten widersprüchliche Facetten, da sie sich über die Sprache einerseits von ihrem kulturellen Umfeld im Hochhausviertel, das für eine „Ausgangskultur" (Horatschek 2008, 15) steht, abgrenzen kann. Andererseits reflektiert sie kritisch über den Umstand, dass sie als Einwanderin sehr gut Deutsch spricht. Das Lob, dass sie dafür bekommt, verweist nur umso deutlicher auf das Othering, dem sie ausgesetzt ist. Sie thematisiert den damit verbundenen Alltagsrassismus bzw. die Mikroaggressionen in einer satirischen Zuspitzung: „Ich kann Deutsch, weil mein Kopf voll ist mit grauer Substanz, die wie eine Walnuss aussieht und makroskopisch viele Windungen hat, mikroskopisch dagegen eine stolze Mengen Synapsen." (Bronsky 2014, 12) Der Text changiert zwischen schonungsloser Beschreibung der Verhältnisse und subjektiv überhöhter Selbstdarstellung. Dies kann man auch als eine Variante eines Schutzmechanismus gegen die Diskriminierung und das Ausschließen von der dominanten Gesellschaftsklasse interpretieren.

Gewalterfahrungen und -fantasien sind wiederkehrende Motive, die das Erleben von Sascha und Hazal prägen. Darauf verweisen bereits die Titel der beiden Romane. Ausgangspunkt für Sascha ist in *Scherbenpark* der brutale Mord an ihrer Mutter. Saschas familiäres Gefüge wurde auf drastische Weise verändert und sie versucht, ihren Verlust durch Gewaltfantasien zu kompensieren: „Ich kann ihn vergiften, erwürgen, erdrosseln, erstechen, vom Balkon werfen, mit einem Auto überfahren." (Ebd., 19) Sich selbst, aber auch anderen gegenüber ist Sascha dabei physisch schonungslos brutal: „[u]nd ich lasse die Faust gegen die Fensterscheibe knallen." (Ebd., 32) Sascha etabliert sich als starke Figur, die sich verbaler Gewalt gegen ihren jüngeren Bruder entgegenstellt: „Um Anton nicht zu quälen, haue ich jedem, der in seiner Gegenwart absichtlich das Wort ‚Mama' sagt, eine runter. Erwachsenen natürlich nicht, die schreie ich einfach nur an. Das wirkt immer ganz gut." (Ebd., 21) Am Ende des Romans wendet Sascha sich in einem letzten Kraftakt gegen das Solitär-Hochhaus und bewirft dieses mit Steinen, wobei die Zerstörungen am Haus mit Verletzungen von Saschas Körper parallel geführt werden und am Ende einen symbolischen Tod andeuten:

> Ich nehme einen kleineren. Diesmal klirrt es. Ich verharre fasziniert. Das Fenster zerbricht in tausend glitzernde Scherben. Einen Bruchteil des Augenblicks hängen sie in der Luft, ein großes schwereloses Kunstwerk, dann stürzen sie auf den Asphalt, wo sie in noch kleinere Stücke zerschellen. […] Plötzlich tut es weh. Ich verstehe nicht, was los ist. Ich drücke eine Hand auf die linke Schulter, zwischen den Fingern sickert Blut. Vor meinen Füßen liegt ein Stein. Jemand hat ihn aufgelesen und auf mich zurückgeworfen. (Ebd., 268 ff.)

Erst nach diesen massiven Verletzungen an ihrem Körper, die auf ihre inneren Verletzungen verweisen, und einem längeren Aufenthalt im Krankenhaus, kann Sascha am Ende des Romans den Raum des Solitärs hinter sich lassen und bricht mit einem positiven Blick auf: „Ich werfe mir die Tasche über die Schulter, schiebe den Schirm meiner Kappe in den Nacken und trete hinaus in die Sonne." (Ebd., 287)

Auch Hazal in *Ellbogen* hat Gewaltfantasien, die sich in ihren Erzählbericht einschreiben: „Seine Nasenlöcher weiten sich, ein paar Härchen schauen heraus. Ich stelle mir vor, wie ich sie mit einem Feuerzeug abbrenne." (Aydemir 2020, 14) Während Sascha in *Scherbenpark* nur bei den Mordfantasien an Vadim bleibt, begeht Hazal in *Ellbogen* im Affekt schließlich einen tatsächlichen Totschlag. Gemeinsam mit Freundinnen prügelt sie sich am Abend ihres 18ten Geburtstages mit einem jungen Mann, der die drei Frauen sexuell belästigt. Hazal stößt den Mann schließlich auf die U-Bahn-Gleise und die Mädchen laufen weg. Kurze Zeit später wird er von einer einfahrenden Bahn überrollt und stirbt. Hazal flüchtet daraufhin von Berlin nach Istanbul, um dort unterzutauchen. Mit dem Geburtstag, der für einen sinnbildlichen Übergang in das Erwachsenenalter steht, wird eine drastische Krisenerfahrung verknüpft, die als verhinderter Übergang in die neue Lebensphase gelesen werden kann. Auch nach ihrer Flucht aus Berlin nach Istanbul kommt Hazal nicht an, denn sie spricht kaum Türkisch, fühlt sich dort ebenfalls als Fremde (vgl. ebd., 218) und hadert mit ihren weiterhin bestehenden „Identitätsprobleme[n]" (ebd., 168). In ihren Bewegungen im Raum zeichnet sich dieses Hadern weiter ab, sie findet sich kaum zurecht und als sie schließlich am symbolischen Ort des Neubeginns an einem Hafen ankommt, riecht dort alles nach „Scheiße" (ebd., 141). Die Türkei ermöglicht Hazal kein Ankommen in einer Heimatgesellschaft, sondern wird zum Raum erneuter Alteritätserfahrungen.

Nach einigen Tagen recherchiert Hazal im Internet zur Berichterstattung über die Tat und macht eine bemerkenswerte Beobachtung, die auf Hazals männliche Eigenmarkierung rückverweist: „Überall steht Männer, das finde ich unheimlich witzig. Keiner kommt auf die Idee, dass es drei Frauen waren, Mädchen, Türkinnen, Elma, Gül und ich." (Ebd., 180) Verknappt listet die Erzählstimme die entscheidenden Differenzkategorien auf, die der Roman immer wieder thematisiert und vor allem in ihren Wechselwirkungen als intersektional zeigt: Gender (Frauen), Age (Jugendliche) und Race (Türkinnen).

Die Protagonistinnen in Aydemirs Roman *Ellbogen* eignen sich immer wieder – zum Teil auch lustvoll – einen gewaltsamen Umgang an, um sich aus ihrer passiven Rolle der Weiblichkeit zu lösen. Auch hier ist dies eng mit ihrer kulturellen Differenzerfahrung gekoppelt: „Wir hatten Streitlust, wir hassen deutsche Studenten. Ist doch alles klar, ist doch in einem Satz zu beantworten: Lust. Oder Hass. Oder Migrationshintergrund, geil." (Ebd., 181)

Deutlich wird, in welche sozialen Bezugssysteme die jungen Frauen eingebettet sind und wie sie sich daraus kaum befreien können:

> Meine Wut habe ich bestimmt von meinen Eltern geerbt. Geht das überhaupt, kann man Wut erben? [...] Vielleicht sind es auch nicht die Eltern. Vielleicht macht uns das Leben wütend. Vielleicht sind es die tretenden und stinkenden und H rauchenden Männer, die uns nicht lieben wollen. Oder die reichen und sauberen und schönen Mädchen, die nicht so aussehen wollen wie wir. (Ebd., 202)

Die Erzählstimme definiert sich über Bruchlinien und Ausgrenzungsmechanismen, die motivisch entlang von Wut und kulturwissenschaftlich entlang von Gender, Age, Race und Körperkonstruktionen gezogen werden. Hazal hadert damit, von verschiedenen Gruppen weder Anerkennung zu bekommen noch dazuzugehören. Ihre Wut treibt Hazal um, droht sie schließlich wortwörtlich zu verzehren und hinterlässt Spuren am Körper:

> Es ist so da und es ist so heftig, dass man es fast anfassen kann. Wut. Meine ist so groß, dass sie nicht in mich hineinpasst. Sie droht meine Haut zu sprengen, mich von innen aufzuessen und wieder auszuspucken und wieder aufzuessen. (Ebd., 114)

In der Schule, auf der Straße, in Clubs, aber auch in der Familie findet Hazal keine Möglichkeit, um anzudocken. Darüber hinaus scheint keine der Vorstellungen von Weiblichkeit, denen sie begegnet, für sie zu passen. Hazal grenzt sich in ihrer Definition von Wut von anderen Frauenfiguren ab: „Gözde wirkt nicht müde, sondern wütend. So wütend, wie sie eben sein kann. Verzogene Mundwinkel, feuchte Augen. Harmlose Babywut." (Ebd., 207) Einen eigenen Moment der Schwäche verbindet Hazal mit einer gegenderten Zuschreibung als Mädchen: „Sie stehen mir schon in den Augen, diese dummen Mädchentränen, sie dürfen nicht rauskullern." (Ebd., 120) In diesen Darstellungen zeigt sich: „Die Entäußerung von Aggression und Wut ist soziokulturell tabuisiert und kollidiert mit den herkömmlichen Geschlechterbildern" (Freytag 2020, 109), wobei weiblich markierte Verhaltensweisen negativ konnotiert werden. Darüber hinaus wird mit der Selbstbenennung als Baby und Mädchen auch das Alter abwertend einbezogen.

Solche Konstruktionen sind häufig mit kulturellen Vorstellungen und medialen Narrativen verbunden: „Besonders die Figur des unterdrückten türkischen Mädchens sowie der von häuslicher Gewalt betroffenen türkischen jungen Frau ist seit den 1970er-Jahren in Literatur, Film und Medien beinahe überpräsent." (Boog-Kaminski/Ekelund/Emeis 2020, 10) Über dieses mediale Narrativ aber macht Hazal sich ausdrücklich lustig: „Das ist so ein schlechter deutscher Film, der abends auf ZDF läuft. Das arme türkische Mädchen, fehlt nur noch das Kopftuch." (Aydemir 2020, 17)

Mit eben diesem kulturell bedingten Bild von Weiblichkeit bricht der Roman *Ellbogen* und steht damit exemplarisch für eine „Wende in der Darstellung von Migration" (Boog-Kaminski/Ekelund/Emeis 2020, 7). Eine solche Wende zeigt sich auch in anderen Romanen, die seit den ausgehenden 2010er Jahren erschienen sind. Neben Fatma Aydemir und Alina Bronsky zählen dazu etwa auch Deniz Ohde, Nadire Biskin, Jasmina Kuhnke, Mithu Sanyal, Olivia Wenzel oder Hengameh Yaghoobifarah, die Romane veröffentlicht haben, die komplexe Dimensionen von Alteritätserfahrungen literarisch reflektieren. Dabei handelt es sich meist nicht um genuine Jugendliteratur, aber häufig um Romane, die das Heranwachsen und das Leben als junge Erwachsene in mehrdimensionalen Ausrichtungen aufgreifen und dabei das Verhältnis von Gender, Körper, Race und Alterität beleuchten. Boog-Kaminski, Ekelund und Emeis schlagen vor, dass die in solchen Texten realisierten „Motive des Leides, der Wut und des blutenden, schwitzenden, weinenden Körpers zu einer Sprache für das eigentlich Unsagbare, das eigene sowie das transgenerationale traumatische Erleben" (ebd., 14) zu interpretieren sind. Aus dieser Perspektive geht es dann nicht mehr nur um die dargestellten Konflikte auf der Handlungsebene der Romane, die sich in die porösen Körper der Figuren einschreiben, sondern deren Zeichenhaftigkeit für übergeordnete kulturelle Prozesse im Kontext von Alteritätserfahrungen, die sich in der Literatur manifestieren.

Literatur

Primärliteratur

Aydemir, Fatma: Ellbogen [2017]. München: Hanser, ^{2}2020
Becker, Esther: Wie die Gorillas. Berlin: Verbrecher Verlag, 2021
Bronsky, Alina: Scherbenpark [2008]. Köln: Kiepenheuer & Witsch, ^{10}2014

Sekundärliteratur

Apitzsch, Ursula: Zur Dialektik der Familienbeziehungen und zu Gender-Differenzen innerhalb der Zweiten Generation. In: psychosozial 26 (2003) 3 (Nr. 93: Migration und Psyche. Aufbrüche und Erschütterungen), 67–80
Boog-Kaminski, Julia/Ekelund, Lena/Emeis, Kathrin: Aufbruch der Töchter. Ein Vorwort. In: Dies. (Hg.): Aufbruch der Töchter. Weibliche Adoleszenz und Migration in Literatur, Theorie und Film. Würzburg 2020, 7–26. (Interkulturelle Moderne, 13)
Büker, Petra/Kammler, Clemens: Das Fremde und das Andere in der Kinder- und Jugendliteratur. In: Dies. (Hg.): Das Fremde und das Andere: Interpretationen und didaktische Analysen zeitgenössischer Kinder- und Jugendbücher. Weinheim/München 2003, 7–27

Freytag, Julia: Weibliche Wut. Großstadt-Prinzessinnen und Ghetto-Girls in Alina Bronskys Roman *Scherbenpark* (2008) und Bettina Blümners Dokumentarfilm *Prinzessinnenbad* (2007). In: Boog-Kaminski, Julia/Ekelund, Lena/Emeis, Kathrin (Hg.): Aufbruch der Töchter. Weibliche Adoleszenz und Migration in Literatur, Theorie und Film. Würzburg 2020, 107–134. (Interkulturelle Moderne; 13)

Gansel, Carsten: Adoleszenz, Ritual und Inszenierung in der Pop-Literatur. In: Arnold, Heinz-Ludwig/Schäfer, Jörgen (Hg.): Text + Kritik 10 (2003). Sonderband: Popliteratur. München 2003, 234–257

Horatschek, Annegreth: Alterität, kulturelle. In: Nünning, Ansgar (Hg.): Metzler Lexikon Literatur- und Kulturtheorie. Stuttgart ^{4}2008, 15–16

Horvárth, Andrea: Poetik der Alterität. Fragile Identitätskonstruktionen in der Literatur zeitgenössischer Autorinnen. Bielefeld 2016

Kaulen, Heinrich: Jugend- und Adoleszenzromane zwischen Moderne und Postmoderne. In: 1000 und 1 Buch 1 (1999), 4–12

King, Vera: Grenzen und Überschreitungen. Literarische Bilder der Entstehung des Neuen im Kontext von Migration und Adoleszenz junger Frauen. In: Boog-Kaminski, Julia/Ekelund, Lena/Emeis, Kathrin (Hg.): Aufbruch der Töchter. Weibliche Adoleszenz und Migration in Literatur, Theorie und Film. Würzburg 2020, 27–42 (Interkulturelle Moderne; 13)

King, Vera/Koller, Hans-Christoph: Adoleszenz als Möglichkeitsraum für Bildungsprozesse unter Migrationsbedingungen. Eine Einführung. In: Dies. (Hg.): Adoleszenz, Migration, Bildung. Bildungsprozesse Jugendlicher und junger Erwachsener mit Migrationshintergrund. Wiesbaden 2006, 9–26

Reckwitz, Andreas: Subjekt. Bielefeld 2008

Roig, Emilia: Why We Matter. Das Ende der Unterdrückung. Berlin 2021

Sampson, Philip J.: Die Repräsentation des Körpers. In: Kunstforum 132 (1996), 94–111

Stemmann, Anna: Räumliche Randstellungen. Zum erzählerischen, topographischen und kulturellen Dazwischen der Adoleszenz. In: Jakobi, Stefanie/Osthues, Julian/Pavlik, Jennifer (Hg.): Adoleszenz und Alterität. Aktuelle Perspektiven der interkulturellen Literaturwissenschaft und Literaturdidaktik. Bielefeld 2022, 77–98 (Interkulturalität. Studien zu Sprache, Literatur und Gesellschaft; 22)

Stemmann, Anna: Räume der Adoleszenz. Deutschsprachige Jugendliteratur der Gegenwart in topographischer Perspektive. Berlin: Metzler 2019 (Studien zu Kinder- und Jugendliteratur und -medien; 4)

Vom Sprechen der Wale. Die Stimme des Körpers im Wandel

Astrid Henning-Mohr

Abstract Texts that refer to each other form a shared space of memory. Since Melville's Moby Dick, the whale's body has been the place of access to and withdrawal from the whale's body. The voice of the whale plays a special role in making this access and retreat tangible in literature. In the following article, the body of the whale and its (de)construction will be examined using the voice of the whale. To this end, the voice of the whale is placed at the center of the analysis. A narratological determination of the social (literary) space in which humans and animals are placed in relation to each other results from the fact that the whale has its own voice and how it sounds, which experiences it refers to and to whom it is addressed. How different this whale's voice and thus also the social human-animal relationship is, is illustrated in the intertextual reference to the Moby-Dick ark text in two books for young people.

> Nach meiner sorgfältigen Berechnung […] dürfte ein Pottwal bei einer maximalen Länge von fünfundachtzig bis neunzig Fuß und einem maximalen Umfang von vierzig Fuß mindestens neunzig Tonnen wiegen. […] Das Pottwalgerippe in Tranque maß zweiundsiebzig Fuß, so daß das Tier zu Lebzeiten […] neunzig Fuß lang gewesen sein muß […]. Von diesen zweiundsiebzig Fuß entfielen rund zwanzig Fuß auf Schädel und Kiefer, für das feine Rückgrat hingen auf knapp einem Drittel seiner Länge die runden Rippen des mächtigen Brustkorbs, der einst seine inneren Organe verborgen. (Melville[1] 2020, 697 f.)

> Das Auge des Wals vermerkt von ferne, was der Mensch ihm ist. Es wahrt Geheimnisse, die zu kennen uns nicht zusteht. Plinius der Ältere, Naturalis historia. (Sepúlveda 2020, 5)

Zwei Textausschnitte, die entstehungsgeschichtlich eineinhalb Jahrhunderte auseinanderliegen und dennoch über dasselbe reflektieren: In beiden wird ein Walkörper aus der Perspektive handelnder Figuren in Beziehung zum Wissen der

[1] Ich beziehe mich im Folgenden auf die 2020 im Hanser Verlag erschienene Übersetzung von Matthias Jendis, die sich durch eine stärkere Anlehnung an die Zielsprache auszeichnet.

A. Henning-Mohr (✉)
Institut für Jugendbuchforschung, Goethe Universität Frankfurt am Main, Frankfurt, Deutschland
E-Mail: henning-mohr@em.uni-frankfurt.de

A. Kagelmann et al. (Hrsg.), *Körper erzählen*, Studien zu Kinder- und Jugendliteratur und -medien 14, https://doi.org/10.1007/978-3-662-69255-4_9

Menschen gesetzt. Dabei gelangen diese beiden Figuren zu unterschiedlichen Ergebnissen. Herman Melvilles Protagonist in *Moby-Dick* begreift den Walkörper als Ansammlung von Körperteilen, derer die Walfängermannschaft später habhaft werden will, die also für den Menschen bestimmt scheinen. In Luis Sepúlvedas *Der weiße Wal erzählt seine Geschichte* ist hingegen – mit Rückgriff auf den römischen Gelehrten – ausschlaggebend, wie sich der Wal selbst in Beziehung zum Menschen setzt. Ausgehend davon, wer hier eigentlich über wen spricht und welcher Blickwinkel dabei eingenommen wird, wird jeweils ein völlig anderer Körper erzählt und der Körper des Wales damit zum jeweiligen Weltwissen in Beziehung gebracht (vgl. Borgards 2016, 231).

Für jede dieser Erzählungen kommt der Stimme des Wals eine entscheidende Bedeutung[2] zu. Sowohl im Sinne der Fokalisierung als auch in ihrer Phänomenologie (Klang, Lautstärke etc.) beim Sprechen über den (Tier)Körper konstruiert die Stimme den Körper (vgl. Böhme 2009, 28). Diese beiden Aspekte der Stimme (Perspektive und Klang) geben damit Auskunft, ob es sich beim Besprochenen um ein Subjekt oder ein Objekt handelt.

Mit dem Fokus auf die Perspektive der Stimme möchte ich im Folgenden herausarbeiten, wie sich die Konstruktion des Tierkörpers in zwei jugendliterarischen Bearbeitungen des Archetextes *Moby-Dick* darstellt. *Der Ozean war unser Himmel* (2021) von Patrick Ness und Rovina Cai sowie Luis Sepúlvedas *Der weiße Wal erzählt seine Geschichte* (2020) beziehen sich auf Hermann Melvilles *Moby-Dick* (1851) und nehmen die Beziehung zwischen dem Menschen und dem Wal als Ausgang reflexiver Mensch-Tier-Beziehungen. Dabei nähern sie sich dem Wal aus unterschiedlichen Perspektiven an und lassen dadurch unterschiedliche Körperkonstruktionen erfahrbar werden.

Die Untersuchung der Stimmen des Wals und des Sprechens über den Wal lässt sich als literaturwissenschaftlicher Beitrag zu den *Cultural Animal Studies* lesen. In diesen multidisziplinären Analysen werden Menschen und Tiere als (aufeinander bezogene) Akteur:innen erfasst (vgl. Borgards 2016, 365–369). Die Art und Weise, wie Menschen Tiere betrachten, sie nutzen oder sich selbst zu ihnen in Beziehung setzen, spiegelt sich in zahlreichen philosophischen und literarischen wie auch in historischen Quellen wieder und ist mit Hilfe verschiedener wissenschaftlicher Disziplinen analysierbar (vgl. Borgards 2016).

Ein *Close Reading* vor dem Hintergrund des *Animal Turns* (Borgrads 2016, 1–6) schärft den Blick auf Tierfiguren und deren Beziehungen im Literarischen und zeigt in mehrfacher Hinsicht das Potenzial dieses analytischen Zugangs:

1. Culture Animal Studies ermöglichen durch den Blick auf Tiere eine Bewusstwerdung dessen, als was der Mensch definiert ist.

[2] Für die Bedeutung anderer formal-ästhetischer Aspekte wie Bilder oder Karten vgl. Schäfer, Armin: Herman Melville: Moby-Dick or, the Whale (1851), 365.

2. Für die die Kinder- und Jugendliteratur (KJL) stellen Mensch-Tier-Beziehung eine stoffgeschichtliche Konstante dar, in deren Bearbeitungen sich unterschiedliche, historische Kindbilder in Beziehung zu Tieren spiegeln. (vgl. Borgards 2016, 225 ff.; ebd., 30–37; ebenso Lindenpütz 2000).
3. Gleichzeitig ist Literatur ein interdiskursives Feld, auf welchem philosophische, kulturelle, soziale, politische und ökonomische wie ökologische Beziehungen verhandelt werden. So können mittels literarischer Texte die für ihren Entstehungszeitraum virulenten Ordnungs- und Denkprinzipien der Mensch-Tier-Beziehungen aufgezeigt, aber auch in Frage gestellt werden (vgl. Borgards 2016, 231) und
4. darüber hinaus kann Literatur eigene Welten mit bzw. der Tiere entwerfen (vgl. Borgards 2016, 225). Die besonders enge Verbindung von KJL und Tieren verstärkt noch einmal die Sichtbarkeit von Tier-Mensch-Beziehungen im Aushandlungsprozess.

Die kinder- und jugendliterarische Auseinandersetzung mit dem Wal in Herman Melvilles *Moby-Dick* zeigt und (de)konstruiert gleichzeitig ein historisches Wissen um den Walkörper und dessen Beziehung zum Menschen (vgl. Borgards 2016, 230). Ich möchte im Folgenden aufzeigen, wie die Stimme der Wale den Walkörper als poetisches Tier (Schäfer 2013, Borgards, 368) etabliert und in der intertextuellen Abweichung vom Archetext eine Kritik der Differenztheorie[3] bezüglich Tier und Mensch initiiert.

Moby-Dick – der (vermeintlich) stumme Wal. Die Mensch-Tier-Beziehung wird eröffnet

Herman Melvilles Roman vom missglückten Fang eines weißen Wals ist der Ausgangspunkt um die Wissensfigur (vgl. Borgards 2016, 232) ‚Wal', der hier zum Objekt erklärt wird. Während sich der weitaus größere Teil des Buches der Beschreibung, Ordnung und dem Vergleich der Wale, ihrer Körper und ihrer Beziehung zu den Walfängern widmet, findet sich keinerlei erzählerische oder perspektivische Äußerung des Wals selbst. Aus diesem Sprechen über den Wal entwickelt sich ein Mensch-Tier-Verhältnis, in dem der Walkörper zum Jagdobjekt und Reflexionsobjekt menschlicher Verortung innerhalb einer göttlichen Schöpfung wird. Wal und Jäger werden zu Referenzpunkten, in deren Beziehung sich die Antagonismen Geist-Körper, Natur-Kultur, göttliches Wissen–menschliche Unzulänglichkeit, Leben und Tod offenbaren (zur Geschichte und aktuellen Melville-Rezeption vgl. Erthel 2019).

[3] Unter Differenztheorie in den *Culture Animal Studies* versteht Borgards die Relativierung des Tieres in Bezug auf den Menschen (vgl. Borgards 2016, 8).

Das Sprechen *über* den Körper des Wals nimmt den größten Teil des Romans ein, in dem das erlebende Ich Ismael über den weißen Wal, den Walfang an sich und im Konkreten über die Erlebnisse auf dem Walfänger Pequod berichtet. Und dennoch bleibt der Walkörper selbst ein Mysterium:

> […] wie ihr es auch dreht und wendet, so muß man doch […] notwendigerweise schließen, daß der große Leviathan das einzige Wesen auf der Welt ist, welches bis zuletzt ohne Bild bleiben muß. (Melville 2020, 429)

Diese Merkwürdigkeit gibt Anlass, um aus der Verbindung der ausführlichen Schilderung mit der vielfach erzählten Unbeschreibbarkeit[4] des Körpers von Moby-Dick und seiner Artgenoss:innen eine Mensch-Tier-Beziehung abzuleiten, in welcher der Walkörper sich aus seiner wirtschaftlichen und/oder religiösen Bedeutung für Ismael und Ahab erklärt:

Bereits im Prolog beginnt ein vielstimmiges Erzählen und zeigt eine Zusammenführung unterschiedlichster Definitions- und Zuordnungsversuche, welche Erklärungen über den Wal anbieten: Über seine Herkunft: „„Und Gott schuf große Walfische. Genesis‘“ (Melville 2020, 16); über sein Vorkommen: „„Das Indische Meer gebiert die meisten und größten Fische, die es gibt, unter welchen die Walfische und Wasserwirbel, Balænæ genannt, in der Länge so viel wie vier Morgen oder Hufen Landes einnehmen. Plinisu, nach Holland.‘“ (Melville 2020, 17); dazu kommen Empfehlungen für den und Berichte vom Walfang „„Derweil der Wal am Heck des Schiffes treibet, schneiden sie ihm den Kopf ab und schleppen ihn mit einem Boote so nahe ans Ufer als irgend möglich. Thomas Edge.‘“ (Melville 2020, 20)

Rudolf Sühnel erkennt in Melvilles Sammlung dieser Definitionen im Prolog einen Anschluss an das gesamte Weltwissen über Wale, von Aristoteles über das Alte Testament bis zum englischen Philosophen Thomas Browne (vgl. Sühnel 1987, 198). Aus diesem Weltwissen können drei Hauptstränge ausgemacht werden, durch die sich die Vielheit der Aussagen über den Wal kategorisieren lässt: 1.) Die Beschreibung des Walfangs, 2.) die Kategorisierung und Sezierung der Walkörper und 3.) dessen Nutzbarmachung.[5] Zusammen ergeben diese Kategorisierungen jedoch kein exakt umrissenes Körperbild des Wales, sondern lassen das Bild über ihn zerfasern, verschwimmen und entschlüpfen (vgl. Schäfer 2013, 366). Während im Erzählvorgang der Walkörper erschrieben wird, entzieht er sich in der Mitteilung der Erzählung der Eindeutigkeit – sein Körper wird auf vielfache Weise zum Symbol.[6]

---

[4] Wir haben es damit hier mit einer Beschreibung des Unsagbaren zu tun.

[5] Auch die Kapitel *Ismaels Weg auf das Schiff, Voraussetzungen für das Anheuern, Kennenlernen Quebeq* etc. beinhalten thematisch das Sprechen über den Wal, sind aber für die Konstruktion des Wal-Körpers unerheblich.

[6] Auf die Vielfalt der symbolischen Aspekte Moby Dicks sei hier nur verwiesen, da es angesichts der Interpretationsbreite nur möglich ist, ausgewählte symbolische Aspekte genauer zu betrachten. Für eine aktuelle Bibliografie zur Moby Dick Rezeption vgl. https://public.wsu.edu/~campbelld/amlit/melville1.htm (01.02.2024).

Für Ahab erscheint der Wal als das Nicht-Bekannte (vgl. Melville 2020, 440), das Schreckliche und Dämonische, wie Ismael kommentiert: „[A]ll das kaum merklich Dämonische am Leben und Denken, all das Böse schien dem irrsinnigen Ahab in Moby Dick sichtbar verkörpert und leibhaftig angreifbar." (Melville 2020, 304)

Der unbekannte und unfassbare Körper des Wals kann aber gleichzeitig für andere Protagonisten (Ismael) auf das Bilderverbot der im Dekalog festgehaltenen jüdisch-christlichen Gebote verweisen, wie ich gleich zeigen werde. Die Ambivalenz der virulenten Beschreibungen als Sprechen über den Wal und dem Nicht-Habhaft-Werden des Körpers im doppelten Sinne verweist auf den Walkörper sowohl als Allegorie für die unbekannte Natur, die dem Menschen letztlich nicht fassbar ist als auch als Zeichenträger eines göttlichen Prinzips, das der Mensch zu besiegen trachtet, darin aber versagt. Der Walkörper wird dieserart zum Diskurs-Objekt, in dem sich der Mensch philosophisch erkennen kann. Solcherart kann der Wal nun als ein poetisches Tier erfasst werden, dessen Erzählung weniger einer genauen Erfassung des Tierkörpers als vielmehr seiner Symbolhaftigkeit dient. Und dennoch kann davon ausgehend eine Veränderung zu Tage treten, durch welche das biologische Tier hinter den anthropozentrischen Zuschreibungen erkannt werden kann. Ich möchte im Folgenden die Symbolhaftigkeit des Walkörpers bei Melville genauer ausführen, um davon ausgehend auf die Ermächtigung des Walkörpers und auf die intertextuellen Veränderungen des Mensch-Tier-Verhältnisses in den beiden jugendliterarischen Werken zu fokussieren.

Der symbolische Körper des Wals – Sprechen über das Unbekannte

Ismaels Versuche, den Walkörper zu beschreiben, zeigen sich in detailreichen Körpermessungen und Zerlegungen sowie in Analogien menschlicher Weltaneignungen als Erklärung des Walkörpers und dessen Nutzbarmachung. So vergleicht Ismael das ‚Aufknacken' des Walkörpers, um an den Tran und den Amber zu kommen, mit dem Schürfen nach Gold oder mit archäologischen Grabungen, die ein Wissen über das längst Vergangene preisgeben.

> Fast möge man glauben, er [d. i. Stubb – AHM] grabe dort in der See einen Keller, und als sein Spaten schließlich auf die ausgemergelten Rippen stieß, da war's, als träfe er auf uralte römische Ziegel und Tonscherben, die tief in Englands fetter Erde begraben gewesen. Seine Männer überschlugen sich fast vor Aufregung und sprangen ihrem Bootsführer bereitwillig bei, die Goldgräbergier im Gesicht. (Melville 2020, 634)

Solche Analogien oder detaillierte Körperbeschreibungen des Wals an anderer Stelle (z. B. Melville 2020, 697 f.) sollen Antwort geben und die „Wale gewissermaßen durch ihre eigene Brille zu lesen." (ebd., 486). Die Körpervermessungen sind somit ein Mittel, durch das der Walkörper zum Objekt gemacht wird (vgl. Borgards 2016, 237). Dafür wird der Wal vermessen und in Fuß und Zoll eingeteilt, kategorisiert, verglichen und nahezu kartografiert – wie im Kap. 10 über eine Vermessung des Walskeletts (Melville 2020, 697 ff.) oder im Kap. 32 über die Ceteologie. Und doch zeigt sich diese Vermessung immer nur bruchstückhaft, nimmt nie den ganzen Körper in den Blick, sondern setzt ihn in beschriebenen Abschnitten zusammen (vgl. Schäfer 2013, 367), wie Christian Neubert festhält:

> Eine eindeutige und ‚objektive' Wissenschaft vom Wal bleibt bei diesem Unterfangen selbst dort auf der Strecke, wo von der äußeren Beobachtung zur Zergliederung seines Inneren übergegangen wird – es gibt keinen Blick, der wirklich unter die Haut des Tieres gehen würde [...]. (Neubert 2015, 198)

Das Misslingen der Beschreibbarkeit findet sich auch in der ausführlichen Beschreibung der weißen Haut des Wals (Kap. 42). Dieses Weiß scheint Ismail „so rätselhaft und beinahe unaussprechlich, daß ich schier daran verzweifele, es in eine faßbare Form zu bringen" (Melville 2020, 310). Doch bleibt es nicht dabei, die Farbe des Wals als ein Zeichen der Nicht-Beschreibbarkeit und der Nicht-Erfassbarkeit des Tieres zu sehen. Über eine detailreiche Herleitung der Symbolik der Farbe Weiß entwickelt Ismael eine Lesart der Farbe nicht als Unschuldssymbol, sondern als das erschreckende Unbekannte.

> [T]rotz all der hier aufgehäuften Anklänge an alles, was anmutig und ehrenvoll und erhaben ist, lauert doch in der innersten Vorstellung von diesem Farbton etwas Ungreifbares, das die Seele stärker in Panik versetzt als jenes Rot des Blutes, das soviel Furcht erregt. (Melville 2020, 312)

Bei den pantheistischen Verweisen Melvilles, wonach Gott sich in allem der Welt erkennen lassen, der Teufel jedoch derjenige ist, der sich verbirgt und verschleiert, kann diese Furcht vor dem Unbekannten als dämonisches Zeichen gelesen werden:

> Ist es so, daß das Weiß durch seine Unbestimmtheit die herzlose Leere und unermeßliche Weite des Weltalls andeutet und uns so den Gedanken an Vernichtung wie einen Dolch in den Rücken stößt, wenn wir in die weißen Tiefen der Milchstraße blicken. (Melville 2020, 322)

Zu dieser Bedrohung, die nicht wirklich zu fassen ist, setzen sich Ismael und Ahab unterschiedlich in Beziehung. Ismael erfasst eine Anerkennung des Zweifels, wonach der Mensch nicht alles erkennen kann und stattdessen ein Gottvertrauen an den Tag legen sollte (vgl. Göske 2020, 901):

> Und durch den dichten Dunst der dumpfen Zweifel meiner Seele schießt hin und wieder eine Gottesahnung – ein Himmelsstrahl entfacht dann meinen Nebel. Und dafür dank ich Gott. Denn alle hegen Zweifel, und viele leugnen alles; doch ob sie zweifeln oder leugnen, nur wenige verspüren obendrein noch diese Ahnung. Alles Irdische bezweifeln, manches Himmlische erahnen – dadurch wird einer weder gläubig noch ungläubig; er wird jedoch zu einem Menschen, der beides fest ins Auge faßt. (Melville 2020, 585)

Indem der Versuch scheitert, den Körper des Wals durch menschliche Beschreibungsmodalitäten zu erfassen, akzeptiert Ismael, dass sich der Körper des Tieres (und mit ihm als Allegorie auch die Natur) nicht allein durch den Menschen

‚lesen‘ lässt, dass der Wal sich damit dem menschlichen Zuschreibungsversuchen entzieht.

Ahab hingegen geht an dem Versuch zugrunde, den Wal zu ergreifen und ihn damit als Ursache alles Bösen fassbar zu machen.

Der Walkörper als Wissensfigur der göttlichen Ordnung

Als nicht fassbares, göttliches Prinzip werden der Körper des Wals und die Jagd danach für Ahab zum strafenden Symbol. Die Vergleiche zu Hiob werden im Werk immer wieder erwähnt (Sühnel 1987, 198) und sind offensichtlich. Moby Dick ist für Ahab die (alttestamentarische)[7] allgegenwärtige (vgl. Melville 2020, 297) Drohung, die den Menschen jederzeit (vgl. Melville 2020, 392) richten und töten kann.

> […] obschon bereits kurzes Nachdenken lehrt, daß ganz gleich, wie sehr das kleine Menschlein sich seines Wissens und Könnens auch rühmen mag und ganz gleich, wie sehr dieses Wissen und Können in einer glorreichen Zukunft auch zunehmen mag – das Meer wird ihn doch auf immer und ewig, bis zum Tag des Gerichts, schmähen und morden und auch die stärkste und stattlichste Fregatte, die er vom Stapel lassen kann, zu Staub zermahlen. (Melville 2020, 440 f.)

Für Ismael hingegen wird der Körper des Wals zum nachahmenswerten göttlichen Prinzip – zu einem neutestamentarischen Vorbild, das nie zu erreichen möglich ist, und dennoch zur Grundlage menschlichen Handelns werden soll.

> O Mensch, siehe bewundernd auf den Wal und nimm ihn dir zum Vorbild! […] Lebe auch du *in*, doch sei nicht *von* dieser Welt.“ (Melville 2020, 488, Hervorhebungen i. O.)

Ähnlich wie das Handeln und Wirken von Jesus von Nazareth und jener, die ihm nachfolgen, ist für Ismael der Körper des Wals eine ständige Quelle der Erkenntnis, wie der Mensch leben soll[8]. Ismael kann im Körper des Wals ein Zeichen fur das Wirken Gottes lesen[9]. So erblickt Ismael im Walkörper und seinem Verhältnis zu anderen Artgenoss:innen eine göttliche Zweigeteiltheit zwischen den Körpern von Mann und Frau: „Sie [die weiblichen Wale – AHM] sind fürwahr verhältnismäßig zart gebaut, messen sie doch um die Taille wohl kaum mehr als ein halbes Dutzend Yards.“ (Melville 2020, 610 f.) Was heute als genderkonstruierte Zuordnung gilt, ist für Ismael eine von Gott gewollte Regel, die dieser in der Natur angelegt habe.

---

[7] Auf das Alttestamentarische verweist Ahab nicht explizit, sondern nur im Subtext durch die Interpretation des Walkörpers als drohende Strafe.

[8] Zur metaphorischen Bedeutung der Tiere für die mittelalterliche und neuzeitliche Gotteserkenntnis Borgards 2016, 38.

[9] Ich danke Heidi Lexe für die Aufmerksamkeit auf dieses Detail.

Der Walkörper gibt also Antwort auf die Frage, was der Mensch sei, bestimmt diesen als göttlich gemacht und sowohl in Divergenz zur Natur als auch aus ihr selbst heraus lesbar und erkennbar. Insofern hat das Tier hier einen Zweck – nämlich der Erkenntnis des Menschen zu dienen (vgl. Borgards 2016, 39). Aber ist der Walkörper wirklich nur als Lesart menschlicher Seinsweise bei Melville zu hören? Spricht der Mensch und der Wal schweigt? Seine Position als poetisches Tier bewirkt schon allein, dass er nicht mehr auf das Wissensobjekt allein zu reduzieren ist (vgl. Schäfer 2013, 368). Die vielfältigen Interpretationen, die zu *Moby-Dick* existieren, zeugen davon, wie das poetische Tier nicht nur durch den einen menschlichen Blick erklärbar ist, sondern sich der menschlichen Beschreibung immer wieder entzieht.

Zum anderen verweist Daniel Göske in seinem Nachwort zur Melville-Ausgabe 2020 darauf, dass die Vielstimmigkeit der Erzählweisen im Roman auch eine tiefe psychologische Einsicht in die Wale versuchen (vgl. Göske 2020, 892). Auch die Verfolgung des Wals auf dessen eigenen Fährten und Routen zeugt innerdiegetisch von einer Eigenmächtigkeit des Wals als handelnder Protagonist. Und selbst das Schweigen des Wals ist nur ein scheinbares. Denn bei all den (erfolglos bleibenden) Beschreibungsversuchen durch die Menschen hat das Schweigen des Wals nicht weniger Anteil an der Gestaltung des Walkörpers. Borgard verweist in seinem Handbuch zu *Critical Animal Studies* (2016) darauf, dass der Blick auf das Agieren von Tieren nicht zwangsläufig gleichgesetzt werden könne mit dem Ermächtigungsgedanken, der anderen ‚Stimmenerhebungen' entspricht.[10] Bei Melville nimmt das Sprechen der Waljäger, nehmen ihre Zuweisungen, Zweifel und Anthropomorphismen eine geradezu strukturbildende Klangatmosphäre ein und verhallen dabei ohne Resonanz in den Weiten des Ozeans. Der Wal ist damit zum einen überhaupt erst als agierendes Wesen zu erkennen; die Verweigerung der Resonanz bezieht zum anderen aber auch das Tier mit in die Handlung der Mensch-Tier-Beziehung mit ein (vgl. Borgard 2016, 13), lässt den Wal sozusagen auftauchen. In der Umkehrung der Jagd, durch die nun der Mensch vom Jäger zum Gejagten wird (vgl. Bograds 2016, 115), entsteht eine Veränderung der Wal-Mensch-Beziehungen über die Verlagerung der Perspektive und der klanglichen Stimme. Dort, wo diese Umkehrung stattfindet – in der Zerstörung der Pequod durch den Wal – setzt Patrick Ness mit seiner Umkehrung der Perspektiven an.

[10] Wie die Stimme von politisch, sozial, kulturell oder/und ökonomisch Marginalisierten.

Bathseba – das Echo des Wals[11] als ein Bezug von Mensch und Tier aufeinander

Mit Patrick Ness' Erzählung *Und der Ozean war unser Himmel* werden die Perspektiven von Ahab und Ismael auf *Moby-Dick* zurückgewiesen und in ihr Gegenteil verkehrt. Mit deutlich erkennbarem intertextuellen Bezug zu Melville werden hier die Wale zu den Jäger:innen. Den intertextuellen Bezug belegen bereits das vorangestellte Motto, das aus Melvilles *Moby-Dick* entnommen ist, sowie der erste Satz: „Nennt mich Bathseba" (Ness/Cai 2021, 7). Des Weiteren werden Orte und Symbole (die Münze) aufgegriffen. Selbst die Zweifel Bathsebas und die unumstößliche Gewissheit der Walkapitänin Alexandra verweisen auf das Verhältnis von Ismael und Ahab zum Umgang mit dem gejagten Körper. Die Wale leben in einer spiegelverkehrten Welt auf dem Boden des Ozeans, dessen Wasseroberfläche deren Himmel ist und allein dadurch schon eine Spiegelung der menschlichen Jagd auf die Wale zeigt.[12]

Die bildliche Verschiebung des Mensch-Tier-Verhältnis aus *Moby-Dick* erfährt im Jugendbuch eine dem Subgenre entsprechende, spezifische Ausprägung durch die Illustrationen. Rovina Cai verschiebt die Tradition der Anthropomorphisierung von Tieren in der KJL um ein paar Grad, indem sie die Unterwasserwelt, welche in der verschriftlichten Erzählung mit ihren Gebäuden und sozialen wie politischen Beziehungen die menschliche Welt spiegelt, konsequent aus der Sicht der Wale zeichnet. Gleichzeitig zeigen die – für den Menschen auf den Kopf gestellte – Ansichten des tierischen Lebensraums im Gegensatz zur menschlichen Raumordnung (Himmel oben, Erde unten) eine Neuperspektivierung des Tier-Mensch-Verhältnisses. Dieser Lebensraum ist in dunklen Farben gehaltenen und in Blau und Schwarztönen eher als Schattierung wahrnehmbar – ebenso wie man sich die Welt aus Sicht der Wale vorstellen könnte. Die abnehmende Helligkeit in den Bildern schließt darüber hinaus den menschlichen Blick (der Lesenden) von den unteren Meerestiefen aus – sie werden von den Walen bewohnt, können von den Menschen aber nicht eingesehen werden. Auch in der bildlichen Darstellung der Größe des Wals lässt sich eine Umkehr der Machtverhältnisse ablesen: In diesem umgekehrten Abbild von Ahabs Welt machen die walischen Jagdschulen nun ihrerseits Jagd auf Menschen.

Als Antwort auf die durchgängige Perspektive der Menschen auf die Wale erhalten die Tiere in der fantastischen Erzählung von Patrick Ness eine Stimme. Im konsequenten Blick auf die Welt der Tiere, die sowohl durch die perspektivische Stimme als auch durch die Bebilderung erfahrbar wird, lässt sich

[11] Hier danke ich Andre Kagelmann, der mich auf diesen Text als bedeutsam für die Stimmanalyse der Walerzählungen aufmerksam machte.

[12] Die Spiegelung der Menschenwelt wird bereits auf dem Cover illustriert, an dessen unterem Rand ein Zweimaster mit dem Masttop nach unten abgebildet ist, während über ihm ein ebenso großer Blauwal schwimmt.

eine Fokussierung auf die Psychologie des Wals erkennen. Diese Stimme verweist auf eine Form der Körperlichkeit, die als Echo auf die Jagd nach Moby-Dick erscheint.

Doch was genau kennzeichnet dieses Echo? Bathsebas Wiederholungszwang erinnert an die mythische Echo, die Bergnymphe, die Zeus dabei behilflich war, Hera zu betrügen, und von dieser damit bestraft wurde, künftig nur die „letzten Worte oder Silben der Rede eines anderen wiederholen zu können." (Gehring 2006, 86). Damit wurde ihr Sprechen umfunktioniert. „Sie wiederholt, was sie hört" (ebd., 88). Echo wird damit die Möglichkeit genommen, auf das Gehörte eine freie Antwort zu geben oder zu verweigern.

Auch der erlebenden Ich-Erzählerin, dem Jungwal-Weibchen Bathseba ist es nicht möglich, sich frei zu entscheiden, ob sie als Antwort auf die Jagd der Menschen nach Walen Gleiches mit Gleichem vergilt. Eine Prophezeiung hat ihr das Los einer Menschenjägerin verheißen und dieses Schicksal ist nicht abzuwenden. (Ness/Cai 2021, 8).

Dieserart auf das Echo der menschlichen Waljagd festgelegt, ist es Bathseba genommen zu schweigen, sich zurückzuziehen, zu zögern oder abzuwarten (Gehring 2006, 88). Stattdessen muss ihre Walschule die Jagd der Pequod nun unter dem Meeresspiegel wiederholen. Auf der diegetischen Ebene erzählt sich so eine unauflösliche Verbindung der Wale und der Menschen.

Das Hauptziel der walischen Jagd ist der gefürchtete Toby Wick, der als Teufel des Meeres gilt. Er, dessen Name bereits ein phonetisches Echo auf Moby-Dick ist, scheint lange Zeit körperlos. Bathseba hält ihn für einen Mythos, dessen Erzählung wie ein Echo auf die Wale zurückprallt. Denn spätestens mit der Gefangennahme des Menschen Demetrius zweifelt Bathseba am eigenen Handeln und erkennt, dass sich in der Jagd eine Transformation der Wale abzeichnet: Sie werden wesensgleich mit Toby Wick. (Ness/Cai 2021, 101 f.). Das Kämpfen macht sie selbst zu „Teufeln" (Ness/Cai 2021, 102).

Für Bathsabas Walschule erweist sich die schematische Wiederholung von Ahabs Walfang als mitverantwortlich dafür, dass Toby Wick einen hybriden Körper erhält, in dem sich Mensch- und Wal zu einem einzigen ‚Teufel' vereinigen.

> Der große weiße Rumpf war Toby Wick selbst. Eine gigantische Faust stiess aus dem Abgrund hervor […] Und dann. Und dann. Sein entsetzliches, ersetzliches Gesicht. Wie er ins Meer tauchte, seine Grimasse, die Zähne von Seepocken verkrustet und so groß wie mein Kopf, wilde, im Salzwasser geöffnete Augen, die wütend um sich blickten, von Irrsinn lodernd, der keine Gnade kannte, kein Argument […]. Und da sah ich es: Er war ein Wal. Arme ja, Gesichtszüge und Erscheinungen eines Menschen, aber irgendwie auch ein Wal. Ein Wal, der unsere Ungeheuerlichkeit spiegelt. Und zugleich ein Mensch, der ihre spiegelte. Darin der Wasserfläche gleich, an der unsere Welten aufeinandertrafen. (Ness/Cai 2021, 140 ff.)

Haben die Stimmen Ismaels und Ahabs den Körper des Wals als nicht fassbare Körperlichkeit erzählt, so ist der Teufel Toby Wick eine Spiegelung der Körperkonstruktionen, die aus dem Hass, der Angst und der Jagd von Mensch *und* Wal hervorgehen. Der Körper des Wals unterliegt damit in einem stetigen Zwang zur Wiederholung der Konstruktion durch den Menschen, er ist das Schicksal der Wale. Die sich daraus entwickelnde Welt der Wale verhält sich zur Welt der Lesenden eher als Dystopie denn als Utopie. Auf diese Weise wird die Geschichte Bathsebas zu einer Warnung, in der sich menschliches Verhalten gegenüber Tieren spiegelt. Gleichzeitig zeigt sich in der Perspektivierung des Walweibchens das Tier als Akteur deutlicher als bei Melville. Bathseba muss nicht schweigen, um ihre eigene Körperlichkeit zum Ausdruck zu bringen, sie muss mahnen – auch wenn diese Mahnungen als Kassandrarufe verhallen. Aus dieser stimmlichen Warnung heraus erhält Batseba ein Eigenleben (Borgards 2016, 42) – sie ist zwar mit den Menschen verbunden, wird aber dennoch als eigenständiges Lesewesen gezeigt.

Der sprechende Wal – Luis Sepúlveda

In Luis Sepúvedas 2020 erschienenem und von Simona Mullazani textergänzend illustriertem Kinderbuch *Der weiße Wal erzählt seine Geschichte* finden sich schon alleine durch den Protagonisten – einen alten weißen Wal – intertextuelle Verweise auf Melvilles *Moby-Dick*. Anders als bei Patrick Ness erscheint die Zurückweisung der menschlichen Perspektive jedoch als letztgültig. Auch hier wird die Geschichte konsequent in interner Fokalisierung vom Wal erzählt; doch hier findet keine Spiegelung der menschlichen Jagd statt. Vielmehr erzählt der Wal von einer Welt der Tierwesen und indigenen Völker, zu denen der westliche Mensch keinen Zugang mehr hat. Auch hier kann – gerade durch die Verbindung der indigenen Völker mit dem Schicksal des Wals – der Walkörper als Symbol für die Natur und den Umgang des Menschen mit ihr gelesen werden.

Die Welt des Wals und seiner tierischen wie menschlichen Begleiter:innen erscheint hier als eine friedliche, wie der weiße Wal erzählt:

> Ich träumte von diesem Ort, den wir Wale und Delfine, geleitet von den Lafkenche[13], eines Tages erreichen würden. Dort, wo die Sonne wohnte, war das Meer immer klar und still, die Kalmarschwärme waren unerschöpflich, die Paarung wurde nicht von schwerer See behindert, und der große Finnwal, der Pottwal und der Südkaper würden ihre prächtigen Leiber vorführen genau wie der Zwergwal, der kleinste von uns allen. (Sepúlveda 2020, 56)

Die Zerstörung dieser friedlichen Welt erkennt der Wal als Folge der (gestörten) Verbindung zwischen Mensch und Tier, die intertextuell in der Jagd Ahabs ihren Anfang genommen hat. Seitdem wurde, so Sapúlveda, der Wal als stärker beschrieben, als er ist – mit dem Ziel, andere Menschen dazu anzustacheln, ihn zu jagen (ebd., 81). Sein Körper dient hier jedoch nicht der Jagd und dem Kampf; vielmehr hat der mondfarbene Wal, wie er sich selbst nennt, die Aufgabe, die Verbindung zwischen den Menschen des Meeres und den Walen zu sichern, so dass

[13] Lafkenche: indigenes Volk in Südamerika.

sie gemeinsam in göttliche Gefilde einkehren können – in Gefilde, die als friedliches Miteinander von Tier und Mensch beschrieben werden (ebd., 56). Verbunden werden sollen dabei drei Parteien: Die Wale, die Menschen als indigenes Volk, und hybride weise Frauen, welche unter den Lafkenche leben und sich in Wale transformieren, um die toten Lafkenche auf eine geheime und paradiesische Insel zu tragen.

Die hybriden Frauenkörper stellen eine Schlüsselrolle der Verbindung dar. Sie bewegen sich zwischen Walen und Menschen und tragen letztere in das gemeinsame Paradies mit den Tieren (vgl. ebd., 45). Ihre hybriden Körper können als Verweis darauf gelesen werden, dass die dualistische Trennung von Kultur/Natur nie ganz möglich ist, sondern Schwellen und Überlappungen kennt (vgl. Borgards 2016, 238). Solche hybriden Körper transformieren gleichzeitig eine besondere Würde des Walkörpers:

> Wenn ein Wal stirbt, trauern wir und begleiten seinen Körper, bis er untergeht. Wenn ein Lafkenche stirbt, empfinden sie ebenfalls Trauer und Trübsal und warten bis zur Nacht, um ihn am Meeresufer abzulegen, denn sie wissen, dass eines der vier alten Walweibchen kommen wird, eine ‚Trempulkawe', und ihn mit zur Insel nimmt. (Sepúlveda 2020, 46)

Aus dem hauptsächlichen Fokus – der friedvollen Beziehung zwischen Wal und Mensch – beschreibt auch Mocha Dick[14] seinen Körper, um den Menschen verständlich zu sein. So wird die Sprache der Gefühle gleichermaßen im körperlichen Ausdruck erläutert (Prusten, Kapriolen schlagen, Walgesänge etc.) (Sepúlveda 2020, 27) wie durch Riten des Zusammenlebens (ebd., 31 f.). Auf diese Weise zeigt sich, dass der Wal nicht nur eine Erzählperspektive bekommt, sondern auch die Möglichkeit des sprachlichen Ausdrucks: Bei Melville meint Ismael noch, dass der „Wal keine Stimme [habe], von seinem erstickten Röcheln durch sein Blasloch einmal abgesehen, […]." (Melville 2020, 556).

Bei Sepúlveda hingegen kann der Wal mit seinem Körper sprechen, betont mit seinem Auge:

> Ich begab mich an seine Seite [des Wals, der von einer Harpune getroffen wurde – AHM] und schwamm langsam, suchte sein Auge, damit es sich in meinem spiegelte. […] In ihnen spiegelt sich, was wir sehen, und auch das, was wir gesehen haben. Im Auge des Grindwals sah ich, dass der Schaft in seinem Rücken von einem Wurfspeer stammte, einer Erfindung der Menschen. Im Auge des Grindwals sah ich, dass der Wurfspeer seine Lunge durchbohrt hatte und er kaum noch atmen konnte. Im Auge des Grindwals sah ich eine Warnung: Die Menschen begannen Jagd auf uns zu machen. (Sepúlveda 2020, 33 f.)

[14] Den Namen gibt der Erzähler dem Wal, jedoch lehnt er sich dabei zum einen an eine Bezeichnung der lateinamerikanischen indigenen Völker an und verweist als Erzähler gleich am Anfang des Buches darauf, dass er nur ein Übersetzer ist – also mit menschlichen Begriffen und Wörtern versuchen muss, die Rede des Wals zu übersetzen.

Das Walauge kann also nicht nur spiegeln, es kann Erinnerndes und Zukünftiges in Bildern erzählen und ist damit dem menschlichen Kommunikationsorgan Mund und dessen Bindung an das (zur Reflexion fähige) Gehirn gleichgestellt.

Der Wal spricht also, allein die Menschen verstehen ihn nicht. Indem sie menschliche Perspektiven auf den Wal übertragen, sind sie unfähig die Stimme des Wals zu hören, da diese nicht aus dem Mund zu ihnen dringt.

Das Verkennen des Walkörpers geht so weit, dass die Walfänger die vier hybriden Walkörper jagen, die der weiße Wal beschützen sollte. Dass die vier Wale auch Menschen sind, erkennen die Jäger erst, als die Wesen tot und blutend auf dem Schiffsdeck liegen. Doch selbst in diesem Moment erkennen die Jäger nicht, dass Tier und Mensch hier eins sind, in einem gemeinsamen Körper leben. Ausgerechnet an dieser Stelle, an der sich offenbart, dass Menschen und Tiere sich einen Körper teilen,[15] verändert sich die Stimme des Wals: Während die Jäger verstummen, wechselt die Walstimme ihren Duktus von einem lyrischen, gemächlichen und kontemplativen Ton in einen wütenden Schrei der Selbstbehauptung des weißen Wals: „Ich, der Fluch, den sie nicht mehr abschütteln konnten. / Ich, die Macht derer, die nichts mehr zu verlieren haben. / Ich, die erbarmungslose Gerechtigkeit der Meere.“ (ebd., 87)

Aus diesem Schrei, der der Unfähigkeit der Jäger entspringt zu erkennen, dass Tier und Mensch eins sind, spricht die Inkarnation der vergessenen Stimmen.[16] Als Waffe ist der Walkörper nun nicht mehr jener resonanzlose Körper wie bei Herman Melville. Der Walkörper wird stattdessen selbstbestimmt zum Racheinstrument und die Frage wäre nun, ob nicht hier eine erneute Lesart der Geschichte von Bathseba ansetzen müsste, und Luis Sepúlvedas Geschichte als Handlungsmotiv Alexandras und Bathsebas interpretierbar wäre.

Konklusion

„Literarischen Texten fällt es leicht, Tiere mit großer Handlungsmacht auszustatten“ hält Borgards fest (2016, 236). Dabei hilft es ihnen, die Tiere mit Stimmen auszustatten bzw. in Leerstellen das Schweigen von Tieren erkennen zu lassen. Auf diese Weise zeigt sich in einer literaturhistorischen Bewegung eine (Denk-) Verschiebung des Menschen über die Tiere, in der sich verändertes Wissen und Praktiken erkennen lassen. Die beiden hier vorgestellten jugendliterarischen Texte verändern in ihrer intertextuellen Erinnerung das Denkmuster der Mensch-Tier-Beziehung am Beispiel des Wals. Auf die Stimmlosigkeit des (Pott)Wals bei Ismael und die mit ihr verbundene Symbolisierung (Melville 2020, 544) folgt ein

[15] Die Allegorie vom Menschen als Tier liegt hier nahe.

[16] In den Nachrufen auf Luis Sepúlveda, der 2020 an COVID verstorben ist, findet sich dieses Zitat vielfach, um seine schriftstellerische Tätigkeit zu beschreiben.

Nachhall bei Ness' Bathseba. Ihr Echo ist eine Antwort auf die Jagd der Pequod – ein Echo, das diese Jagd allerdings wiederholt – mit ebenso grausigem Ausgang wie für die Crew von Ahab. Bei Sepúlvedas Mocha Dick wird dieser Nachhall zu einer Wiederaneignung des eigenen Körpers und der Einsicht des Erzählers seine Sicht auf Wale zu verändern, nicht ohne das Ausmaß jenes Verlustes anzuzeigen, der daraus resultiert, dass Menschen sich nicht auf die Sprache des Wals einlassen: der Verlust des Friedens.

In allen drei Fällen haben wir es mit einer Annäherung an den Wal(körper) zu tun; ob er jedoch objektiviert oder subjektiviert wird, hängt im Wesentlichen von der Fokalisierung ab. Ähnlich wie die *Culture Studies* ermöglichen es die *Culture Animal Studies* auf die (De-)Konstruktion von *Otherness* zu verweisen (Borgards 2016, 4). In der intertextuellen Verschiebung der Stimme des Wals verändern sich die Tier-Mensch-Beziehungen durch die Neu- und Umschreibungen von Patrick Ness und Luis Sepúlveda. Im intertextuellen Gedächtnisraum an den Walkörper entsteht eine Annäherung an den Tierkörper, der nicht natürlich festgeschrieben ist, sondern sich – wie am Beispiel des Auges bei Sepúlveda erkennbar – mit veränderten Blicken auf ihn auch selbst verändert.

Literatur

Primärliteratur

Melville, Herman: Moby Dick. Deutsch von Matthias Jendis. München: Hanser [11]2020

Ness, Patrick/Cai, Rovina: Und der Ozean war unser Himmel. Deutsch von Bettina Abarbanell. München: cbj Kinder- und Jugendverlag, 2021

Sepúlveda, Luis: Der weiße Wal erzählt seine Geschichte. Illustriert von Simona Maluzzani. Deutsch von Willi Zurbrüggen. Frankfurt/M.: Sauerländer, 2020

Sekundärliteratur

Böhme, Gernot: Die Stimme im leiblichen Raum. In: Kolesch, Doris/Pinto, Vita/Schrödl, Jenny (Hg.): Stimmwelten – philosophische, medientheoretische und ästhetische Perspektiven. Bielefeld 2009, 23–32

Borgards, Roland (Hg.): Tiere. Kulturwissenschaftliches Handbuch. Berlin 2016

Erthel, Thomas: Die Welt als Körper. Die Darstellung von Ganzheit bei Swift, Voltaire und Melville. Tübingen 2019

Gehring, Petra: Die Wiederholungs-Stimme. Über die Strafe der Echo. In: Kolesch, Doris/Krämer, Sybille (Hg.): Stimme. Frankfurt/M. 2006, 85–110

Göske, Daniel: Anmerkungen. In: Melville, Hermann: Moby Dick. Deutsch von Matthias Jendis. München [11]2020, 921–1027

Lindenpütz, Dagmar: Natur und Umwelt als Thema der Kinder- und Jugendliteratur. In: Lange, Günther (Hg.): Taschenbuch der Kinder- und Jugendliteratur. Baltmannsweiler 2000, 727–745

Neubert, Christian: Die Medien des Wals. Chapter 85: The Fountain in Herman Melvilles Moby-Dick. In: Neue Rundschau, 126 (2015) 1, 178–194

Sühnel, Rudolf: Melvilles Moby Dick – Versuch einer Deutung. In: Ders.: Make it New. Essays zur literarischen Tradition. Berlin [u. a.] 1987, 194–203

Schäfer, Armin: Herman Melville: Moby-Dick; or, the Whale (1851). In: Borgards, Roland [u. a.] (Hg.): Literatur und Wissen. Berlin: 2013, 365–369

Körper oder Sexualisierung / Gewalt / (Un-)Doing Gender

Unbehagliche weibliche Körper? Inszenierung gegenderter Körper in Cara Delevingnes *Mirror, Mirror*

Stefanie Jakobi

Abstract The article is dedicated to Cara Delevingne's "[t]wisty coming-of-age-novel" *Mirror, Mirror* and examines strategies of representation through which the female body in the novel becomes an object – of violence but also of narration. Analysing the three main characters from a gender theoretical standpoint, the article aims to show how violence is functionalised in youth media productions: either as an enlightening or exploitative moment.

Der weibliche Körper ist in populären Medien, so scheint es, beständig in Gefahr: Sonia Saraiya postuliert diesbezüglich, dass „rape on television morphed from a delicate topic to practically de rigueur" (Saraiya 2019 [up.]). Ähnlich argumentiert Stefanie Lohaus mit dezidiertem Blick auf die deutsche TV-Landschaft und erweitert die Differenzkategorie ‚Gender' in diesem Zusammenhang noch um die Kategorie ‚Age': Nicht allein der weibliche Körper sei permanent gefährdet, sondern vorrangig der *junge* weibliche (vgl. Lohaus 2021).

Dieser Eindruck lässt sich durch einen kursorischen Rundgang durch populäre Jugendmedien bestätigen: Die über sieben Staffeln angelegte US-amerikanische Serie *Pretty Little Liars* lässt ihre weiblichen Protagonistinnen zum Beispiel nicht allein von einer:einem namenlosen Unbekannten terrorisieren, sondern inszeniert sie als deren:dessen Puppen: Sie werden eingesperrt, entblößt, präsentiert, körperlich verletzt, lebendig begraben und schließlich auch gegen ihren Willen geschwängert. Am Ende werden diese traumatischen Erfahrungen sarkastisch in ein Happy End mit Eheschließungen und Familiengründungen überführt.

Das nach der zweiten Staffel abgesetzte Reboot der Serie *Gossip Girl* bemüht sich zwar um ein diverses Casting, lässt seine Figuren jedoch Sextapes seiner minderjährigen Protagonistin verbreiten – Sextapes, die ohne deren Zustimmung

S. Jakobi (✉)
Germanistische Literaturwissenschaft (Schwerpunkt: Kinder- und Jugendliteratur/Kinder- und Jugendmedien), Universität Bremen, Bremen, Deutschland
E-Mail: jakobist@uni-bremen.de

A. Kagelmann et al. (Hrsg.), *Körper erzählen*, Studien zu Kinder- und Jugendliteratur und -medien 14, https://doi.org/10.1007/978-3-662-69255-4_10

aufgenommen wurden. *Revenge Porn* und das unfreiwillige Veröffentlichen von sexuellen Inhalten finden sich als thematischer Schwerpunkt in zahlreichen Jugendromanen, ebenso wie die Auseinandersetzung mit sexueller Gewalt (vgl. Jakobi 2021, 184). Die exemplarisch ausgestellte Prävalenz von Gewalt in den (populären) Kinder- und Jugendmedien ist jedoch keine neue Entwicklung, knüpft vielmehr an allgemeinliterarische Tendenzen an. So kann mit Peter Fifield festgehalten werden, dass Gewalt ein Topos der Literaturgeschichte darstellt und eine treibende Kraft des westlichen Literaturkanons ist (vgl. Fifield 2015, 116). Fraglich ist, wie jugendmediale Inszenierungen von Gewalt funktionalisiert werden: Dienen sie der Unterhaltung – als Schockmoment und Tabubruch? Lassen sie sich als diskursive Machtgeste lesen? Andrea McDonnell weist populärkulturellen Medien ein solches diskursives Potenzial explizit zu:

> Though often looked down upon as lowbrow, trashy, and disposable, popular cultural products are also clues, pieces of the puzzle of the milieu whose presence both springs from and informs our understanding of the time and place in which we live. (McDonnell 2019, 189)

Oder fungieren dergleichen Inszenierungen als aufklärerisches Instrument? So scheint im jugendmedialen Subsystem für die Inszenierung körperlicher oder sexueller Gewalt noch eine weitere Dimension hinzuzukommen: die Frage der Didaktisierung eben dieser Inszenierung. Victor Malo-Juvera und Paula Greathouse erörtern diesbezüglich didaktische Möglichkeiten, ohne diese jedoch explizit zu qualifizieren:

> Their efforts are supported by recent research that has shown using literature to discuss topics such as homophobic bullying and date rape may actually lead to teens becoming less homophobic and less likely to believe myths that deny rapes as real and blame victims of rape for their assaults […]. (Malo-Juvera/Greathouse 2020, 2)

Das „may" in ihren Ausführungen ist somit ein Bezeichnendes, sagt doch das ‚Was' der Darstellung noch nichts über das ‚Wie' aus und separiert gerade Letzteres potenziell aufklärende Texte von rein unterhaltenden, schockierenden oder gar voyeuristischen. Diesem ‚Wie' soll hier nachgespürt werden, um zu zeigen, inwiefern Cara Delevingnes – in Zusammenarbeit mit Rowan Coleman entstandener – Roman *Mirror, Mirror* als Schauplatz für die Verhandlung von „contemporary shifts concerning gender, identity, desire, and embodiment" (Sandercock 2023, 171) dient und inwiefern der Text in diesem Zusammenhang problematische Diskurse de- oder womöglich konstruiert.

Als „[t]wisty Coming-of-Age-Novel" (Delevingne/Coleman 2017, Cover) paratextuell vermarktet, erzählt der Roman zwar einerseits von adoleszenten Entwicklungsaufgaben im Sinne Carsten Gansels (siehe 2011, 40) der vier Hauptfiguren und Bandmitglieder Red, Rose, Naomi, Leo und berührt damit die von Sandercock benannten Diskursfelder. Andererseits steht im Fokus der Handlung um die vier jugendlichen Bandmitglieder, deren Bandname den Titel des Romans bildet, das Verschwinden Naomis und dessen Aufklärung.

Gegenderte Körper?

Relevant im Hinblick auf das in diesem Beitrag zur Anwendung gebrachte Verständnis vom Körper und dessen literarischer Inszenierung ist die von Sarah Yvonne Brandl ausgewiesene Erweiterung des Körpers als „Bühne der Personen-Identität“ (2010, 26). Brandl weist dem Körper somit nicht allein eine soziale Funktion zu, sondern entgrenzt diesen zudem. Zum Körperbegriff gehört nunmehr auch „alles, was an seinem Ausdruck beteiligt ist: Bekleidung, Kosmetika, Prothesen, Präsentationsmittel und -techniken“ (ebd.). Der Körper als ein soziales und symbolisches Konstrukt erhält somit eine dezidiert performative Komponente. Diese ist stets mitzudenken, gerade im Hinblick auf seine Bestimmung als gegendertes Konstrukt, wie Marion Gymnich in ihrer knappen gendertheoretischen Einführung darlegt (vgl. 2010, 259). Als zentrale Inszenierungsaspekte für Körper als gegenderte Kategorie markiert sie „explizite, häufig kontrastive Beschreibungen“, die „Darstellung von Körperlichkeit und subjektiver Körperwahrnehmung“ sowie die „Darstellung der Bewegung im Raum“ (ebd.).

Diese Aspekte sollen für die folgende Untersuchung erkenntnisleitend sein, jedoch im Kontext des vorgestellten entgrenzten Körperkonzeptes noch um die Aspekte „Stimme“, „Blick“ und „Agency“ (ebd.) ergänzt werden, die Gymnich für eine gendertheoretische Betrachtung ebenfalls ausstellt, jedoch parallel zum „Körper“ setzt. Die vorgestellte Erweiterung des Körperkonzeptes erlaubt es, diese Aspekte als vielmehr dem Körper zugeordnet zu verstehen. Die Stimme lässt sich als das Lautbarmachen, das Lautwerden, das Gehört-Werden des performierten Körpers lesen. Der Blick nach diesem Verständnis als Offenbarung des Körpers als dessen Objekt oder Subjekt. (Wie ist der Körper des:der Schauenden beschaffen und wie jener, auf den geblickt wird?) Agency wird in dieser Lesart als Ausdruck der Handlungsmacht über den eigenen Körper, in der eigenen Lebensgeschichte bestimmt – oder lässt sich im Sinne des Körpers als Subjekt oder Objekt körperlicher Gewalt fassen.

Wie eingangs benannt, etablieren populärkulturelle Darstellungen vornehmlich den weiblichen und jungen Körper als inszenatorischen Fixpunkt körperlicher und sexualisierter Gewalt. Diesbezüglich diskutiert Elisabeth Bronfen, Bezug nehmend auf Teresa de Lauretis, dass Inszenierungen von körperlicher Gewalt stets als untrennbar von gendertheoretischen Fragestellungen (vgl. Bronfen 1992, 50) zu begreifen seien, ist der weibliche Körper doch als Zuspitzung von Alterität[1] zu verstehen – der weibliche Körper somit als der andere Körper (vgl. ebd., xi). Daran schließen sich weitere potenzielle Zuschreibungen an: Der andere Körper als dehumanisierter, der ‚schöne‘ weibliche als der gefährdete Körper (vgl. ebd.).

[1] Hier wird die Relevanz einer intersektionalen Perspektive deutlich, lassen sich neben Geschlecht – nicht nur, aber auch mit Blick auf postkoloniale Literaturtheorien – weitere Strategien des Otherings aufmachen und beleuchten.

Für die Anwendung des Koordinatensystems aus Gewalt, Körper und Gender sollen nun drei der Hauptfiguren – Red, Rose und Naomi – bestimmt werden, um zu zeigen, wie der Roman das Spannungsfeld gegenderter Körper und körperlicher Gewalt auslotet.

Red, Rose und Naomi als gespiegelte Körper oder Körperspiegel?

Erzählte und Erzählende Körper – Stimme

Für die Kategorie der Stimme als Ausdruck der körperlichen Inszenierung – und dies noch jenseits jeder gegenderten Zuordnung – ist zunächst die narratoästhetische De- bzw. Privilegierung der drei Figuren hervorzuheben: Red als autodiegetische Erzähl- sowie als vorrangige Fokalisierungsinstanz ist die ordnende, mediatisierende Stimme, die somit sowohl auf extra- als auch intradiegetischer Ebene zu ‚hören' ist. In Bezug auf die Inszenierung sowohl von körperlicher als auch sexualisierter und damit zweifach gegenderter Gewalt ist diese erzähl-stimmliche Dominanz insbesondere deshalb von Interesse, weil Red zwar Opfer verbaler (vgl. Delevingne/Coleman 2017, 248) und körperlicher Gewalt (durch die eigene Mutter) wird (vgl. ebd., 299), aber ausschließlich Rose und Naomi, als nicht privilegierte Stimmen, wiederholt zu Opfern sexueller Gewalt werden.

Die Stimmlosigkeit dieser beiden Figuren wird zudem jeweils auf Ebene der diegetischen Figurenrede explizit ausgestellt und mit den Übergriffen auf Rose und Naomi in Zusammenhang gebracht. Rose benennt das eigene Verstummen einerseits als Coping-Strategie: „I didn't say anything to anyone, I couldn't bear to. I thought, if I just close it in it will go away." (Ebd., 171) Andererseits wird diese Strategie von ihr als defizitär benannt:

> It's like everything is fine, good even, like tonight with you and then suddenly out of nowhere comes this feeling of … of dread. And I want to scream and run away and hide, but there's nothing to hide from, no place to hide. Because all the scary shit is inside my head. I just want it to go away. Why won't it go away, Red? (Ebd.)

Red ist an dieser Stelle Gesprächspartner:in der ‚stimmlosen' Rose und wird vom Text somit als Ratgeber:in und Unterstützer:in positioniert. Rose weist diese Positionierung aber zurück und wertet Red zudem verbal ab – ihre Stimme wird zur Waffe, nicht gegen den Täter, sondern gegen das eigene Netzwerk:

> „Oh poor damaged little me, can't cope with my life and now I'm going off the rails, if only I had a knight in shining armour to save me! Is that what you're thinking?" […] „Except that's not what you are, Red, you aren't a knight in shining armour, you are just a loser, riding on mine and Leo's coat tails" (Ebd., 185)

Roses intradiegetisches Verstummen einerseits und ihr intradiegetisches Sprechen andererseits werden, gebunden an Reds vermittelnde Position, somit vom Text als problematisch gerahmt. Im Gegensatz dazu bringt der Text Naomi als das zweite

Opfer nahezu komplett ‚zum Schweigen‘: Sie ist zu Beginn des Romans verschwunden, wird allenfalls in Analepsen und damit in narratologischer Distanz ‚hörbar‘ und liegt nach ihrem Wiederauftauchen zunächst im Koma – eine Kommunikation mit ihr wird damit unmöglich: „Naomi doesn't answer, of course. I don't know why but I keep expecting her to.“ (Ebd., 144)

Naomis Schweigen wird im Handlungsverlauf einerseits nicht aufgelöst und andererseits dezidiert ausgestellt: „I can't talk about what happened, I don't want to think about it, not yet. Not ever.“ (Ebd., 399)

Dieses Verstummen und Stummbleiben der beiden weiblichen Opfer sexueller Gewalt ist für sich genommen durchaus ambivalent zu betrachten. Lynn A. Higgins und Brenda R. Silver diskutieren bspw. die Bedeutung der verbalen Hoheit über gewaltvolle Akte: „Rape is about who gets to tell the story.“ (Higgins/ Silver 1991, 2) Vor diesem Hintergrund wäre die Negation des Sprechens über das Geschehene somit als erneute oder beständige Viktimisierung der beiden Figuren zu lesen. Jennifer Mooney kritisiert hingegen die Überbetonung der Wiederentdeckung der (eigenen) Stimme in jugendliterarischen Erzählungen zum thematischen Komplex Vergewaltigung: „Many YA texts present autonomy in essentialised terms: characters are often portrayed as realising an innate power or ‚finding their voice‘ when faced with adversity.“ (Mooney 2023, 100) Anknüpfend an Roxanne Harde postuliert sie zudem, dass diese phonozentristische Auslegung von (körperlicher) Autonomie das Verbalisieren des Geschehenen als ‚Happy End‘ rahmt und somit den bloßen Sprech- als einen therapeutischen Akt zu etablieren sucht (vgl. ebd.).

Vom Schauen und Beschaut-Werden – Blick

Geprägt ist der Roman durch zahlreiche spiegel- und augensymbolische Momente, wie auf paratextueller Ebene bereits der Titel vorausdeutet, und die sich übergreifend als Ausdruck der Metaphorisierung der Kategorie ‚Blick‘ auf Textebene ausweisen lassen.

Diese Häufung lässt sich für alle drei zu betrachtenden Figuren nachweisen, jedoch offenbart auch der Aspekt ‚Blick‘ eine klare Divergenz zwischen Red einer- und Rose und Naomi andererseits. Red ist dezidiert ein Agens des Schauens – sowohl des Weg- als auch Hinschauens – wobei über diese Akte jeweils die eigene Identität oder auch die Identität des Gegenübers verhandelt wird. Red stoppt zum Beispiel einerseits bewusst den Blick in den Spiegel: „And I stopped looking in mirrors, while I remade my outside to match how I feel inside.“ (Delevingne/Coleman 2017, 263) Andererseits wird das eigene Spiegelbild im weiteren Handlungsverlauf zunehmend als (gender-)identitätsaffirmierend beschrieben und symbolisiert die Hoheit über das eigene (Körper-)Bild: „I don't see weird or gay or straight. Or a girl who wants to be a boy. […] I just see me.“ (Ebd., 264) Dieses affirmative und autonome Schauen auf das eigene Selbst wird den beiden anderen Figuren nicht zugestanden. Vielmehr werden über die Sicht von Red auf Rose und Naomi Strategien des Otherings und der Objektifizierung sichtbar. Rose wird zum weiblichen Körper als fremdem und nahezu mystischem Objekt, das wiederholt Blicke Anderer fokussiert:

> Rose – she was a stranger to me then, this kind of mythical stunning girl that I could only look at from a distance – was holding court in the corner, sitting on her desk. At least half the class were turned to look at her and not Smith, riveted by her stories that she illustrated with wild hand gestures. (Ebd., 41)

Neben dieser Rahmung von Rose durch die Perspektive Reds kommt zudem ein innerdiegetischer kritischer Blick, durch den Rose als emotional instabil, launenhaft und dominant gekennzeichnet wird: „The second Emily walks in the door, I can tell that Rose is having none of it. She doesn't have to say anything, you can just see the lightning flash in her eyes. She's the hot girl in our band, there isn't room for two." (Ebd., 243)

In diesem Kontext hält der Text eine Verbalisierung der Gedanken durch Rose nicht für nötig bzw. dieser wird kein Raum gegeben. Es ist einzig ihre Mimik, die von Red ausgedeutet und sprachlich ausgestaltet wird. Herauszuheben sind des Weiteren die sprachlichen Rahmungen, die Reds Blick auf Rose gestalten und diese zu einem gewaltvollen Wesen werden lassen, das nicht zu verstehen ist (vgl. ebd., 117), sich in seinem Anderssein dem eigenen Verständnis entzieht.

Ähnliche Strategien der Alterisierung und der Objektifizierung im Rahmen blickmetaphorischer Äußerungen finden sich in der Darstellung Naomis. Sie wird ebenfalls wiederholt zum Objekt der Blicke Reds, wobei in diesem Zusammenhang einerseits ihre Leblosigkeit und andererseits die von Gymnich ausgemachten detaillierten körperlichen Beschreibungen (vgl. Gymnich 2010, 259) als Inszenierungsstrategien auszustellen sind: „Focusing on the one eye I can see I try to imagine what could possibly have happened between the last time I saw her – eight weeks ago, when she'd wiped off all her anime make-up, and was wearing a yellow summer dress, legs bare and brown – and now." (Delevingne/Coleman 2017, 79)

Der Kopf in Bandagen gehüllt, besitzt Naomi in der Wahrnehmung Reds somit nur ein Auge – und selbst dieses ist und bleibt lange geschlossen und kann nicht zurückschauen. Naomis Objektifizierung ist zudem emotional gerahmt: Sie ist einerseits – gerade in ihrem geschwächten Zustand – Objekt (männlicher) Begierde: „[W]hen she's out of that coma, I'm going to ask her on a date. She will turn me down, probably, because she is way out of my league, but why live your life in fear, right?" (Ebd., 125 f.) Andererseits werden über ihren zunächst abwesenden und später leblosen Körper emotionale Urteile gefällt: „And yes, once she would have run away to make everyone look for her, she would have, because once she thought that kind of psycho-drama was a big deal." (Ebd., 138 f.)

Naomi scheint in ihrem nahezu leichenhaften Zustand zwar das „thematic subject" (Bronfen 1992, 5) des Textes zu sein, wie es Bronfen in ihrer Gemäldeanalyse pointiert benennt, dreht sich der Text doch auf der Oberfläche um das Aufklären des Geheimnisses um ihr Verschwinden; tatsächlich wird jedoch Red als Subjekt des Schauens (und der Handlung) installiert. In Bezug auf Rose und Naomi offenbart sich der Blick als Analysekategorie somit als dezidiert gegendertes Konzept, eine Perspektivierung, die Bronfen im Anschluss an Lemoine-Luccioni als Objektifizierungsgestus deklariert: „Woman doesn't look; she gives herself to be looked at; she is beauty and being beauty, she is also an object of love.“ (Ebd., 102) Diese Objektstrategie lässt sich auch für den Aspekt körperlicher Agency nachzeichnen.

Von schwachen und starken Körpern – Agency

Die bereits zweifach ausgewiesene Divergenz zwischen Red einerseits und Naomi und Rose andererseits wird mit Blick auf die Handlungsmächtigkeit der Figuren erneut sichtbar. Der Kriminalplot rund um Naomi zeichnet diese dezidiert als Opfer, als Gefangene, als Figur ohne Möglichkeit das eigene Schicksal, die eigene Geschichte nicht nur zu verbalisieren, sondern auch zu lenken:

> I know how she ended up in the river, Red. He wrote on that sick site, boasting about it. She tried to get away from him, she tried to come home, and he beat her up. So badly he thought he killed her. It was him who dumped her in the river. He'd been keeping her in a block of old flats less than half a mile from home. All those weeks, she was his prisoner. (Delevingne/Coleman 2017, 367)

In der Suche nach Naomi und der Suche nach dem Täter wird Rose kaum Handlungsmacht zugeschrieben; vielmehr wird sie zu einem weiteren Opfer des seriellen Täters gemacht:

„There's another girl on there now. His latest project, he's still grooming her. It's still a romance as far as she is concerned and nothing more. It hasn't gone that far yet. […] It's Rose.“ (Ebd., 332)

Während der Text Naomi und Rose somit als Objekte der männlichen Agency des Täters inszeniert, ist Red an der Aufklärung des Falles (gemeinsam mit Naomis Schwester und Leo) aktiv und maßgeblich beteiligt. Die Handlungsmacht Reds, die im Laufe der Geschichte zunimmt, ist zudem maßgeblich mit Reds sexueller und körperlicher Identitätsfindung verbunden. Gleiches gilt unter negativen Vorzeichen auch für Rose und Naomi, die aufgrund des Auslebens ihres sexuellen Begehrens in Gefahr geraten.

Für Red verhält sich dies anders – mit Blick auf Kathryn James Problematisierung der Darstellung von nicht-heteronormativem Verhalten womöglich oberflächlich durchaus als progressive Umkehr zu lesen. James stellt eine enge Beziehung zwischen sozial bestimmter „deviance and mortality“ (2009, 16) aus. Eben diese Beziehung wird in *Mirror, Mirror* konterkariert, womit der Text sich durchaus in aktuell vorherrschende Diskurse in jugendliterarischen Erzählungen von Vergewaltigung einschreibt. Amber Moore und Elizabeth Marshall postulieren, dass

> the majority of straight female characters in the novels we analyze in this chapter at best disappoint and at worst demonize and endanger the victim survivors, queer characters powerfully demonstrate that female friendship can be a significant site of both allyship and resistance. (Moore/Marshall 2021, 151)

Der Text zeichnet Red als ein:e solche:r ‚ally‘ aus und belohnt diese Rolle handlungsstrukturell über die Entwicklung der Beziehung zur Mutter. Sie wertet Red zu Beginn des Romans – auch körperlich (vgl. Delevingne/Coleman 2017, 299) – als abweichend und fremd ab. Im Zuge der Aufdeckung des Falles wird diese Abwertung in Akzeptanz überführt und die Mutter-Kind-Beziehung – auch durch körperliche Nähe – ‚geheilt‘: „‚You are amazing, Red,‘ Mum says pulling me closer to her. ‚So much stronger, so much braver than I ever realised. And you are my daughter. And I'm proud of you.'" (Ebd., 396) Einher geht dies mit positiven und autonomen sexuellen Erfahrungen Reds (vgl. ebd., 401), die in Kontrast zu jenen von Naomi und Rose stehen. Dass Rose und Naomi am Ende der Geschichte mit zwei männlichen Figuren – Leo und Leckraj – verpartnert werden, Figuren, die sie bereits in ihrem hilflosen Zustand verbal als Objekte des Begehrens benannt hatten, verstärkt diese Diskrepanz im Spektrum körperlicher und sexueller Agency.

Fraglich ist abschließend, inwiefern sich diese wiederholt aufgerufenen und divergierenden Zuschreibungen in ein gegendertes Körperkonzept einordnen lassen oder dieses dekonstruieren: Wer kontrolliert den eigenen Körper und offenbart diese Kontrolle wiederum gegenderte Zuschreibungen?

Von kontrollierten Körpern und Kontrollkörpern? – Körper
Betrachtet werden sollen zunächst die beiden Figuren, die im Text über Pronomen und Namen explizit als weiblich lesbar werden (zu Namen und Gender siehe: Nieberle 2014, 12): Rose und Naomi. Aufmerksamkeit fordern diesbezüglich die zahlreichen sehr detaillierten Beschreibungen Naomis und Roses ein. Rose wird eingeführt als: „Dark brown hair, dyed blonde, but not all the way to the top; not skinny like some girls, Rose's boobs and hips keep the boys of Thames Comprehensive in her thrall." (Delevingne/Coleman 2017, 19) Diese ausführlichen und sexualisierten Beschreibungen finden sich wiederholt: Rose sehe aus wie ein „fucking movie star. Floor-length leopard print fake-fur coat, hair crazy, shades on, lips intense pink." (Ebd., 137) Auch für Naomi finden sich dergleichen ausführliche Beschreibungen des Körpers als „soft and rounded, gentle and vulnerable." (Ebd., 134) Körperliche Anziehungskraft ist demzufolge dezidiert an den begehrenswerten weiblichen und punktuell als schwach bestimmten Körper gebunden (zu dieser Verhältnissetzung siehe: Mooney 2023, 93). Zu dieser sexuellen Objektifizierung kommt zudem eine gewaltindizierte, über die erneut Red, als schauendes Ich, erkennbar wird:

> I look. I see her face swollen, purple and grey. And now I can't stop looking because this face is so different from the one I know so well. It's hard to believe she is the same person. There's a dressing that encircles her head, and every trace of her long dark hair is gone. Another bandage is bound diagonally across her face, traces of red seeping through. Bruises blacken and discolour her skin wherever it is visible, one eye swollen shut, the other concealed under the bandage, her dark sparkling eyes seem blotted out forever. I see the machines, the thick uncomfortable tube that comes from her mouth, twisting the soft smile I remember into a frozen scream. Wires seem to be growing out of her body like she is half-machine […]. (Delevingne/Coleman 2017, 36)

Die Blicke Reds offenbaren einerseits die körperlichen Handlungen des Täters, anderseits zerlegen sie ihren Körper in seine Einzelteile. Eine Zerlegung, die sie nicht als uniformes Wesen, sondern als Stückwerk erscheinen lässt und ihre De-Humanisierung als „half-machine" (ebd.), die nicht einmal die Kontrolle über den eigenen Körper hat, sondern die ‚arrangiert' und positioniert wird (vgl. ebd. 79), verstärkt diese Darstellung. Sowohl die Akte des Täters als auch der Blick Reds sowie der Umgang mit Naomis Körper im Krankenhaus deklarieren diesen somit als Objekt. Dieser Kontrollverlust wird in den Songtexten Naomis deutlich, die in den Text montiert und typografisch abgehoben ihre Stimme hörbar werden lassen, auch wenn dies zunächst vom Text verdeckt bleibt, aber sie dennoch als körperliches Objekt ausweisen, über das andere verfügen können, aber nicht sie selbst verfügen kann:

> You tell me I have to smile, even when I taste blood.
> You say they want to see teeth
> It's a sign of love when you hurt me so hard
> There's not love here, just pain.
> You say I am your own private feast
> You bite me again and again. And again… (Ebd., 341)

Der Roman *Mirror, Mirror* inszeniert seine weiblichen Figuren somit als „things whose bodies are available for consumption, just the products on display", wie McDonnell in Bezug auf Genderdiskurse moniert (McDonnell 2019, 191). Dies gilt umso mehr, als auch die Überführung des männlichen Täters an eine (erneute, wenn auch anonymisierte) Zurschaustellung der weiblichen Opfer geknüpft ist: „Photos, dozens of them, fill up the screen in quick succession, the faces and bodies of the girls pixelated out. There are screen shots of his secret groups, close-ups of his comments". (Delevingne/Coleman 2017, 389) Auch hier sind die weiblichen Körper also „on display" (McDonnell 2019, 191), werden benutzt, um den Täter öffentlich bloßzustellen.

Dieser objektifizierenden Körperinszenierung von Naomi und Rose steht jene von Red konträr gegenüber, wobei analog die expliziten und detaillierten Körperattribuierungen zu verzeichnen sind, die jedoch different funktionalisiert werden. Dazu gehört bspw. die Ausstellung von körperlichem Schmerz – während es sich bei Rose und Naomi um Fremdeinwirkungen handelt, fügt sich Red selbst körperliche Schmerzen zu, um damit mentale zu überdecken. Als ein solcher körperlicher Coping-Mechanismus wird bspw. das erste und selbst gestochene Tattoo eingeführt:

> It's supposed to be the infinity symbol, but it looks more like a pissed number eight. I don't even know why I did it, except it was something to do and I liked the pain. On that day I was hurting already, like my whole body was a bruise, inside and out. I wanted to feel something else apart from the stone-heavy pain in my chest. (Delevingne/Coleman 2017, 82)

Im weiteren Handlungsverlauf wird das Zufügen und Aushalten von körperlichen Schmerzen beim Tätowieren und Piercen nicht mehr nur als bloßes Verdrängen anderer Probleme, sondern gezielt als Ermächtigungsgeste im Umgang mit dem eigenen Körper, der eigenen Identität etabliert:

> He wasn't lying. It fucking, fucking hurt. I felt the gun vibrating like it was in my bones, my skin screaming, nerves twisting and jangling with every pinprick, stretching out for what seemed like hours, until eventually I kind of rolled into the pain and it became part of every breath I took. […] I felt relaxed about who I was and comfortable in my colourful, ink-stained skin. And that's when I knew I had done the right thing, because showing your true colours is always the right thing. It has to be. (Ebd., 84)

Die detaillierten Benennungen der einzelnen Körperteile – die Haut, die Nerven – zerlegen hier Red nicht in Einzelteile, wie dies bei Naomi der Fall war, sondern verdeutlichen die Einheit zwischen Körper und Identität. Über das Auszeichnen, das Kennzeichnen des eigenen Körpers erlangt Red Kontrolle über diesen, ja mehr, Red erschafft ihn neu.[2]

Eine analoge Erzählstrategie findet sich in der Inszenierung von Reds Essverhalten.

In Rückblicken erzählt Red zunächst von einer Binge-Eating-Störung, dem daraus resultierenden Übergewicht sowie der damit verbundenen Entfremdung vom eigenen Körper:

> This me, the me made of blood, bone, nerves and synapses is the me that I never used to be into. Back when I was hiding in those folds of fat as a little kid, my body felt like an inescapable prison, because that's the me that my heart beats in; a fleshy bloody prison that I hated as much as I needed it. (Ebd., 64)

An diese Phase des Kontrollverlusts über das eigene Essverhalten schließt sich – ebenfalls ausschließlich in Retrospektive erzählt – eine Phase der Kontrolle, der Reduzierung von Essen an, welche als Abgrenzung von den eigenen Eltern installiert wird: „Bingeing was for a baby, a little kid out of control. Not eating was for the new me, the one that had total control, and I was sure they'd notice, and they did." (Ebd., 64) Die Verweigerung der Nahrungsaufnahme etabliert Julia Kristeva als „most elementary and most archaic form of abjection" (Kristeva 1982, 2 f.) im Kontext von Identitätsfindung und (insbesondere mütterlicher) Ablehnung[3]: „Mute protest of the symptom, shattering violence of a convulsion that, to be sure, is inscribed in a symbolic system, but in which, without either wanting or being able to become integrated in order to answer to it, it reacts, it abreacts. It abjects." (Ebd.) In einem familiären System, welches Red und Reds Körper beständig als anders und fremd ausweist, wird eben dieses System, aber ebenso der Körper durch Reds Essverhalten dekonstruiert und zum Verschwinden gebracht. Diese Phase der zwanghaften und damit nur scheinbaren Kontrolle über den eigenen Körper ist nur eine momentane. In der Gegenwart der Erzählung angekommen, hat Red diese Phasen überwunden und aktiv proklamiert wird nun einerseits die Kontrolle über das eigene Körperbild:

> Because you see, I like the me in that world, the one you see on social media. That me looks like a person who knows what they are doing, what they want, where they are going. That me is on-point. The reflection of me, that lives behind the shiny screen, is the one who gets the likes, and the hearts, and the direct messages. Sideways smiles from girls who think maybe, actually, even though they have never thought it before, they could like me that way, because although I'm short and skinny, man, can I play those drums. That kid is pretty sexy. (Delevingne/Coleman 2017, 63)

[2] Vgl. dazu auch den Beitrag von Julia Benner im vorliegenden Band.

[3] Vgl. dazu auch den Beitrag von Julia Boog-Kaminski im vorliegenden Band.

Andererseits installiert Reds Erzählung den eigenen Körper als präzises Werkzeug, Instrument, als Spiegel der eigenen Identität:

> So slowly, slowly, over that year behind the drums, playing and hanging out with the people I began to realise were my mates, I was too busy letting go of control to think about what I was eating. It was terrifying; I was scared but I was excited too, because I had friends, and music, and dancing, and laughing, and going out all night, hopping from club to club, bar to bar, and howling at the moon. […] Doesn't sound like a fitness regime, does it, but it was. The more I played, the fitter and stronger I got. I stopped thinking about eating, so I ate when I wanted and it seemed to be about as much as I needed. And the more I let myself be me on the inside, the more it matched me on the outside. (Ebd., 65)

Herauszustellen ist hierbei der performative Akt, der hinter der Arbeit am Selbst steht. In der Auseinandersetzung mit der Inszenierung von Transidentitäten in zeitgenössischer Jugendliteratur hebt Sandercock Performanz als identitätsstiftenden Mechanismus hervor (vgl. 2023, 80). Eine analoge Strategie scheint in Bezug auf die Inszenierung von Reds Körper und körperlicher Identität vorzuliegen – die Beteiligung in der Band, das Schlagzeugspielen einerseits als Ausdrucksmittel, andererseits als körperliche Aktivität. Beide Aspekte tragen zur Identitätsfindung, zur Versöhnung Reds mit sich selbst bei. Die Analogie zu Sandercocks Ausführungen zeigt sich zudem als Bezugsgröße, da mit Red, wenn auch keine Transfigur, so doch eine genderambige Figur vorliegt. Diese Ambiguität spielt mit den Erwartungen oder Verständnisebenen der Leser:innen. Dies knüpft an Sigrid Nieberles Aussagen zur literarischen Inszenierung von Gender an, gestalten doch

> nicht der Text oder sein Autor bzw. seine Autorin […] eine anzunehmende vorgängige Geschlechtsidentität der Figuren aus, sondern umgekehrt: Handlungs- und Gestaltungselemente im literarischen Text lassen die Leserinnen und Leser auf ein Geschlecht der Figuren schließen. Der Name einer Figur oder die Erzählstimme sind dabei nur zwei wichtige Gestaltungselemente unter vielen anderen Möglichkeiten. (Nieberle 2014, 12)

Die Leser:innen sind im ersten Teil des Textes auf Reds Erzählstimme als hinweisgebend angewiesen. Pronomen in Bezug auf die Figur werden vermieden und auch der Name lässt nicht auf eine explizite Geschlechtsidentität schließen. Damit wird der Prozess der Gendermarkierung, den Nieberle nachzeichnet, an den Lektüreprozess delegiert. Die Erzählstimme – gerade in Bezug auf die ausgestellten Kategorien Blick und Agency – ist durchaus, so ließe sich mit Blick auf die eigene Leseerfahrung schließen, männlich konnotiert. Nieberles Aussagen zu Leseprozessen lassen sich jedoch von der literarischen Inszenierung entkoppeln und diskursiv verordnen: „Dabei ist es nicht erheblich, wie ‚weiblich' eine Frau ist, sondern inwiefern sie als solche von sich selbst und von anderen wahrgenommen wird." (Nieberle 2014, 14)

Der Text mit seinen Irreführungen und seinem narrativen Twist, der dramaturgisch mit dem Höhepunkt der Handlung zusammenfällt, und in dem Red durch Rose explizit als junge Frau gelesen wird, führt eben diese prozessuale und performative Qualität von ‚gender' vor, die Judith Butler auszeichnet (vgl. Butler 1991, 60). Indem Red sich dieser Zuschreibung verweigert und sich als ‚Ich' im eigenen Körper postuliert, lässt sich über die Figur zeigen, inwiefern Körper als

Konstrukt ein Produkt von Machterfahrungen ist (vgl. Butler 2011, xii). Für die Auseinandersetzung mit gegenderten Körpern und körperlicher Gewalt ist weniger relevant zu diskutieren, ob die Inszenierung der Identität Reds als narrativer Twist zu problematisieren ist oder ob sie darüber nicht den Leser:innen und ihren Erwartungen den titelgebenden Spiegel vorhält. Zu problematisieren scheint vielmehr die wiederholt ausgestellte Divergenz zwischen den explizit als weiblich lesbaren Figuren Rose und Naomi und der ambiguen und mit männlichen Erzählattributen versehenen Figur Red. Selbst wenn der Text Red in Anlehnung an Butler weder explizit zur Frau oder zum Mann macht (siehe: Butler 1991, 60), stellt er Red doch als ‚mächtig', als ‚Subjekt', als schauend, als aktiv, als ordnende, vermittelnde Instanz dar und inszeniert somit die Interdependenzen von ‚sex', ‚gender' und Körper. Trotz der Ambiguität dieser Figur etabliert der Text also ein binäres Ordnungssystem, welches heteronormative Zuschreibungen bedient.

Schluss

Ziel des Beitrages war es, anhand des Romans *Mirror, Mirror* als populärliterarisches Beispiel die Interdependenzen von gegenderten Körpern und körperlicher Gewalt zu untersuchen und in diesem Zusammenhang auch das Verhältnis von Exploitation und didaktischem Potenzial anzureißen.

Die Gegenüberstellung der Figuren anhand der ausgesuchten Parameter hat die enge Verknüpfung von gegenderten Körpern und körperlicher Gewalt aufgezeigt und die narratoästhetische Privilegierung der Figur Reds herausgestrichen. Während Urania Milevski in ihrer Auseinandersetzung mit Vergewaltigung als literarisches Sujet auf die rekurrierende Strategie „Vergewaltigung und Vergeltung als Initiation des weiblichen Subjektes" (Milevski 2016, 186) verweist und sich mit Blick auf das Sujet Tod eine ähnliche Strategie findet (vgl. James 2009, 176), inszeniert *Mirror, Mirror* nicht die Initiation, das Heranwachsen, das Sich-Verändern der viktimisierten weiblichen Figuren, sondern der Figur Reds. Über die Parallelisierung der Handlungsstränge um das Verschwinden Naomis, des Grooming Roses und der Identitätsfindung sowie Arbeit am eigenen Körper respektive am eigenen Körperbild Reds wird suggeriert, dass die Aufklärung des Verbrechens initiatorisches und identitätsstiftendes Potenzial hat, umso mehr, als sie am Ende zu einer harmonischen Aussöhnung Reds mit der Mutter sowie dem eigenen Körper und zu einer ersten glücklichen Beziehung führt. Die beiden weiblich zu lesenden ‚Opfer' Rose und Naomi werden über diese Erzählstrategie quasi doppelt viktimisiert: Der Text erlaubt es ihnen nicht zu reden, gehört zu werden, zu handeln. Sie bleiben Objekte, die dazu dienen, Reds Entwicklung voranzutreiben. Der weibliche Körper oder zumindest der explizit weiblich bestimmte Körper bleibt gefährdet und ‚unbehaglich'; allein Red gelingt es durch die metaphorische Befreiung aus dieser Zuordnung im Zugriff auf den eigenen Körper, sich von diesen Gefahren und den ihnen zugrunde liegenden Kategorien zu befreien: „I just see me. It's who I am, and I don't fit into any category except my own, and why does that matter to anyone? All I want to do is be me." (Delevingne/Coleman 2017, 264)

Literatur

Primärliteratur

Delevingne, Cara/Coleman, Rowan: Mirror, Mirror: A Twisty Coming-of-Age Novel about Friendship and Betrayal. London: Orion, 2017

Sekundärliteratur

Brandl, Sarah Yvonne: Versprachlichte Körper – verkörperte Sprache. Konstruktionen von Identität und Entfremdung in Literatur und Psychologie um 1900. Hamburg 2010

Bronfen, Elisabeth: Over Her Dead Body. Death, femininity and aesthetic. Manchester 1992

Burns, Sean: Film ‚Holy Spider' is hard to watch. Maybe it needs to be (2022), https://www.wbur.org/news/2022/12/16/film-holy-spider-review (21.02.2023)

Butler, Judith: Das Unbehagen der Geschlechter. Frankfurt/M. 1991

Butler, Judith: Bodies That Matter. On the discursive limits of "sex". New York; London 2011

Fifield, Peter: The Body, Pain and Violence. In: Hillman, David/Maude, Ulrika (Hg.): The Cambridge Companion to the Body in Literature. New York 2015, 161–131

Higgins, Lynn A./Silver, Brenda R.: Introduction: Rereading Rape. In: Dies. (Hg.): Rape and Representation. New York 1991, 1–14

Gansel, Carsten: Zwischenzeit, Grenzüberschreitung, Störung. Adoleszenz und Literatur. In: Ders./Zimniak, Pawel (Hg.): Zwischenzeit, Grenzüberschreitung, Aufstörung: Bilder von Adoleszenz in der deutschsprachigen Literatur. Heidelberg 2011, 15–48

Gymnich, Marion: Methoden der feministischen Literaturwissenschaft und der Gender Studies. In: Nünning, Vera/Nünning, Ansgar (Hg.): Methoden der literatur- und kulturwissenschaftlichen Textanalyse. Ansätze – Grundlagen – Modellanalysen. Stuttgart; Weimar 2010, 251–269

Jakobi, Stefanie: „Irgendwie mag ich das Schreiben …" Analoges und digitales Schreiben als Motiv in zeitgenössischer Kinder- und Jugendliteratur. Würzburg 2021 (Kinder- und Jugendliteratur Intermedial; 8)

James, Kathryn: Death, Gender and Sexuality in contemporary adolescent literature. New York 2009

Kristeva, Julia: Powers of Horror. An Essay on Abjection. New York 1982

Lohaus, Stefanie: Eine tote Frau zur Unterhaltung (2021), https://www.zeit.de/kultur/2021-11/sexualisierte-gewalt-gegen-frauen-fernsehen (04.06.2023)

Malo-Juvera, Victor/Greathouse, Paula (Hg.): Breaking the Taboo with Young Adult Literature. Lanham [u. a.] 2020

McDonnell, Andrea: Gender, violence, and popular culture. In: Shepherd, Laura J. (Hg.): Handbook on Gender and Violence. Cheltenham; Northampton 2019, 189–201

Milevski, Urania: Stimmen und Räume der Gewalt. Erzählen von Vergewaltigung in der deutschen Gegenwartsliteratur. Bielefeld 2016 (Figurationen des Anderen; 5)
Mooney, Jennifer: Feminist Discourse in Irish Literature. Gender and Power in Louise O'Neill's Young Adult Fiction. New York; London 2023
Moore, Amber/Marshall, Elizabeth: Intoxicated Masculinity, Allyship and Compulsory Heterosexuality. In: Moruzi, Kristine/Venzo, Paul (Hg.): Sexuality in Literature for Children and Young Adults. New York 2021, 140–156
Nieberle, Sigrid: Gender Studies und Literatur. Darmstadt 2014
Sandercock, Tom (Hg.): Youth Fiction and Trans Representation. New York 2023
Saraiya, Sonia: Why Game of Thrones's Sansa–the Hound Scene Rang So False (2019), https://www.vanityfair.com/hollywood/2019/05/game-of-thrones-sansa-the-hound-season-8-reunion (04.06.2021)

Zur Darstellung von Figuren jenseits binärer Geschlechterzugehörigkeit im Bilderbuch

Nadine Seidel

Abstract This essay provides a comprehensive exploration of non-binary gender representation in picture books, offering insights into historical contexts, literary precursors, analytical frameworks, and case studies. It begins with a historical overview, elucidating how binary gender norms were established through societal regulatory practices. Subsequently, it surveys precursor characters in children's and young adult literature, where gender roles are not distinctly defined. The analysis section scrutinizes a corpus of texts grounded in varied understandings of gender: from binary gender norms and their deviations (often pathologized), to triadic gender concepts and gender permeability. Two illustrative analyses of the picture books "Julian ist eine Meerjungfrau" (Love, 2020) and "Kivi und der Monsterhund" (Lundqvist & Johansson, 2012) are provided, shedding light on diverse narratological dimensions and the opportunities and challenges inherent in literary representations beyond binary genders. By examining historical precedents, contemporary narratives, and specific case studies, we gain insight into the complexities of representing gender diversity in literature aimed at young readers.

> Biologische Sexualtheorien, juristische Bestimmungen des Individuums und Formen administrativer Kontrolle haben seit dem 18. Jahrhundert in den modernen Staaten nach und nach dazu geführt, die Idee einer Vermischung der beiden Geschlechter in einem einzigen Körper abzulehnen und infolgedessen die freie Entscheidung der zweifelhaften Individuen zu beschränken. Fortan jedem ein Geschlecht, und nur ein einziges. (Foucault 1998, 7 f.)

N. Seidel (✉)
Institut für deutsche Sprache und Literatur, PH Ludwigsburg, Ludwigsburg, Deutschland
E-Mail: nadine.seidel@ph-ludwigsburg.de

A. Kagelmann et al. (Hrsg.), *Körper erzählen*, Studien zu Kinder- und Jugendliteratur und -medien 14, https://doi.org/10.1007/978-3-662-69255-4_11

Einleitung

In Deutschland wurde mit Inkrafttreten des Bürgerlichen Gesetzbuchs am 1. Januar 1900 die Geschlechterbinarität juristisch festgeschrieben und intergeschlechtliche bzw. nicht-binäre Personen wurden damit „aus der rechtlichen Anerkennung ausgeschlossen" (Nieberle 2016, 22); eine Anerkennung, die sie zuvor – beispielsweise im Preußischen Landrecht – noch inkludierte (vgl. ebd.). Dass 2013 durch Änderungen des Personenstandsgesetzes die gesetzlich definierte Geschlechterbinarität nach 113 Jahren in Deutschland juristisch (wieder) beendet wurde, erfuhr ein eher gering zu nennendes mediales Echo.[1] Vergleicht man die zurückhaltenden Reaktionen auf die juristische Erweiterung der Geschlechterdichotomie mit den aktuell – also zehn Jahre später – stattfindenden Diskussionen um gendersensible Sprache, mit der Darstellung von Vielfalt in der KJL (und die damit befürchtete bzw. instrumentalisierte sog. Frühsexualisierung von Kindern) oder ganz grundlegend mit der Frage danach, wer Geschlecht(sidentität) definiert, hat sich das Bild geändert: In nahezu allen Medien werden Diskussionen zu Themen, die mit dieser Frage assoziiert sind, zu emotionalisierten Kampfschauplätzen; insbesondere von politischen Interessengruppen und Parteien werden sie als angstschürendes Vehikel genutzt. Vor diesem Hintergrund erscheint es sinnvoll, nach den literarischen Inszenierungen von Figuren jenseits geschlechtlicher Binarität in kinderliterarischen Texten zu fragen und hier insbesondere das Medium Bilderbuch in den Blick zu nehmen – auch in seiner Eigenschaft als Sozialisationsinstanz, die unabhängig von der Lesekompetenz für ein jüngeres Rezipient:innenalter gedacht ist (bzw. ‚nutzbar' gemacht wird). Meinem Eindruck folgend, dass in Bezug auf nicht-binäre Körper die staatlichen Regulationspraxen, die Geschlechterbinarität chirurgisch herstell(t)en, außerhalb bestimmter Diskurse wenig bekannt sind, werde ich diese zunächst kurz umreißen, um dann einen Blick auf kinder- und jugendliterarische ‚Vorläuferfiguren' zu werfen: das fremde Kind und die (temporär) geschlechtsuntypischen Figuren der Backfischliteratur. Im Hauptteil werden die drei Ebenen des Geschlechts an narratologische Kategorien gekoppelt und so ein Analyseansatz generiert, mit dem die Texte auf ihr bezüglich Heteronormativität subversives oder perpetuierendes Potential befragt werden können. Durch exemplarische Analysen der Bilderbücher *Julian ist eine Meerjungfrau* und *Kivi und der Monsterhund* wird gezeigt, wie sich das den Texten zugrunde liegende (nicht-binäre) Geschlechterverständnis extrahieren lässt.

[1] Kritisch reagierten Betroffenenverbände darauf, dass 2013 noch eine Leerstelle vorgesehen war und nicht die Option „divers" eingetragen werden konnte, wie es ab 2018 möglich ist.

Historische Verortung

Im Folgenden werde ich kurz skizzieren, wie Körper historisch – unabhängig von ihrer ‚Materialität' – stets vergeschlechtlicht und einer binären ‚Eindeutigkeit' zugeführt wurden.

In einer heteronormativ geprägten Perspektive werden meist naturalistische Argumentationsweisen angeführt, die so weit gehen, Geschlechtsidentität an dem ‚Verhalten' männlicher und weiblicher Gameten festzumachen, die präfigurativ das ‚Wesen' von ‚Männern' und ‚Frauen' bestimmen sollen:

> Die dichotome Trennung in weibliche Gameten (wenig, groß, unbeweglich, mit vielen Nährstoffen zur Nachwuchsversorgung ausgestattet) und männliche Gameten (viel, klein, beweglich, ohne Nährstoffe) bildet den Grundstein dieser Theorie. […] Da alle Individuen nur Träger ihrer Gameten bzw. deren Gene seien, wurden diese Strategien der Zweigeschlechtlichkeit in der Soziobiologie zum zentralen Prinzip sozialen Handelns erklärt – bei Tier und Mensch. (Schmitz 2006, 334)

Dieses Ordnungsprinzip, das phänomenologisch über Körperdimensionen organisiert wird, verschleiert allerdings den ‚gemachten' Zusammenhang zwischen „Faktizität der materiellen oder natürlichen Dimensionen des Körpers" (Butler 2019, 303) und dem „Prozeß, durch den der Körper zum Träger kultureller Bedeutungen wird." (ebd.) Wie gewaltvoll dieses – an der Morphologie von Körpern vorbeilaufende – gesellschaftliche Ordnungsprinzip der ‚gesellschaftsstabilisierenden' Zweigeschlechtlichkeit war, zeigt sich an der heteronormativen Definitionsmacht gegenüber Körpern, die als intergeschlechtlich definiert wurden.

Wie im Fall der 1838 in Frankreich geborenen intergeschlechtlichen Person Herculine Barbin belegt ist,[2] wurde sie, die bis dahin Schülerin eines Mädchen-Pensionats war, später ein Lehrerinnendiplom erlangte und dann selbst in Paris ein Mädchen-Pensionat leitete, mit 21 Jahren als „wahrer Junge erkannt" (ebd., 12) und gezwungen, das Geschlecht juristisch zu ändern und sich fortan Abel zu nennen, was im Selbstmord der 30-jährigen Barbin mündete. Etwa 100 Jahre später waren die medizinischen Möglichkeiten gegeben, das heteronormative Phantasma der eindeutigen und binär organisierten Geschlechterzugehörigkeit auch chirurgisch umzusetzen: Der amerikanische Mediziner John Money etablierte in den 1950er Jahren unter der Vorgabe, das Geschlecht intergeschlechtlicher Kinder zu ‚korrigieren' bzw. zu ‚normalisieren', Verfahren verstümmelnder, kosmetischer Operationen, die über Jahrzehnte in der schulmedizinischen Praxis etabliert waren (vgl. Binswanger 2021, 172) und in Deutschland erst 2021 (!) verboten wurden, also acht Jahre, nachdem in Deutschland die gesetzlich definierte Geschlechterbinarität juristisch beendet wurde. Der hier skizzierte

---

[2] Foucault hatte ‚den Fall' Herculine Barbins im Rahmen seiner Arbeit an *Geschichte der Sexualität* entdeckt. Barbins Tagebuch wurde samt der entsprechenden Gerichtsunterlagen sowie einem von Foucault erstellten Dossier und einer Einführung veröffentlicht.

‚Umgang' mit inter* Menschen[3], also die jenseits körperlicher Materialität juristisch und chirurgisch hergestellte Zweigeschlechtlichkeit, ist eine Facette dessen, wie (binäres) Geschlecht gesellschaftlich hergestellt wird – mit Blick auf *alle* Körper: Auch Personen, die medizinisch ‚eindeutig' als männlich oder weiblich kategorisiert werden können, sind einer Subjektivation unterworfen und ‚erlangen' Identität durch eine „stilisierte Wiederholung von Akten" (Butler 2019, 301 f.).

Literarische Inszenierungen von geschlechtlicher Nicht-Binarität (Vorläuferfiguren in der KJL)

Während in der europäischen Literatur der Moderne die „Figuren des Dritten und des Uneindeutigen" (Nieberle 2016, 24) schon immer für Irritationen und Verwerfung standen und die „utopisch aufgeladene Androgynie literarischer Figuren [...] spätestens seit der Romantik [als] etabliert" (ebd.) gilt, wird auch in der deutschsprachigen Kinder- und Jugendliteratur geschlechtliche Uneindeutigkeit an unterschiedlichen Motiven verhandelt – ein Beispiel dafür ist das Motiv des fremden Kindes und der Geschlechtermaskerade in der sogenannten Backfischliteratur des 19./20. Jahrhunderts. Das „fremde Kind" als häufig geschlechtlich nicht eindeutig markierte Figur ist in einer Fülle von Texten zu finden. E.T.A. Hoffmanns gleichnamiges romantisches Kunstmärchen, das 1819 erschienen ist, entwickelt den Prototyp des Motivs, zu dem auch die geschlechtliche Uneindeutigkeit der Figur gehört (vgl. Kümmerling-Meibauer 1996); allerdings wird diese bei Hoffmann originell inszeniert. Das fremde Kind wird von der auktorialen Erzählinstanz geschlechtsneutral dargestellt, von den Geschwistern Christlieb und Felix jedoch – in Analogie zum eigenen Geschlecht – als weiblich bzw. männlich wahrgenommen und in dieser Wahrnehmung auch nicht ‚korrigiert', sondern bestärkt:

> „So bist Du ja ein Prinz!" – „So bist Du ja eine Prinzessin!" – riefen zu gleicher Zeit verwundert, ja beinahe erschrocken, Felix und Christlieb. „Allerdings," sprach das fremde Kind. (Hoffmann 1906, 168)

Bei den Schilderungen gegenüber der Mutter wird deutlich, dass die konkurrierende Interpretation der Kinder nicht einer uneindeutigen Geschlechterperformanz des fremden Kindes geschuldet ist, sondern hier Elemente der Fantastik bemüht werden, da auch Kleidung und Handlungen, die die Geschwister zeitgleich beobachtet haben, als völlig unterschiedlich geschildert werden. Auf-

[3] Für trans* Menschen, also Personen, deren bei Geburt im Personenstand eingetragenes Geschlecht nicht mit ihrer Geschlechtsidentität übereinstimmt, ist der Weg einer Änderung des Geschlechtseintrags nach wie vor wesentlich schwieriger und führt über ein langwieriges Gerichtsverfahren mit zwei Gutachten.

fallend ist, dass weder Androgynie noch Geschlechterneutralität verhandelt werden, sondern ein zeitgleich sich jeweils ausschließendes ‚typisch weibliches' und andererseits ‚typisch männliches' Verhalten beobachtet wird. Dies könnte so interpretiert werden, dass das fremde Kind bei Hoffmann „eine romantische Geniusgestalt ist, deren Ursprung subjektiven Charakter hat" (Kümmerling-Meibauer 1996, 40) und somit im Kontrast steht zu einer weiteren Motivvariante: Pippi Langstrumpf von Astrid Lindgren. Diese Figur ist eindeutig als Mädchen zu identifizieren und überschreitet durch ihr männlich konnotiertes Verhalten – so zum Beispiel ihre physische Stärke und ihr Mut – häufig Geschlechterstereotype (vgl. ebd.) – löst diese jedoch nicht in sich auf (wobei die ‚männlichen' Eigenschaften häufig fantastisch überhöht sind).

Auch das in der Mädchenliteratur des 19. und Anfang des 20. Jahrhunderts weit verbreitete Geschlechtermaskerade-Motiv changiert zwischen Subversion und Perpetuierung binärer Geschlechterordnungen: Das Verhalten der sich zeitweise ‚geschlechtsuntypisch' verhaltenden weiblichen Figur scheint geschlechtliche Binarität zunächst zu subvertieren. So sind es nicht die Protagonistinnen selbst, die sich etwa unglücklich, unwohl oder ‚falsch' fühlten; meist wird durch interne Fokalisierung ein positives Selbstbild und Vergnügen am eigenen Übermut dargestellt (vgl. *Papas Junge* etc.), was als Verweis auf ein glückliches Dasein mit einer Geschlechtsidentität jenseits der Geschlechterdichotomie verstanden werden könnte. Somit werden durch die jeweiligen Figuren die binären Grenzen verwischt und in Frage gestellt. Diesem Verständnis wird in den Backfischromanen im Laufe der Handlung jedoch konsequent entgegengewirkt, wie mit Blick auf die Ordnung der jeweiligen Erzählwelten schnell ersichtlich wird: Die Figuren werden sanktioniert, mehr oder weniger brachial umerzogen und müssen sich verändern, bis sie geschlechtstypisches Verhalten zeigen und mit einer Hochzeit ‚belohnt' werden.

Analysemodell

Dieses den Backfischromanen inhärente Spannungsverhältnis von Subversion und Perpetuierung geschlechtlicher Binarität kann auf der Oberflächen- und semantischen Tiefenstruktur der Texte lokalisiert werden:

> In jedem Text kann (und muss) zwischen der Textoberfläche und der semantisch-ideologischen Tiefenstruktur unterschieden werden. […] Auf unmittelbar zugänglichen Textebenen kann eine Genderproblematik verschleiert oder sogar der Eindruck einer Genderumsetzung erzeugt sein, die als heute angemessen gilt. So können die Geschichten vordergründig von ‚starken' Mädchen oder ‚sensiblen' Jungen erzählen oder einer Gendergleichheit das Wort reden. (Krah 2016, 47)

Somit gilt es mit Blick auf die Inszenierung einer (beispielsweise nicht-binären) Figur auch stets „zu bestimmen, in welchem Verhältnis die Protagonist[:innen] zur Ordnung an sich stehen" (ebd., 61). Während die den o. g. Backfischromanen zugrunde liegenden Werte und Normen in Kontrast zu der geschlechtsuntypischen Performanz der Protagonistinnen zu sehen ist, lassen sich manche tiefenstrukturell verorteten Normen schwieriger extrahieren: So findet sich bei vielen trans* Romanen eine als sympathietragende Norminstanz inszenierte Mutterfigur, die als kompetent, warmherzig und wertschätzend markiert wird, deren Figurenrede jedoch klar heteronormativ und reaktionär bezüglich trans* Identität verstanden werden muss. So berichtet im Roman *Body. Leben im falschen Körper* der trans* Junge Ulli seiner (in einer Familienberatungsstelle arbeitenden!) Mutter Elke von Mobbingerfahrungen in der Klasse. Als er dann äußert, aufgrund seiner mobbenden *peers* nicht mehr in die Schule gehen zu wollen, werden die Täter:innen exkulpiert und die ‚Schuld' der trans* Figur oktroyiert:

> „Hach, mein Gott, dann zieh halt mal ein rosa T-Shirt an, oder geh mal im Rock", ereifert sich Elke. „So was liegt immer auch an einem selber. Wenn du unbedingt anders sein willst als alle anderen, brauchst du dich nicht zu wundern. Lass ein bisschen mehr Weiblichkeit an dir zu, dann hören die von ganz alleine auf!" (Fehér 2003, 92)

Da diese Mutterfigur über ein hohes identifikatorisches Potential verfügt und sie gerade nicht mit typischen antagonistischen Attribuierungen versehen wird, hat die (in dem Fall trans*-feindliche) Figurenrede einerseits besondere Schlagkraft und ist andererseits nicht so leicht als diskriminierend zu decodieren. Nachdem eingangs skizziert wurde, wie gewaltvoll Geschlechterdichotomie (mitunter chirurgisch) hergestellt wird, soll nun beleuchtet werden, wie Kinder- und Jugendliteratur bei der heteronormativen Verfestigung dessen, wie eine innerhalb der Geschlechterdichotomie ‚korrekte' Geschlechtsidentität beschaffen sein muss, zentrale Bedeutung zukommt. Kinderliterarische Texte konstituieren in einem performativitätstheoretischem Textverständnis ‚Wirklichkeit' und somit auch Vorstellungen darüber, wie Geschlechtszugehörigkeiten ‚sein sollen': Zentral ist das

> dynamische Wechselverhältnis zwischen der Produktion und der Rezeption literarischer Texte […], denn so wie die außerliterarische Wirklichkeit im Akt der Produktion Eingang in die Texte findet, so wird des Weiteren davon ausgegangen, dass sich auch die Erfahrungswelt der Leser und Leserinnen im und nach dem Akt des Lesens verändert." (Stritzke 2011, 41)

Kinderliterarischen Texten kommt diesbezüglich besondere Relevanz zu, da die ihnen inhärenten Normen, auf denen die Handlung aufbaut „und die bei einer Übereinstimmung von Textkonzeption und kulturellem Kontext weitestgehend stillschweigend akzeptiert sind, […] bei einer identifikatorischen Lektüre umso leichter vermittelt [werden]" (Krah 2016, 48).

Daher ist es sinnvoll, die literarische Inszenierung unterschiedlicher geschlechtlicher ‚Dimensionen' an die außerdiegetischen Kategorien von Geschlecht rückzukoppeln und narratologisch aufzuschlüsseln. Das im klinischen Wörterbuch Pschyrembel aufgeführte Modell von Geschlecht umfasst die Ebenen „somatisch", „psychisch" und „sozial" (vgl. Pschyrembel 2004): Als somatisch wird die „Summe körperlicher Merkmale mit männlicher bzw. weiblicher Ausprägung" (ebd.) definiert und meint damit das chromosomale Geschlecht, das gonadale Geschlecht (und die durch die Gonaden produzierten Sexualhormone), das gonoduktale (die inneren Genitalien betreffende) Geschlecht und das genitale (also die äußeren Genitalien betreffende) Geschlecht. Mit psychischem Geschlecht sollen „subjektive Bewertungen und objektive neurophysiologische Merkmale, die eine (mehr oder weniger) eindeutige Zuordnung erlauben" (ebd.) verstanden werden und mit dem dritten Bereich, dem sozialen Geschlecht, „die Summe soziokultureller Attribute, die ein Individuum als männlich oder weiblich einordnen" (ebd.). Wie den zitierten Passus aus dem Pschyrembel zu entnehmen ist, wird eine – teilweise unter rhetorischen Mühen – binärgeschlechtliche Matrix evoziert, in der die Ebenen „somatisch", „psychisch" und „sozial" verortet sind: So wird durch die rhetorische Verwendung von „mehr oder weniger" die als objektiv und eindeutig markierte Zuschreibung ad absurdum geführt (und dies gleichzeitig rhetorisch verschleiert), da eine ‚mehr oder weniger eindeutige Zuordnung' eben *keine* eindeutige Zuordnung ist. Statt Geschlecht als Spektrum unterschiedlicher Ausprägungen verschiedener Ebenen darzustellen, bleibt die Darstellung in einer binärgeschlechtlichen Struktur verhaftet. Auf der Seite wird ein Hinweis nachgestellt, der einerseits aufgreift, dass die binäre Struktur „männlich" & „weiblich" ein graduelles und kein prinzipielles Phänomen darstellt und der dies andererseits durch die Unterteilung in Ausnahme und Norm wieder verschleiert: „Selten besteht eine Inkongruenz der Ebenen untereinander oder es ist keine eindeutige Zuordnung möglich." (Ebd.) Die literarische Darstellung von (nicht-)binärem Geschlecht kann über die Inszenierung aller drei genannten Ebenen (psychisches, soziales und somatisches Geschlecht) erfolgen. Aussagen über Geschlecht lassen sich in den Texten allerdings nicht ausschließlich aufgrund von Figurenmerkmalen erschöpfend bestimmen, sondern können weiter ausdifferenziert werden. In Anlehnung an Krah (vgl. Krah 2016, 55 f.) wird zwischen Gender-Träger:innen, Gender-Setting, Gender-Aktionen sowie Gender-Diskursen unterschieden.

Da in diesem Beitrag die Darstellung von nicht-binären Figuren sowie das bezüglich Heteronormativität perpetuierende bzw. subvertierende Potential im Fokus stehen – wobei es aufgrund einer ‚verschleierten' semantisch-ideologischen Tiefenstruktur nicht sofort erkennbar ist –, werde ich mich auf Gender-Träger:innen und Gender-Aktionen beschränken: während mit Gender-Träger:innen „einzelne Figuren und deren Semantiken, aber auch die Figurenkonstellation" (ebd., 55) gemeint sind, fokussiert der Begriff Gender-Aktionen die Handlung bzw. die Hierarchisierung von Handlungsalternativen, denn durch die Ausblendung von (eigentlich möglichen) Handlungsalternativen wird ein Werte- und Normensystem vermittelt (vgl. ebd., 57). Dies soll mit Blick auf die nicht-binäre Darstellung von Geschlecht weiter ausdifferenziert werden: Gender-Träger:innen werden auf die Inszenierungen des psychischen, sozialen und somatischen Geschlechts befragt und zueinander in Bezug gesetzt: Stellt die Hauptfigur aufgrund der beschriebenen Aspekte von Geschlecht eine Ausnahme oder einen Einzelfall dar? Ergibt sich die Gender-Aktion aufgrund der Eigenschaften der Gender-Träger:in? So kann die der psychologischen Geschlechtsebene angehörende Identität der Gender-Träger:in über eine interne Fokalisierung verhandelt werden: Dieser Kategorie ist immer auch ein Machtverhältnis eingeschrieben, da einer internen Fokalisierung meist auch ein

Identifikationspotenzial mit der jeweiligen Figur einhergeht und bei einer externen Fokalisierung eher Distanz geschaffen wird. Darstellungen des somatischen Geschlechts der Gender-Träger:in (auch in Differenz zu den anderen Figuren, bspw. stereotyp männlich oder weiblich gezeichnete Figuren) geben einen Verweis auf die semantisch-ideologische Tiefenstruktur des Textes. So lässt sich recht zügig das einem Text zugrunde liegende Geschlechterverständnis offenbaren, das in folgenden Variationen auftritt:

1. Verständnis von binärer Geschlechterordnung und deren (pathologischen) Abweichung
2. Verständnis von triadischem Geschlecht
3. Verständnis von geschlechtlicher Permeabilität

Bei Intergeschlechtlichkeit thematisierenden Bilderbüchern bietet es sich an, insbesondere auf die (exponierenden) Darstellungen von Körpern auf Bild- und Schrifttextebene zu achten und zu fragen, wie sich die Darstellung von inter* zu „endo“ bzw. zu dyadischen Figuren unterscheidet. Es ist durchaus überraschend, wie explizit die Normierungsversuche des genitalen und gonoduktalen Geschlechts zu finden sind und wie so ein Verständnis der binären Geschlechterordnung (und pathologischer Abweichung davon) generiert wird (Abb. 1).

Abb. 1 Jill ist anders. (Rosen © Lingen: Salmo, 2015)

Exemplarische Analysen

Im Folgenden werde ich exemplarisch die Bilderbücher *Julian ist eine Meerjungfrau* und *Kivi und der Monsterhund* analysieren, denen ein Verständnis von triadischem Geschlecht und von geschlechtlicher Permeabilität zugrunde liegt. Kinderliterarische Erzähltexte (beispielsweise die Bilderbücher *PS. Es gibt Lieblingseis*, *Wer ist die Schnecke Sam*, *Jill ist anders* oder die Romane *Weil ich so bin*, *Liebe macht anders*), die das Thema Intergeschlechtlichkeit verhandeln, sollen in diesem Beitrag nicht weiter betrachtet werden (vgl. dazu Seidel 2022b).

Dem Bilderbuch *Julian ist eine Meerjungfrau* liegt ein triadisches Geschlechterverständnis zugrunde, das durch die allegorische Verwendung fantastischer Elemente inszeniert bzw. transportiert wird. In dem 2020 auf Deutsch erschienenen Bilderbuch wird von einem Jungen erzählt, dessen Wunsch es ist, eine Meerjungfrau zu sein; dabei wird seine Verwandlung einmal in einer Traumsequenz und dann in einer Parallel-Konstruktion zweifach inszeniert. Das Bilderbuch beginnt damit, dass Julian gemeinsam mit seiner Großmutter in einem Zug drei Frauen sieht, die Meerjungfrauen-ähnliche Kostüme tragen und er sich daraufhin in eine Unterwasserwelt hineinträumt, die auf den folgenden Doppelseiten dargestellt wird. Dabei wird pluriszenisch gezeigt, wie er Markierungen von Männlichkeit, z. B. seine Kleidung, abstreift und ihm lange Haare wachsen (Abb. 3a). Auf den folgenden Doppelseiten gerät er in einen großen Schwarm bunter Fische, entdeckt in einer (weiteren pluriszenischen) Bildabfolge seine Fischflosse und erhält von einem großen Fisch eine Kette. Diese intradiegetische Ebene umfasst auf insgesamt drei textlosen Doppelseiten eine erzählte Zeit von einigen Minuten (bzw. der Länge der Zugfahrt) und endet mit dem Ausstieg aus dem Zug. Zuhause angekommen verwandelt Julian sich in einer pluriszenischen Bildabfolge erneut: Wieder streift er seine rote Hose und sein Shirt ab, die in der Traumsequenz gewachsenen Haare und die Fischflosse (Abb. 3b) ersetzt er durch den Farn und die Gardinen seiner Großmutter. Erneut wird die Handlung der Traumsequenz aufgegriffen, als ihm die Großmutter eine Kette überreicht und dabei ein Kleid trägt, das dem Muster jenes Fisches gleicht, von dem Julian im Traum die Kette erhalten hat. Ohne weitere Erklärungen bzw. Problematisierungen gehen Großmutter und Enkel auf einen bunten Straßenumzug, an dem Meerjungfrauen und Unterwasserwesen teilnehmen.

Die Darstellungen von Geschlecht werden in dem Bilderbuch auf unterschiedlichen Ebenen bei den Gender-Träger:innen verhandelt: So gibt es Figuren, die der realistischen Erzählwelt zugeordnet und die somatisch als männlich oder weiblich dargestellt werden, beispielsweise Julians Großmutter oder einen Passanten, der seinen Dackel ausführt. Die Figuren, die der fantastischen Welt zugeordnet werden können, sind nicht eindeutig als männlich oder weiblich zu identifizieren, sie verkörpern eine bunte Mischung aus *drag*-Elementen und Unterwasserwesen (Abb. 4a). Julians Wunsch, eine Meerjungfrau zu sein, kann nun auf der Ebene des psychologischen Geschlechts auf ein binäres oder triadisches (wenn nicht sogar permeables) Geschlechterverständnis hinweisen – je nachdem, wie das „Meerjungfrauendasein“ kontextualisiert wird: Einerseits kann der Wunsch in Bezug auf eine mögliche trans* Identität gelesen werden – das Meerjungfrauendasein stünde dann hier für Weiblichkeit – oder als Erweiterung, die nicht primär durch Weiblichkeit, sondern durch Fantastik bzw. ein genuin Drittes gekennzeichnet ist. Die Inszenierungen auf der Bildebene begünstigen letztere Lesart, da hier eine fantastische Ebene eröffnet wird, die so auf der Textebene nicht ausgeführt wird. Betrachtet man die unterschiedlichen Darstellungen auf Bild- und Schrifttextebene, so wird deutlich, dass Julian zu Beginn des Buches als männlich markiert wird. Während er mit Kurzhaarschnitt und kurzen Hosen dargestellt wird, kommentiert der Schrifttext: „Das ist ein Junge namens Julian“ (Love 2020, o.S.). Ihm werden drei als weiblich markierte Figuren gegenübergestellt, deren Kleider zwar an Meerjungfrauenflossen erinnern, die jedoch nicht als Fantasiewesen, sondern als Bus fahrende und eindeutig der ‚Realität‘ zugeordnete Figuren dargestellt werden (Abb. 2). Somit ist die Aussage „Julian LIEBT Meerjungfrauen“ – im Verständnis einer nicht-sexuellen Anziehung, sondern einer Identifikation – ambig und deutungsoffen: „Meerjungfrau“ kann für das Fabelwesen oder das Frausein stehen. Auf Bildebene wird dann das Eintauchen Julians in die Fantasiewelt dargestellt, in der er sich selbst in eine Meerjungfrau verwandelt und dabei teilweise die männlichen Attribuierungen verliert: Seine Kleidung und kurzen Haare (vgl. Abb. 3 und 4).

Auf Textebene wird interne Fokalisierung so spärlich eingesetzt, dass außer den Informationen „Julian LIEBT Meerjungfrauen.“ und „Julian hat eine Idee.“ (Love 2020, o.S.). keine Einsicht in seine Gedankenwelt gegeben wird und diese auch in der Figurenrede wenig nachvollzogen werden kann. Auf der Bildebene stellt jedoch die textlose Meerjungfrauen-Sequenz eine interne Fokalisierung

Abb. 2 Julian ist eine Meerjungfrau. (Love © München: Knesebeck, 2020)

Abb. 3 a–b Julian ist eine Meerjungfrau. (Love © München: Knesebeck, 2020)

dar (Abb. 3a und b). In Bezug auf die Gender-Träger:innen wird also ein großes Spektrum jenseits ausschließlich männlicher oder weiblicher Attribuierungen inszeniert, so dass Julians Wunsch, eine Meerjungfrau sein zu wollen, im Laufe der Geschichte zu vielen gleichgesinnten Figuren führt: den Teilnehmer:innen eines Straßenumzugs, die auf der Bildebene als nicht-binäre Seewesen gezeichnet werden und die gemeinsam mit eindeutig markierten Figuren die Straße entlanglaufen (Abb. 4a und b). Somit wird Julians Wunsch nicht pathologisiert bzw. als Abweichung einer Norm dargestellt. Dies spiegelt sich auch mit Blick auf die „Gender-Aktionen" wider. Zwar wird die ‚Verwandlung' Julians kurz durch die Irritation der Großmutter angezeigt, nachdem sie seine Verkleidung als Meerjungfrau sieht – diese zunächst negative Reaktion könnte jedoch auch als Kommentar dazu verstanden werden, dass Julian sich ihrer Gardinen bedient hat. Betrachtet man die Hierarchisierung der Handlungsalternativen, so kann konstatiert werden, dass Julians Wunsch bzw. die Darstellungen der geschlechtlichen Ebenen nicht zu einer ‚negativen' Handlung führen: Julian wird nicht exponiert oder diskriminiert. Die Handlung erzählt von seiner Verwandlung und der Unterstützung, die er während der Realisierung seiner Träume erfährt; nicht davon, dass er seinen Traum legitimieren oder begründen muss. Darüber hinaus gelingt es über den allegorischen Zugriff, eindeutige Aussagen darüber, was mit einer ‚Drittheit' jenseits von männlich und weiblich gemeint ist, zu vermeiden. Die Frage danach, wie Geschlecht bzw. Geschlechtsidentität strukturiert sein darf, wird in diesem Bilderbuch m. E. aufgrund einer anderen Schwerpunktsetzung in den Hintergrund gerückt, da insbesondere die Wertschätzung und Unterstützung, die Julian erfährt und die jenseits geschlechtlicher Zuordnungen erfolgt, verhandelt wird. Somit wird aufgrund der „Gender-Aktion" (Verwandlung, Unterstützung, Besuch des Umzugs), die explizit von den „Gender-Träger:innen" (Julians Wunsch, eine Meerjungfrau zu sein) motiviert ist, sowohl auf der Oberflächenstruktur, als auch der semantisch-ideologischen Tiefenstruktur ein bezüglich Heteronormativität subversives Potenzial erzeugt.

Abb. 4 a–b Julian ist eine Meerjungfrau. (Love © München: Knesebeck, 2020)

Obwohl das Bilderbuch *Kivi und der Monsterhund* subversives Potenzial besitzt und ihm ein Verständnis von Geschlecht als Spektrum zugrunde liegt, wird dies durch ganz andere Inszenierungsstrategien erreicht: Das 2019 erschienene Bilderbuch erzählt von der kindlichen Figur Kivi, die sich einen Hund wünscht und daraufhin von einem „Monsterhund“ besucht wird. Der eine gemeinsame und für Kivi sehr arbeitsintensive Tag mit dem Monsterhund (der sich als unzuverlässig erzählte Traumsequenz entpuppt) genügt, um den Hundewunsch zu beenden. In dem Bilderbuch werden auf der Textebene durch Verwendung des geschlechtsneutralen schwedischen Pronomens *hen*[4] einerseits binärgeschlechtliche Zuschreibungen konsequent vermieden und andererseits durch Schachtelwörter wie „Mapa“, „Pama“, „Tankel“, „Schwedern“ aufgegriffen und ‚zusammengeführt‘.[5] Auch auf der Bildebene werden die Figuren in *Kivi und der Monsterhund* so dargestellt, dass die Differenzkategorien Alter und Geschlecht nicht identifiziert werden können: Auf bildlicher Ebene scheint die Figur auf in die Kultur ikonographisch eingeschriebene Darstellungen von Großmüttern im Märchen zu verweisen, in ihrem ungeduldigen Verhalten jedoch zu Beginn der Geschichte erinnert sie eher an ein trotziges Kind, das sich auf seinen Geburtstag freut (vgl. Abb. 5).

---

[4] Das geschlechtsneutrale Pronomen *hen* wurde 2015 in die schwedische „Svenska Akademiens ordlista“ aufgenommen und wird regulär neben den Pronomen „hon“ (für „sie“) und „han“ (für „er“) verwendet.

[5] Dies wird auf der Schrifttextebene auch in anderen Bilderbüchern dieser Kategorie versucht, allerdings durch Vermeidung von Pronomina und Verwendung von geschlechtsuneindeutigen Namensgebungen: *Sam besucht Oma und Omi in Großbritannien*, *Raumschiff Cosinus*, *Nour fragt Warum?* Zwar werden auch so binäre Geschlechtszuordnungen umgangen, jedoch gleichzeitig eine Leerstelle evoziert, die auf Vermeidung oder Nicht-Beantwortung zu verweisen scheint. Durch den Gebrauch eines geschlechtsneutralen Pronomens wird diese Leerstelle ‚beantwortet‘ bzw. besetzt.

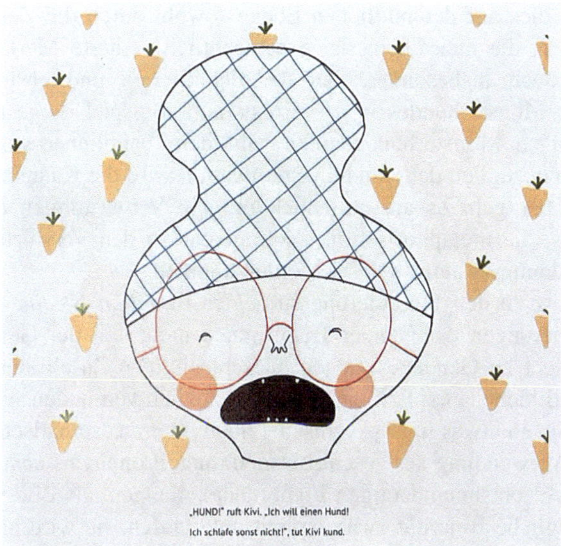

Abb. 5 Kivi und der Monsterhund. (Lundquist/Johansson © Berlin: Maria Benson Verlag, 2019)

Obwohl die Verwendung des geschlechtsneutralen Pronomens paratextuell ausgiebig erläutert wird (sowohl auf dem Buchrückentext als auch in einer einseitigen Erklärung, die prominent direkt vor die Erzählung, und somit kaum zu überlesen, positioniert wird), gibt es im Haupttext keine Problemorientierung: Weder werden geschlechtliche Uneindeutigkeit explizit erwähnt noch als handlungsbestimmendes Problem konstruiert oder über die Dichotomie Norm und Abweichung aufgerufen. Auch wird nicht nur eine Figur als nicht-binär anderen Figuren gegenübergestellt, sondern die Diegese – auf Bild- und Schrifttextebene als nicht-binär entworfen. In dem Text wird einer möglichen Fokussierung auf die ausgestellte Uneindeutigkeit auf zweierlei Weise entgegengesteuert: Der geschlechtsneutralen Sprache, deren Wortneubildungen auch dazu führen könnten, dass diese textdominierend gelesen werden, wird Figurenrede und Erzähler:innenkommentar in Versform gegenübergestellt. In Paar- und Kreuzreimen, die auch häufig Alliterationen beinhalten, wird eine derart ‚schillernde' sprachliche Ebene geschaffen, (die mitunter an Nonsens-Lyrik erinnert, dieser allerdings nicht zugerechnet werden kann (vgl. Köhler 1998)), in der geschlechtsneutrale Pronomina sich harmonisch einfügen:

> Mapas und Pamas und Tankel Jin, Gebrister und Ompa und Halbbresters Kind,
> die kleinen Mungs mit ihren Schwedern,
> sie trösten den Fratz: „Jetzt ab in die Federn!"
> Sie zwitschern und tuscheln und sagen: „Ja, ja,
> ich denke, schon möglich, ganz bald, ist doch klar.
> Hen kriegt 'nen Hund!", das schwör'n sie fast fest
> – wenn Kivi selbst schwört:
> „Ich geh jetzt zu Bett!" (Lundquist/Johansson, 2019, o.S.)

Verstärkt wird dies auf der bildlichen Ebene sowohl durch die Zeichnungen der anderen Figuren, die meist keinerlei geschlechtlich codierte Merkmale besitzen (Abb. 6), als auch insbesondere bei der detaillierten und abstoßenden Darstellungen des Monsterhundes – so wird er zum Beispiel dargestellt, *während* er einen „riesigen Monsterhundehaufen" auf dem Familienerbstück hinterlässt (Abb. 7). Auch bezüglich der Handlungsmotivation wird die Kategorie Geschlecht ‚ausgespart': Hier geht es ausschließlich um die Verwüstungen des seltsamen Monsterhundes, die metaphorisch als Kommentar zu den Verwüstungen heteronormativer Ordnungssysteme gelesen werden könnten.

Im Gegensatz zu den Inszenierungsstrategien in *Julian ist eine Meerjungfrau* sind die Markierungen der Gender-Träger:innen nicht Teil der Gender-Aktionen bzw. führen nicht zu Gender-Aktionen: Geschlechtliche Zuschreibungen werden auf Text- und Bildebene explizit und implizit gänzlich vermieden. Weder erfahren die Rezipient:innen etwas über psychische, noch über das somatische Geschlecht. Aufgrund der Verwendung des geschlechtsneutralen Pronomens *hen* auf Textebene sowie der geschlechtsuneindeutigen Figurendarstellungen auf Bildebene (Abb. 7) wird geschlechtliche Binarität zwar explizit unterlaufen, sie wird allerdings nicht reflektiert, bewertet oder in ein Verhältnis gesetzt, da nicht nur Kivi so dargestellt wird, sondern alle Figuren der Diegese. Dieses völlige Ausblenden der Kategorie Geschlecht führt dann zu einer Handlung, in der ebenfalls keine geschlechtlichen Komponenten aufgegriffen bzw. durch sie motiviert werden. Mit Bezug auf das dem Text zugrunde liegende Subversionspotenzial ist dies auch gar nicht notwendig: Aufgrund des originellen Zugriffs unterläuft dieses Bilderbuch geschlechtliche Zuschreibungen sehr geschickt.

Abb. 6 Kivi und der Monsterhund. (Lundquist/Johansson © Berlin: Maria Benson Verlag, 2019)

Abb. 7 Kivi und der Monsterhund. (Lundquist/Johansson © Berlin: Maria Benson Verlag, 2019)

Fazit

In dem Beitrag wurden Bilderbücher, in denen Figuren entweder mit nicht-binärer oder ohne geschlechtliche Markierungen verhandelt wurden, auf ihre literarischen Inszenierungsstrategien sowie das ihnen zugrunde liegende Geschlechterverständnis beleuchtet. Dabei wurde der Frage nachgegangen, inwiefern die bildlichen und verbalen Codes des multimodalen Mediums Bilderbuch bei den unterschiedlichen Darstellungen Aussagen über Geschlecht evozieren. Es hat sich gezeigt, dass sich die Verschränkung der Ebenen des sozialen, psychischen und somatischen Geschlechts mit narratologischen Strategien als fruchtbar für die Analyse von Inszenierungen nicht-binärer Geschlechtszugehörigkeiten herausstellt. Insbesondere unter Schwerpunktsetzung auf Gender-Träger:innen sowie Gender-Aktionen lässt sich das (Spannungs-)Verhältnis von Oberflächen- und semantisch-ideologischer Tiefenstruktur beleuchten. Die beiden exemplarischen Analysen der Bilderbücher *Julian ist eine Meerjungfrau* und *Kivi und der Monsterhund* haben gezeigt, dass auch mit entgegengesetzten Inszenierungsstrategien ein subversives Potenzial hergestellt werden kann. In der Kategorie von Texten, in denen binär-geschlechtliche Markierungen vermieden werden und denen ein Verständnis von Geschlecht als Spektrum zugrunde liegt, wurde exemplarisch das Bilderbuch *Kivi und der Monsterhund* untersucht. An anderen Bilderbüchern dieser Kategorie, etwa *Sam besucht Oma und Omi in Großbritannien*, *Raumschiff Cosinus* oder *Nour fragt Warum?* zeigt sich, wie schwierig sich diese Umsetzung in Bezug auf Sprache darstellt, wenn nicht mit geschlechtsneutralen Pronomina gearbeitet wird: Während die Inszenierung von Nicht-Binarität auf der Bildebene durch recht einfach gezeichnete Figuren ohne geschlechtliche Markierungen erfolgt, können auf der Schriftebene nur Sätze ohne Pronomen gebaut werden – und da es sich hierbei um meist einfache

Aussagesätze handelt, die über die basale Beschreibung der wenigen Figurenhandlungen nicht hinausgehen, kann den Texten keine nennenswerte Literarizität bescheinigt werden. In *Kivi und der Monsterhund* wird gezeigt, wie die Vermeidung binärgeschlechtlicher Strukturen auf schriftlicher Ebene gelingen kann – und welchen Eingriff es in diesem Fall dafür benötigt: von der Verwendung eines geschlechtsneutralen Pronomens über geschlechtsneutrale Namen und (neu zusammengesetzte) Verwandschaftsbezeichnungen sowie des Textes in Versform, von dem die sprachlichen ‚Eingriffe' flankiert werden. Es lässt sich abschließend konstatieren, dass es in dem Moment, in dem in der Diegese die Idee einer Geschlechterbinarität konsequent aufgelöst wird, es kein ‚genuin Drittes' (*tertium datur*) mehr geben kann. Dies führt allerdings zu der (vorläufigen) Konklusion, dass in literarischen Texten geschlechtliche Dichotomie nicht durch nicht-binäre Störfiguren ‚erschüttert' oder auch erweitert werden kann, solange letztere den als normal markierten Figuren gegenübergestellt werden. Vielmehr müssen die Figuren alle als Teil eines Spektrums gesetzt sein – innerhalb dessen mit geschlechtlichen Semantisierungen durchaus ironisch-subversiv gespielt werden kann. Daher wird es interessant sein zu sehen, welche Inszenierungsformen in der Darstellung von Figuren jenseits geschlechtlicher Binarität im Bilderbuch zukünftig zum Einsatz kommen.

Literatur

Primärliteratur

Abou, Tanja: Raumschiff Cosinus. Münster: edition assemblage, 2017

Angel, Frauke/Dürr, Julia: Disco! Wien: Jungbrunnen, 2020

Barczyk, Sarah: Nenn mich Kai. Berlin: Egmont Graphic Novel, 2016

Boomgaarden, Brigitte/Talem, Felisa: Nour fragt warum? Oldenburg: Florian Isensee GmbH, 2019

Brichzin, Kerstin/Kuprin, Igor: Der Junge im Rock. Bargteheide: Minedition, 2018

Dios, Olga de: Rosa Monster. Barcelona: Àbac, 2018

Fehér, Christine: Body. Leben im falschen Körper. Düsseldorf: Patmos Verlag 2003

Gärtner, Hans/Kaspar, Christel: Joscha und Mischa, diese zwei. München: edition tingeltangel, 2016

Hare, John: Ausflug zum Mond. Frankfurt a. M.: Moritz Verlag, 2019

Hoffmann, E.T.A.: Das fremde Kind. In: Ders.: Die Märchen der Serapions Brüder. Berlin: Julius Bard, 1906

Koch, Henny: Papas Junge. Eine Erzählung für junge Mädchen [EA 1905; ED 1901/2]. Stuttgart: Union Deutsche Verlagsgesellschaft ^{22}1912

Kohm, Toni: Sam besucht Oma und Omi in Großbritannien. Hamburg: Marta Press UG, 2019

Lacasa, Blanca/Gomez, Ana: Wau Wau Miau! Hamburg: Dressler Verlag, 2021

Laibl, Melanie/Roher, Michael: Prinzessin Hannibal. Wien: Luftschacht Verlag, 2017

Loda, Luzie: PS. Es gibt Lieblingseis. Hamburg: Marta Press, 2018

Love, Jessica: Julian ist eine Meerjungfrau. München: Knesebeck, 2020

Love, Jessica: Julian feiert die Liebe. München: Knesebeck, 2021

Lundqvist, Jesper/Johansson, Bettina: Kivi und der Monsterhund. Berlin: Maria Benson Verlag, 2012

Pawlowska, Maria/Szamałek, Jakub/Bogucka, Katarzyna: Wer ist die Schnecke Sam? Hollabrunn: Doppelgänger Verlag, 2017

Rosen, Ursula: Jill ist anders. Lingen: Salmo Verlag, 2015

Sekundärliteratur

Binswanger, Christa: Im Spannungsfeld von Identitätsfindung und Transgression von Identitätskategorien. In: Rothstein, Anne-Berenike (Hg.): Kulturelle Inszenierungen von Transgender und Crossdressing. Grenz(en)überschreitende Lektüren vom Mythos bis zur Gegenwartsrezeption. Bielefeld 2021, 171–197

Butler, Judith: Performative Akte und Geschlechterkonstitution. Phänomenologie und feministische Theorie. In: Wirth, Uwe (Hg.): Performanz. Zwischen Sprachphilosophie und Kulturwissenschaften. Frankfurt a. M. ^{7}2019, 301–323

Foucault, Michel: Über Hermaphrodismus. Frankfurt a. M. 1998

Köhler, Peter: Nonsens. Theorie und Geschichte der literarischen Gattung. Heidelberg 1989.

Krah, Hans: Gender, Kinder- und Jugendliteratur und analytische Praxis. Grundlagen und Methodik, in: Karla Müller et. al. (Hg.): Genderkompetenz mit Kinder- und Jugendliteratur entwickeln. Grundlagen. Analysen. Modelle. Baltmannsweiler 2016, 45–65.

Kümmerling-Meibauer, Bettina: Identität, Neutralität, Transgression. Drei Typen der Geschlechterperspektivierung in der Kinderliteratur. In: Lehnert, Gertrud (Hg.): Inszenierungen von Weiblichkeit. Weibliche Kindheit und Adoleszenz in der Literatur des 20. Jahrhunderts. Opladen 1996, 29–45

Nieberle, Sigrid: Gender Trouble als wissenschaftliche und literarische Herausforderung. In: Josting, Petra/Roeder, Caroline/Dettmar, Ute (Hg.): Immer Trouble mit Gender? Genderperspektiven in Kinder- und Jugendliteratur und -medien(-forschung). München 2016 (kjl&m 16.extra), 19–28

Schmitz, Sigrid: Entweder – Oder? Zum Umgang mit binären Kategorien. In: Ebeling, K. S./ Schmitz, Sigrid (Hg.): (2006). Geschlechterforschung und Naturwissenschaften: Einführung in ein komplexes Wechselspiel. VS Verlag für Sozialwissenschaften GmbH.

Seidel, Nadine: „Der hat ein Kleid an und ein Gesicht wie eine Zuckerpuppe, der ist ein Transvestit!“ Praxen des Otherings vs. Darstellungen von Vielfalt im Bilderbuch. In: AG Jugendliteratur und Medien – AjuM (Hg.): Regenbogen. Sexuelle und geschlechtliche Vielfalt in Kinder- und Jugendmedien. München 2022b (kjl&m), 19–31

Stritzke, Nadyne: Subversive literarische Performativität. Die narrative Inszenierung von Geschlechtsidentitäten in englisch- und deutschsprachigen Gegenwartsromanen. Trier 2011

Drohende Finger, dunkle Schatten und trostspendende Kuscheltiere: Zur Visualisierung sexualisierter Gewalt im Bilderbuch

Carla Plieth

Abstract This article outlines a range of visual imageries employed in picturebooks explicitly addressing sexual violence against children and primarily employed for the usage in secondary and tertiary prevention. It takes as its point of departure Jens Thiele's question whether the picturebook has a repertoire of symbolic material to depict the sensitive topic of sexual violence and contributes to the picturebook research on the subject that has not seen significant contributions in the last decade. Specifically investigating the picturebooks' visual texts, I delineate that common imageries are the usage of spatial relations and sizes as well as fingers and hands, shadows, and the employment of cuddly toys and dolls. While the verbal text oftentimes describes the assault more explicitly, the visual texts, by means of these imageries, rather highlights the power imbalance between the child and perpetrator and the latter's abuse of said power by intimidating and threatening the child through usage of their body (parts).

Sexualisierte Gewalt an Kindern ist ein sensibles Thema.[1] Viele Erwachsene sind unsicher, ob und wie sie es gegenüber Kindern ansprechen sollen. In Anbetracht

[1] In Deutschland wird die Verwendung des Begriffs ‚sexueller Missbrauch,' u. a. in Medien, Politik oder Strafgesetzbuch, häufig kritisiert, da „Missbrauch immer auch einen legitimen Gebrauch voraussetzen würde, was aber bei Sexualität gegenüber Kindern grundsätzlich ausgeschlossen ist" (Arbeitsstab der Unabhängigen Beauftragten für Fragen des sexuellen Kindesmissbrauchs o. J.a). Andererseits wird argumentiert, dass es sich gerade bei sexuellen Übergriffen auf Kinder größtenteils auch immer um einen Vertrauensmissbrauch handelt. Der regelmäßig in der Fachpraxis und Wissenschaft verwendete Begriff der ‚sexuellen' oder ‚sexualisierten Gewalt' würde zudem auch einen direkten körperliche Übergriff implizieren. Da sich dieser Beitrag explizit mit Bilderbüchern auseinandersetzt, in denen die sexuellen Übergriffe immer auch körperlich sind, soll im weiteren Verlauf von ‚sexueller' bzw. ‚sexualisierter' Gewalt und Übergriffen gesprochen werden.

C. Plieth (✉)
Institut für Sprach- und Literaturwissenschaft, Technische Universität Darmstadt, Darmstadt, Deutschland
E-Mail: carla.plieth@tu-darmstadt.de

A. Kagelmann et al. (Hrsg.), *Körper erzählen*, Studien zu Kinder- und Jugendliteratur und -medien 14, https://doi.org/10.1007/978-3-662-69255-4_12

der vielfach erwähnten Gefährdung durch den ‚fremden Mann' unterschätzen insbesondere Eltern häufig die weitaus größere Gefahr aus dem eigenen Umfeld und warnen ihre Kinder lediglich davor, nicht mit Fremden zu reden oder mitzugehen. Denn dass sexualisierte Gewalt gegen Kinder in ihrem eigenen Umfeld vorkommen kann, ist für viele Erwachsene unvorstellbar (Enders 1995; Arbeitsstab der Unabhängigen Beauftragten für Fragen des sexuellen Kindesmissbrauchs o. J.c). Auch wenn ein Bewusstsein für die Gefahr durch der Familie bekannte Täter:innen[2] vorhanden ist, werden Warnungen vor diesen oftmals mit der Intention vermieden, Kinder nicht unnötig zu verängstigen, zu traumatisieren oder diese selbst sexuellen Inhalten auszusetzen.

Für 2021 registrierte das Bundeskriminalamt in Deutschland 17.704 Fälle sexualisierter Gewalt gegen Kinder, also unter 14-Jährige, die legal grundsätzlich keinen sexuellen Handlungen zustimmen können, und damit einen Anstieg von fast 5 Prozent im Vergleich zu 2020 (vgl. Bundeskriminalamt 2021). Dieser Anstieg deutet nicht grundsätzlich auf eine steigende Zahl an Straftaten hin, sondern kann vielmehr durch ein zunehmendes Hinweisaufkommen begründet werden. Trotzdem ist das Dunkelfeld von Fällen sexualisierter Gewalt gegen Kinder deutlich höher als die erfassten Zahlen, da viele Kinder nie von ihren Erfahrungen erzählen oder Fälle nicht offiziell gemeldet und erfasst werden, z. B. zum Schutz der Kinder vor einer Retraumatisierung durch das Berichten über die Tat vor der Polizei bzw. im Prozess oder wegen der hohen medialen Aufmerksamkeit, teilweise aber auch zum Schutz des Rufes der Täter:innen. Selbst offizielle Studien unterscheiden sich aufgrund von unterschiedlichen Datenerfassungen und Untersuchungskontexten häufig stark; so wird z. B. oft ein bestimmter Altersunterschied zwischen Opfer und Täter:in vorausgesetzt und daher sexuelle Gewalt unter Kindern und Jugendlichen seltener erfasst. Schätzungen zu Folge erfährt jedoch etwa jedes zehnte Kind bis zu seinem 18. Lebensjahr sexuelle Gewalt, Mädchen etwa drei- bis viermal häufiger als Jungen (vgl. Sethi et al. 2013, 111).[3] In Anbetracht dieser Zahlen können das Vorenthalten von Informationen oder die Verbreitung von Falschinformationen über sexualisierte Übergriffe Kinder auch in Gefahr bringen, da es ihnen im Ernstfall schwerfallen kann, sich sexuell übergriffigen Täter:innen zu widersetzen, sich Eltern und anderen Vertrauenspersonen anzuvertrauen, oder anderweitig Hilfe zu holen. Wie bereits erwähnt, ist insbesondere der Glaube, dass Gefahr nur durch Fremde droht, eine weit verbreitete

---

[2] Aufgrund hoher Dunkelziffern ist nicht nur die Gesamtzahl von Fällen sexueller Gewalt gegen Kinder schwer einschätzbar, sondern auch, um wie viele Täter:innen es sich handelt. Studien, auf die etwa die Unabhängige Beauftragte für Fragen des sexuellen Kindesmissbrauchs der Bundesregierung Deutschland verweist, schätzen, dass ca. 10–25 % der sexuellen Übergriffe auf Kinder in Deutschland von Täterinnen ausgeübt werden. Da ihnen sexuelle Gewalt an Kindern jedoch weniger zugetraut wird als Männern, wird insbesondere hier von einer hohen Dunkelziffer ausgegangen. Zudem wird geschätzt, dass Täterinnen häufiger gegenüber Jungen und Täter häufiger gegenüber Mädchen sexuell übergriffig werden (vgl. Arbeitsstab der Unabhängigen Beauftragten für Fragen des sexuellen Kindesmissbrauchs o. J.b).

[3] Daten zu Kindern, die sich weder als Mädchen noch Jungen identifizieren, sind nur unzureichend verfügbar.

Falschinformation. Doch auch das Ignorieren der Gefühle und des körperlichen Selbstbestimmungsrechts von Kindern durch Erwachsene (wie zum Beispiel die Uneinsichtigkeit, wenn ein Kind sich zur Begrüßung nicht von Verwandten küssen oder umarmen lassen möchte), kann eine Gefährdung für das Kind mit sich bringen.

Schon in den 1980ern, als viele Problemthemen wie Gewalt, Tod oder Sucht Einzug in die Kinder- und Jugendliteratur fanden, wurde das Bilderbuch als ein Medium erkannt, dass zur Prävention sexueller Gewalt gegen Kinder herangezogen werden kann. Diesbezüglich schreiben der Therapeut und Traumapädagoge Clemens Fobian und die Illustratorin Mirjam Zels, die im Rahmen der Hamburger Beratungsstelle für Jungen und Männer bei sexualisierter Gewalt, *basis-praevent*, zwei Bilderbücher zur Prävention entwickelt haben:

> Kinder rezipieren regelmäßig den Inhalt von Bilderbüchern und lernen darauf aufbauend häufig Geschichten auswendig bzw. erzählen sie frei nach. Gerade dieser Aspekt bekräftigt die logische Konsequenz, durch Bilderbücher Präventionsbotschaften zu transportieren. Hierdurch festigt sich der Inhalt, und die Botschaften können verinnerlicht werden. (2021, 213)

Der Begriff ‚Prävention' kann weit gefasst werden. Eine viel verwendete psychiatrische Einteilung nach Gerald Caplan (1964) unterscheidet zwischen drei Formen, die auch auf die Prävention sexualisierter Gewalt angewendet werden können:

1. Die *primäre Prävention* zielt auf die vorsorgliche Verhinderung von sexualisierter Gewalt ab und wendet sich somit an alle Kinder und Jugendliche, sowohl als mögliche Opfer als auch Täter:innen.
2. Die *sekundäre Prävention* versteht sich als Intervention, die bei Vermutungen sexualisierter Gewalt zu deren frühestmöglicher Beendigung sowie zur Aufdeckung zurückliegender Fälle und zur Verhinderung erneuter sexueller Übergriffe beitragen soll.
3. Die *tertiäre Prävention*, oftmals mit zur sekundären Prävention gezählt, fällt in den Bereich der Rehabilitation und Nachsorge und soll Folgeschäden verringern, zum Beispiel durch eine therapeutische Betreuung. (vgl. Koch und Kruck 2000, 33; vgl. Marquardt-Mau 2002, 439; vgl. Braun 2020)

Neben den von Fobian und Zels angesprochenen Bilderbüchern zur primären Prävention, die auch in anderen Bereichen zur Stärkung kindlicher Selbstbestimmung sowie des physischen und psychischen Kindeswohls herangezogen werden können, existieren auch Bilderbücher, die expliziter für die sekundäre und tertiäre Prävention konzipiert sind. Bei einer achtsamen Auswahl und einem verantwortungsvollen Umgang, so erläutert Cynthia McDaniel (vgl. 2001, 203), können Bilderbücher in allen Bereichen der Prävention eingesetzt werden. Gerade für den Einsatz in der sekundären und tertiären Prävention sexueller Gewalt enthalten einige Bilderbücher Handreichungen und Begleitmaterial, um Erwachsene bestmöglich auf das Lesen und Diskutieren des Textes mit Kindern in privaten, schulischen und klinischen Einrichtungen vorzubereiten. Auch wenn nicht ausgeschlossen werden kann, dass diese Bilderbücher von Kindern alleine angeschaut oder gelesen werden, können sensibel und gezielt ausgewählte Texte und Vermittlungen im besten Fall vermeiden, dass Kinder durch das Lesen verängstigt, überfordert, verwirrt oder fehlinformiert werden (vgl. Kruck-Homann 2008, 126 f.).

Schon in den 1990er Jahren fanden sich, mit Aufkommen der ersten themenbezogenen erzählenden Bilderbücher, einschlägige literaturwissenschaftlich-pädagogische Untersuchungen (Guenin und Niedermann 1993; Habermacher und Hüsser 1994; Kiper 1994; Koch 1997), die ab den 2000ern jedoch nur bedingt weitergeführt wurden (Bickler 2011; Koch und Kruck 2000; Kruck 2001; 2006a; 2006b). Mit Augenmerk auf dem präventiven Potential dieser Werke wurden die bildnerischen Gestaltungsmittel oftmals nur am Rande besprochen oder auf eine Handvoll bekannter Texte (Deinert et al. 1993; Lauer und Bley 1996; Lundgren und Gustavsson 1992; Pressler und Krömer 1996) reduziert. Dieser Beitrag stützt sich daher auf meine bereits vorliegenden Untersuchungen deutsch- und englischsprachiger Bilderbücher zur sexuellen Gewalt (Plieth 2022) und soll eine Teilantwort auf Jens Thieles Frage liefern: „Hat das Bilderbuch überhaupt ein Repertoire an symbolischem Material zur Verfügung, um ein solches Thema [sexuelle Gewalt] darzustellen?" (2007, 52). Insbesondere soll anhand exemplarischer Bilderbücher, die explizit sexuelle Gewalt ansprechen und daher hauptsächlich im Rahmen der sekundären und/oder tertiären Prävention verordnet sind, eine Auswahl an bildnerischer Gestaltungsmitteln ausgelegt werden, die zur Darstellung der sexuellen Gewalt, des Verhältnisses von Kind und Täter (und in deutschsprachigen Bilderbüchern handelt es sich problematischerweise immer um einen männlichen Täter, was auch der Tatsache geschuldet sein könnte, dass bis in die späten 2000er vordergründig sexuelle Gewalt an Mädchen thematisiert wurde) und Gefühlslagen der Kinder auf bildlicher und intermodaler Ebene (vgl. Staiger 2022) eingesetzt werden.

Räumliche Figurenbeziehungen und Perspektiven

Allgemein lässt sich festhalten, dass nach Maria Nikolajevas und Carole Scotts Typologie kontrapunktische oder widersprüchliche Bild-Schrifttext-Verhältnisse in den untersuchten Bilderbüchern nicht vorkommen. Stattdessen finden sich neben teilweise symmetrischen und komplementären Verhältnissen vor allem Anreicherungen, da der Schrifttext den Übergriff oftmals detaillierter beschreibt als ihn die Bilder illustrieren, diese aber das den Erzählungen zugrundeliegende Machtverhältnis bzw. -ungleichgewicht durch Aspekte der Komposition und Raumgestaltung direkter herausstellen. Wie Nikolajeva und Scott erläutern, haben „Pictures naturally … a superior ability to convey the spatial position of the character, and especially the mutual spatial relationship of two or more characters, which often reveals their psychological relationship and relative status" (2001, 83). Neben der Positionierung von Charakteren zueinander und auf der Seite geben daher auch ihre Größen, Blicke und die gewählte Perspektive Aufschluss über die interpersonalen Beziehungen und Gefühlslagen.

Insbesondere in englischsprachigen Übersetzungen, die größtenteils die bildliche Darstellung direkten Körperkontaktes zwischen Kind und Täter (zumindest während der sexuellen Übergriffe) vermeiden, werden räumliche Figurenverhältnisse eingesetzt, um den Macht- und Vertrauensmissbrauch auch visuell darzustellen. In Jayneen Sanders und Craig Smiths *Manche Geheimnisse sollte man nie für sich behalten* (2013, engl. *Some Secrets Should Never Be Kept*) erfährt der kleine Alfred durch Lord Henry, einen reichen Schlossbesitzer, für den seine Mutter arbeitet und der oft auf ihn aufpasst, sexualisierte Gewalt: Lord Henry kitzelt Alfred und fasst seine Geschlechtsteile an. Die Übergriffe finden buchstäblich hinter verschlossenen Türen und hinter dem Rücken von Alfreds Mutter statt und werden nicht bildlich dargestellt. Während der Schrifttext vom ersten Übergriff erzählt, zeigt die zugehörige Doppelseite (vgl. 10 f.) einen Überblick über Lord Henrys Schloss. Am linken Bildrand ist Alfreds putzende Mutter zu erkennen, am rechten unteren Bildrand, „weit entfernt […]" (ebd., 10), blickt Lord Henry hinter einem kleinen, erleuchteten Fenster auf Alfred herab. Insbesondere im direkten Kontrast erscheint Lord Henry, mit seiner prunkvollen, farbenfrohen Kleidung – einem großen roten Mantel mit Pelzbesatz und goldener Kette sowie einem ausladenden, blauen Hut mit langer, weißer Feder – fast übermenschlich groß und dem kleinen Alfred in allem überlegen. Dieses Größenverhältnis wird auch auf der nächsten Doppelseite (vgl. 12 f., Abb. 1) eingesetzt, um das Machtungleichgewicht zu verdeutlichen. Die linke Einzelseite zeigt eine Totale: mittig sitzt Lord Henry mit gespreizten Beinen auf einem runden Teppich und schaut heimtückisch auf Alfred herab. Dieser hockt klein, die Beine eng umschlungen und die Schultern gekrümmt, vor Lord Henry am Rand des Teppichs in der unteren rechten Bildecke. Den Körper von Lord Henry abgewandt, hat er nur den Kopf leicht zu diesem hin gedreht, doch seinen Blick zu Boden gesenkt, eingeschüchtert und verängstigt durch den regelrecht über ihm thronenden Mann. Da der Gutter eine Art Wand bildet, erscheint Alfreds Position (sowohl wörtlich als auch räumlich) ausweglos. Trotz der bunten Farben und einer hellen Lichtquelle untermalen die Komposition und die Wahl von Lord Henrys Körperhaltung und Mimik dessen Böswilligkeit.

Auch weitere Illustrationen im Bilderbuch bedienen sich der Komposition, um durch die Raum- und Größenverhältnisse sowie Perspektiven das Machtungleichgewicht zwischen dem kleinen Jungen und dem gewaltigen Lord Henry zu verdeutlichen, so etwa eine Nahaufnahme auf der gegenüberliegenden Seite (vgl. Abb. 1). Seitlich beugt sich Lord Henry listig über den Jungen, der erneut verängstigt den Blickkontakt meidet. Mit einem überdimensional langen, dünnen Finger verdeutlicht das Bild auch ohne den Schrifttext die Drohung Lord Henrys: wenn Alfred von dem Kitzelspiel erzählen würde, verlöre seine Mutter ihren Job und die daraus folgende Mittellosigkeit der Familie wäre ganz allein Alfreds Schuld. Durch Alfreds Position im Vordergrund erscheint auch hier der hinter ihm stehende Lord Henry noch größer und heimtückischer, was die Bedeutung von

Abb. 1 Alfred und Lord Henry in *Manche Geheimnisse sollte man nie für sich behalten* (12 f.), von Jayneen Sanders und Craig Smith, 2013, UpLoad Publishing Pty Ltd. (© 2011 by UpLoad Publishing. Abdruck mit Genehmigung)

Positionierungen, Perspektiven, Bildausschnitt und Bildebenen für die Skizzierung interpersonaler Beziehungen hervorhebt.

Finger und Hände

Die Symbolik des mahnenden Fingers arbeiteten schon die Australierinnen Jo Lampert und Kerryann Walsh (2010) in ihren Analysen englischsprachiger Bilderbücher zur sexualisierten Gewalt zusammen mit der einer drohenden, körperlosen Hand als Zeichen der Bedrohung heraus: „The distinction between good and bad secrets is a central theme […] with the finger as a common signifier" (Lampert 2012, 179). Hände und Finger spielen daher nicht nur während des sexuellen Übergriffs eine Rolle, indem sie den Körper des Kindes berühren; mit ihnen droht der Täter auch und erzwingt so das Stillschweigen über die Übergriffe. Neben der bereits beschriebenen Illustration in *Manche Geheimnisse sollte man nie für sich behalten,* in welcher Lord Henrys Fingerzeig auf Alfred zur Schuldzuweisung herangezogen wird, findet sich auch das Bild des mahnenden Fingers an den Lippen im Buch.

Händen und Fingern, im Zusammenspiel mit einem eindringlichen Blick, kommen auch in drei älteren Bilderbüchern eine besondere Funktion zu. Eine

Illustration in Jenny Hessel und Mandy Nelsons *Gut, daß ich es gesagt habe* (1993, engl. *What's wrong with bottoms?*) und zwei in Renate Markward, Erika Neuhauss und Ulrike Hartmanns *Darf ich das erzählen?* (1996) zeigen, wie die Täter, ein Onkel und ein Vater, einen warnenden Zeigefinger heben und den Neffen bzw. die Tochter eindringlich ansehen, um diese zum Stillschweigen über die sexuellen Übergriffe zu bringen. In Oralee Wachter und Eve Jacobs *Sophie spielt nicht mit* (1996) wird Sophie von ihrem Onkel Helmut regelrecht an den rechten Bildrand der Doppelseite und zugleich in die Sofaecke gedrängt (vgl. Abb. 2 oben). Ihr Onkel, wie Lord Henry mit gespreizten Beinen auf dem Sofa sitzend, nimmt in der Illustration eine zentrale Position ein. Sein linker Arm ragt aus dem Bild über den Gutter in den Weißraum der linken Seite, seinen rechten Arm hat er um Sophies Schulter geschlungen. Seine Hand erscheint fast so groß

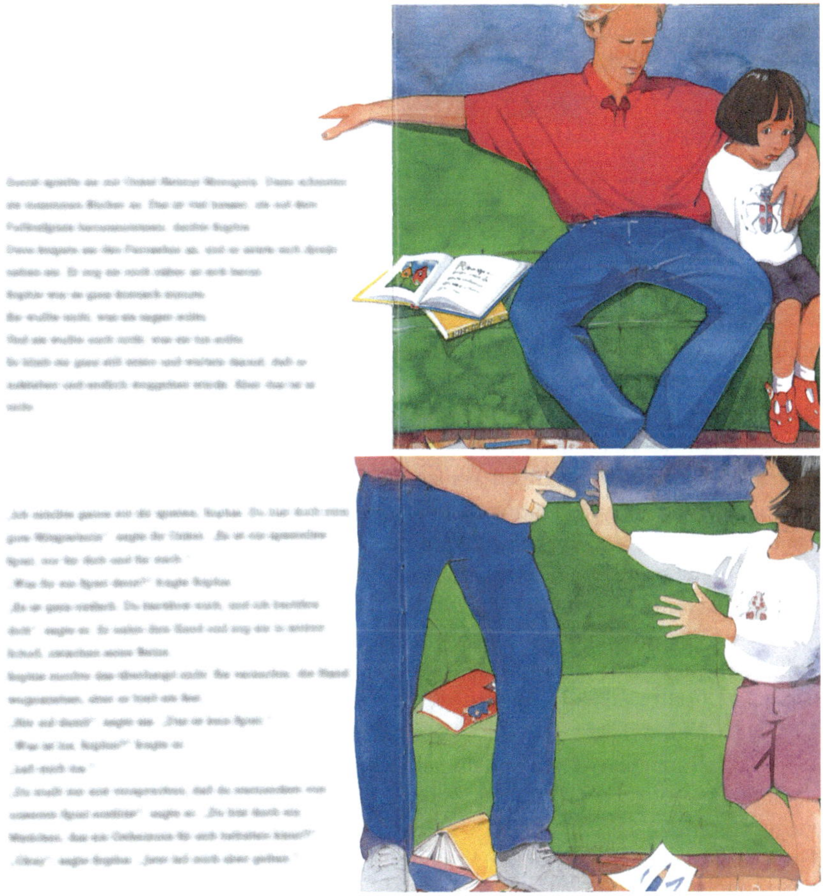

Abb. 2 Onkel Helmuts Bedrängen Sophies (oben) und ihre Selbstwehr (unten) in Oralee Wachter und Eve Jacobs *Sophie spielt nicht mit* (1996). (© Eve Jacob, 1996. Abdruck mit Genehmigung)

wie ihr Kopf und schwebt über der Brust des bekümmert schauenden Mädchens. Auch hier wird der sexuelle Übergriff nur im Schrifttext beschrieben: „Er nahm ihre Hand und zog sie in seinen Schoß, zwischen seine Beine" (ebd., 9). Dass Sophie sich anschließend aktiv wehrt, wird sowohl im Schrifttext als auch im Bild ausgedrückt (vgl. Abb. 2 unten). Zwar droht auch ihr der Onkel, hier nur von der Hüfte abwärts dargestellt, mit einem warnenden Finger (und angedeutetem Blick), doch Sophie, die ihm nur bis zur Hüfte reicht, hat abwehrend ihre Arme vor sich ausgestreckt und erwidert den Blickkontakt des Onkels. Durch ihre Körperhaltung gibt sie ihm zu verstehen, dass sie sich nicht von ihm anfassen oder zur Geheimhaltung erpressen lässt und seine Drohungen wirkungslos sind. Sofort vertraut sie sich im Anschluss ihrer Cousine an.

Die Beispiele verdeutlichen, dass wenn eine explizite visuelle Darstellung des sexuellen Übergriffs im Rahmen elliptisch bildästhetischen Erzählens vermieden wird, oftmals warnende und drohende Finger, zusammen mit einem eindringlichen Blick, eingesetzt werden, um die Kinder nach dem Übergriff einzuschüchtern und zur Geheimhaltung zu zwingen.

Schatten

Eine weitere symbolische Darstellungsweise operiert mit Schatten. Lampert und Walsh (vgl. 2010, 159) suggerieren, dass die Darstellung einer schattenhaften oder gesichtslosen Person nicht unbedingt die Unsicherheit der Illustrator:innen darüber impliziert, wer als Täter:in dargestellt werden soll, sondern eine bewusste Entscheidung sein kann, um einer Vielzahl von Kindern im Rahmen der sekundären oder tertiären Prävention eine Identifikation mit der Situation zu ermöglichen und in die fiktive Täter:innenfigur reale Täter:innen hineinzulesen. Die von ihnen untersuchten englischsprachigen Bilderbücher scheinen Schatten jedoch weniger einzusetzen, um die Gefahr durch eine konkrete Person zu verdeutlichen oder einen sexuellen Übergriff anzudeuten, wie es die nachfolgenden Bilderbücher tun.

Ilona Lammertink und Nynke Talsmas *Für das Geheimnis bin ich zu klein* (2018, niederländ. *Voor dat geheim ben ik te klein*) nutzt eine schattenhafte Silhouette, um den Akt des Übergriffs auf der Bildseite darzustellen und um explizite Illustrationen zu vermeiden. Während des Badens wird Joosts 17-jähriger Babysitter Frank sexuell übergriffig. Trotz Joosts Aufforderung, aufzuhören, küsst ihn Frank auf den Po und überall am ganzen Körper. Die monoszenische Doppelseite impliziert durch Joosts auf dem Boden des Badezimmers verteilten Kleidungsstücke seine Nacktheit. Sein Körper und Franks Übergriff werden jedoch durch den Duschvorhang verhüllt, hinter dem die beiden Körper nur als bläuliche, schattenhafte Silhouetten zu erkennen sind. Hierdurch wird der Übergriff zwar auf der Seite dargestellt, kann jedoch durch das bildnerische Mittel des Schattens eine explizite Illustration, die beängstigend oder verstörend wirken könnte, vermeiden. Auch ohne die Szene ‚ins Dunkle zu tauchen' suggeriert die blaue Farbgebung des Schattens zusammen mit dem Grün des Badezimmers eine kalte, bedrohliche Umgebung, die im Kontrast zu den warmen Farbtönen steht, mit denen positiv konnotierte Szenen wie etwa das Kuscheln mit der Mutter im Bett (Pink) und das gemeinsame Basteln im Kindergarten (Gelb) illustriert sind.

Des Weiteren werden Schatten eingesetzt, um die Präsenz des Täters und zugleich die Gefahr durch ihn zu verdeutlichen. In Caroline Link und SaBine Büchners *Finnis Geheimnis* (2021) zeigt schon das Cover den Schatten des Täters Onkel Wolfgang und wird, ebenso wie in Mirjam Pressler und Astrid Krömers *Nora ist mal so mal so* (1996) sowie in Brigitte Endres und Anna Karina Birkenstocks *Was ist los, Joschi Bär?* (2019), als monoszenisches, ins Dunkel getauchtes Bild auf einer Doppelseite im Bilderbuch wieder aufgegriffen. Zudem stellt Elke Garbe und Kiki Suãrez' *Anna in der Höhle* (1994) eine schattenhafte Figur im Türrahmen dar, das umrandete Einzelbild wirkt jedoch durch die dem Bilderbuch eigenen bunten Farben und die umliegende Leerfläche weniger dunkel, wenn auch nicht weniger bedrohlich (vgl. 45). Alle vier Kinder haben schon sexuelle Gewalt erfahren und liegen verängstigt in ihren Betten, die Bettdecken bis an die Nasenspitzen gezogen. Finni, Nora und Anna blicken befangen Richtung Tür. Anna erblickt hier ihren als schattenhafte Silhouette dargestellten Vater. Nora sieht aus ihrer Perspektiven den Schatten eines nackten Fußes im erleuchteten Türspalt ihres dunklen Zimmers stehen. Bei Finni werfen „[d]raußen vor dem Fenster … die Bäume gespenstische Schatten" (Link und Büchner 2021, 13). Aus diesen in sein Zimmer ragenden Schatten wächst ein Schatten mit Armen hervor, die sich nach Finni auszustrecken scheinen und an die lange Wolfsschnauze Onkel Wolfgangs erinnern. Auch ins Zimmer des kleinen Bären Joschi ragen die Schatten der Bäume vor seinem Fenster und erinnern ebenfalls an sich nach ihm ausstreckende Arme. Joschi jedoch blickt nicht zur Tür, sondern Richtung Fenster, durch das der Schatten des Nachbarn Herrn Bruse im gegenüberliegenden Haus erkennbar ist, der ihn tagsüber in sein Haus gelockt hatte. Thiele schreibt, dass die Szene in *Nora ist mal so, mal so* „das Dunkle als Übermacht [zeigt], der das Kind hilflos ausgeliefert ist" (2007, 54); diese Aussage lässt sich auch auf *Finnis Geheimnis*, *Was ist los, Joschi Bär?* und, trotz der bunten Farben, auf *Anna in der Höhle* übertragen.

In allen vier Bilderbüchern kündigen die Schatten im Raum des Kinderzimmers bei Nacht als Vorboten die Täter an. Die schattenwerfenden Äste der Bäume erinnern an die Finger und Hände, die die Kinder unsittlich berühren und zeugen von der Angst vor weiteren Übergriffen. Selbst im Kinderzimmer, einem Raum, der eigentlich Sicherheit und Geborgenheit bieten soll, fühlen sie sich ausgeliefert. In *Anna in der Höhle* und *Nora ist mal so, mal so* implizieren die schattenhaft dargestellten Körper(teile) einen weiteren bevorstehenden sexuellen Übergriff. Auch Onkel Wolfgang steht, angekündigt durch seinen schattenhaften Vorboten mit ausgebreiteten Armen, auf der nächsten Doppelseite in Finnis Zimmer. Lediglich Joschi scheint vor einem direkten Übergriff durch die räumliche Trennung vom Täter geschützt. Bis auf Nora vertrauen sich alle Kinder am nächsten Tag einer Vertrauensperson an.

Kuscheltiere und Puppen

Auch Kuscheltiere und Puppen sind Symbole, die sich in mehreren Bilderbüchern wiederfinden und auf unterschiedliche Art eingesetzt werden. Schon Helmut Koch und Marlene Kruck gehen in ihrer Analyse von Sylvia Deinert, Tine Krieg und Ulrike Boljahns *Das Familienalbum* (1993) kurz auf die Puppe der Protagonistin Nießchen ein, die sie als Leitmotiv und „eine Art ‚alter Ego' Nießchens" (2000, 188) sehen. Während in einigen Bilderbüchern Kuscheltiere die Emotionen der Kinder widerspiegeln und Trost spenden, stehen mehrere Puppenkörper stellvertretend für die Kinderkörper, die Gewalt erfahren. Auch wenn diese Kuscheltiere und Puppen nicht sprechen oder sich bewegen können, werden ihnen teilweise anthropomorphe Eigenschaften zugeschrieben. So finden sich in den Bildern von Erika Mezger, Eva-Regina Weller und Corinna Bromundts *Rosa vom See* (1998) Puppen und Kuscheltiere, die besorgt die sexuellen Übergriffe auf Eliane durch ihren Vater beobachten. Sie reflektieren die Gefühlslagen von Eliane und ihrem Schulkameraden Tom, dessen Eltern sich immer streiten, und feiern am Ende mit beiden Kindern und der Kröte Rosa, die sie in ihrer körperlichen Selbstautonomie bestärkt und ihnen die Schuldgefühle nimmt.

Das titelgebende und fokalisierte Kuscheltier Landolin in Katrin Lauer und Anette Bleys vielbesprochenem *Das kummervolle Kuscheltier* (1996), ein gelbes Fantasietier mit blauen Punkten, ist „zum Schmusen" (ebd., 2) und „zum Spielen" (ebd., 3) da und wird von Britt überall hin mitgenommen. Obwohl der Schrifttext anfangs Landolins Kuscheltier-Status auf einer Metaebene reflektiert, „Denn Landolin ist ein Kuscheltier und Kuscheltiere können nicht sprechen" (ebd., 7), hat er ein Bewusstsein, kann (nach)denken und sich bewegen. So rührt er zum Beispiel in einem Farbeimer, wenn Britt mit der netten Nachbarin Frau Fröhlich malt, oder umarmt das Mädchen. Insbesondere spiegelt Landolin die Gefühle Britts wider, die durch den Partner ihrer Mutter seit längerem sexualisierte Gewalt erfährt. Britts Trauer macht auch Landolin traurig, doch er ist sich seines Status als unbelebtes Kuscheltier bewusst: er kann keine Hilfe für Britt holen und ihr lediglich Trost spenden. Als das Mädchen ihm schließlich ihr Geheimnis anvertraut, erlangt Landolin plötzlich die Fähigkeit zu sprechen, um Britt zu unterstützen und bestärken: „du bist kein Kuscheltier und nicht zum Spielen da!" (ebd., 16). In einer Bildsequenz drücken seine Körperhaltung und Mimik nicht nur Wut und Entrüstung über Britts Erfahrungen aus – passend hervorgehoben durch einen roten Hintergrund –, sondern auch Trost: Beschützend legt Landolin seine Arme um Britt, umarmt sie fest oder hält ihre Hand. Hierdurch erfahren die Lesenden auf der schriftlichen und bildlichen Ebene, dass Landolin in einer Zeit der Angst und Einsamkeit Britts einziger Vertrauter ist, denn als eigentlich unbelebtes Kuscheltier kann er ihr Geheimnis nicht verraten. Zusammen suchen sie schließlich Hilfe, die sie in Frau Fröhlich finden.

Ebenfalls Trost in ihren Kuscheltieren, die zugleich ihre Gefühle widerspiegeln, finden die Kinder in *Anna in der Höhle* und *Für das Geheimnis bin ich zu klein.* Anna stellt sich als Schutzraum vor den sexuellen Übergriffen ihres Vaters eine Baumhöhle vor, in die sie auch ihren Teddy Moritz mitnimmt. Mit dem Teddy im Arm und ihrer Katze auf dem Schoß, so zeigt es die Illustration, wäre Anna glücklich und fühle sich sicher. Wenn sie jedoch im Bett liegt, die Bettdecke bis an die Nasenspitze gezogen, und dem im Türrahmen stehenden, nur als Schatten dargestellten Vater ängstlich entgegenblickt, spiegelt auch Moritz' Gesichtsausdruck Annas Angst vor dem sexuell übergriffigen Vater wider (vgl. Garbe und Suãrez 1994, 45). Zwar erhält Moritz, im Gegensatz zu Landolin, keine Stimme, wenn sich Anna jedoch schließlich hilfesuchend an ihre Lehrerin wendet, nimmt sie bewusst ihren Teddy mit, der auch ihr Trost spendet und als ‚Vertrauensperson' bei der Hilfesuche lächelnd beiseite steht. Stofflöwe Flip ist der treue Begleiter Joosts, der bis auf eine Ausnahme (im Kindergarten) auf jeder Doppelseite erscheint. Auch in *Für das Geheimnis bin ich zu klein* spiegelt Flips Mimik Joosts Freude und Glückseligkeit im Beisein seiner Familie und seinen anfänglichen Spaß beim Spielen mit Frank. Als Frank jedoch übergriffig wird, ändert sich auch der Ausdruck Flips, der, auf dem Badewannenrand sitzend, erschrocken den Geschehnissen hinter dem Duschvorhang zusieht. Da Joosts verdeckter Körper hier keine Rückschlüsse über seinen Gefühlszustand geben kann, fungiert Flip als Stellvertreter. Wie auch Moritz und Landolin spendet Flip Joost später Trost und ist dabei, als der Junge sein Geheimnis den fürsorglichen Eltern anvertraut.

In *Das kummervolle Kuscheltier* ist neben Landolin als Trostspender und Gefühlsspiegel Britts auch eine Puppe von Bedeutung. Mit ihren blonden, schulterlangen Haaren ähnelt sie Britt und symbolisiert die Übergriffe: wenn eine Bildsequenz zeigt, wie der Mann Britt entkleidet, ist auch ihre Puppe entblößt abgebildet, ihr rotes Kleid liegt neben Britts Hose auf dem Boden. Eine ähnliche symbolische Bedeutung hat die Puppe Lilli in *Nora ist mal so, mal so.* Wie Britt erfährt auch Nora zu Hause durch einen anscheinend männlichen Täter sexualisierte Gewalt. Schon auf dem Cover hält Noras Kindergartenfreundin Patty eine Puppe mit einem gelben Kleid in der Hand, deren Rolle im Bilderbuch durch ihre Abbildung auf dem vorderen Vorsatzpapier und dem Titelblatt verdeutlicht wird. Patty überredet Nora, Mutter-Vater-Kind zu spielen und mit der ‚schlafenden' Puppe Lilli im Kinderwagen spazieren zu gehen. Bei Noras Rückkehr ist Patty über den Zustand Lillis erschrocken: die Puppe ist nackt. In einer Großaufnahme enthüllt das nächste Bild zudem, was Patty nicht in Worte zu fassen vermag: der Puppenbauch ist mit roten Strichen übersäht, die wie blutige Kratzer aussehen (vgl. Abb. 3). Nora erklärt, „Das war das Ungeheuer … Vorhin, als Lilli geschlafen hat" (Pressler und Krömer 1996, 10). Während die entkleidete Puppe in *Das kummervolle Kuscheltier* auf der Bildebene lediglich symbolischen Charakter hat, verarbeitet Nora die von ihr erlebte sexuelle Gewalt direkt anhand der Puppe, spiegelt so also auch indirekt ihre Emotionen wider.

Abb. 3 Die von Nora entkleidete Puppe Lilli in Mirjam Pressler und Astrid Krömers *Nora ist mal so, mal so* (1996). (© Astrid Krömer. Abdruck mit Genehmigung)

Symbolische Darstellung durch Tierkörper

Neben diesen Symboliken werden auch vermehrt Tierkörper eingesetzt, um die sexualisierte Gewalt metaphorisch darzustellen. Helmut Koch (vgl. 1997, 233) kritisierte schon in den 1990er Jahren, dass hier die Symbolik der Missbrauchsfolgen für Kinder oftmals wenig verständlich sei. In Michael Lundgren und Ulf Gustavssons *Das kleine Drachenmädchen* (1992) würden abgeschabte Schuppen als Folgen der durch den Vater erfahrenen Gewalt für Erwachsene einleuchtend erscheinen, von Kindern aber schnell wörtlich genommen werden. Doch Kinder erfahren durch sexuelle Gewalt eher selten physische Verletzungen (Ausnahmen sind Verletzungen im Genitalbereich), da die Täter:innen vermeiden wollen, durch diese auf den Übergriff aufmerksam zu machen, der häufig nicht direkt mit physischer Gewalt einhergeht. Koch (vgl. 1997, 235) führt weiter *Das Familienalbum* (1993) an, in dem ein kleines Mäusemädchen von ihrem Mäuseonkel gedrängt wird, seinen Mäuseschwanz anzufassen. Dieses Bilderbuch bediene sich ebenfalls einer Symbolik sexueller Gewalt, die so nicht auf den menschlichen Körper übertragbar sei und für nichtbetroffene Kinder nur schwer verständlich sei (vgl. auch Koch und Kruck 2000, 171, 186). Zwei neuere Erscheinungen, die die lange im Bilderbuch nicht angesprochene sexuelle Gewalt an Jungen aufgreifen und diese durch anthropomorphe Tiercharaktere behandeln, verwenden ebenfalls Symboliken, die teilweise nicht direkt auf den menschlichen Körper übertragbar sind und gegebenenfalls von Kindern ohne eine sensible Vermittlung missverstanden werden könnten. Jedoch ermöglichen die Darstellungen von Tiercharakteren auch eine Distanz, durch die sich einige junge Lesende den Text einfacher erschließen könnten. Wie hilfreich die derart vermittelten Präventionsbotschaften jedoch sind, lässt sich auf Grundlage einer textbasierten Analyse nur schwer einschätzen. Schon Koch und Kruck (vgl. 2000, 187) hielten fest, dass betroffene Kinder (oder Kinder, die schon vorher mit Präventionsbotschaften in Berührung gekommen sind) diese Darstellungen eher als sexuelle Gewalt interpretieren würden als nichtbetroffene Kinder. In letzterem Fall nimmt die Art der Vermittlung durch Erwachsene signifikanten Einfluss auf die kindliche Rezeption der Erzählungen.

In *Was ist los Joschi Bär?* verhält sich Joschis Freund Toni in letzter Zeit komisch. Nachdem er Toni aus dem Haus Herrn Bruses kommen sieht, sucht Joschi ebenfalls den Nachbarn auf, der ihn einlädt, ein neues Computerspiel zu spielen. Herr Bruse fordert ihn als Gegenleistung auf, sich gegenseitig den Pelz zu kraulen, eine Aufforderung, der Joschi sich nicht zu widersetzen traut – auch wenn eine konkrete Drohung Herrn Bruses, den Eltern von dem Computerspiel zu erzählen, erst nach dem ‚zwischen den Seiten' stattfindenden Übergriff geäußert wird. Im Gegensatz zu den bereits genannten Bilderbüchern wird die Symbolik der sexuellen Gewalt, das Kraulen des Pelzes, hier wieder nicht direkt im Bild dargestellt. Die gewählte Szene zeigt keinen Körperkontakt, sondern lediglich die Verängstigung Joschis durch den Täter. Die Symbolik bedient sich der schon erwähnten Elemente: räumliche Positionierung, Größenverhältnisse, Hände bzw. in diesem Fall Pfoten, Blickkontakt und Schatten. Die Doppelseite ist die düsterste im ganzen Buch, erhellt nur durch das grünliche Licht des Computers, und erzeugt hierdurch eine bedrohliche Atmosphäre. Diese wird durch die Größe und zentrale Position Herrn Bruses verdeutlicht, der sich mit gebleckten Zähnen und einer mit langen Krallen ausgestatteten Pranke über Joschi beugt, der verängstigt und klein auf einem Schreibtischstuhl am unteren Bildrand kauert und erschrocken, eine Pfote vor dem Mund, zu Herrn Bruse hochblickt. Erwähnenswert ist, dass der Schrifttext weniger bedrohlich wirkt als die doppelseitige Illustration, die Herrn Bruses wörtliche Aufforderung nicht mit dem Einsatz körperlicher Bedrohung gleichsetzt, hier also ein kontrapunktisches Bild-Schrifttext-Verhältnis vorliegt. Für junge Lesende mag diese Darstellung daher bedrohlich wirken, doch die Symbolik hinter dem Pelz-Kraulen könnte schnell missverständlich sein und verdeutlicht die Wichtigkeit einer Vermittlung durch Erwachsene.

Mit etwas deutlicherer Sprache und bekannten visuellen Mitteln werden die sexuellen Übergriffe Onkel Wolfgangs in *Finnis Geheimnis* dargestellt. Dieser „beginnt [plötzlich], Finni auf eine Weise zu streicheln, die Finni gar nicht gefällt" (Link und Büchner 2021, 8) und küsst ihn auf die Schnauze. Das zugehörige Bild bedient sich ebenfalls der Größenverhältnisse, um das Machtungleichgewicht zwischen dem Fuchsjungen und dem Freund der Familie zu verdeutlichen: der in eine schwarze Handwerkerkluft gekleidete graue Wolf hält Finni auf seinem Schoß fest, seine Pfoten sind ein Vielfaches größer als Finnis. Erschrocken blickt der kleine Fuchs über die Schulter zu Wolfgang hoch, der ihn selbstgefällig anschaut. Während des zweiten Übergriffs bedient sich das Bilderbuch ebenfalls der räumlichen Positionierung, um Wolfgangs Dominanz über Finni zu illustrieren. Dieser steht mit dem Rücken zum Betrachtenden im Vordergrund, und auch wenn er nur zur Hälfte zu sehen ist, deuten seine ausgebreiteten Arme daraufhin, dass der im Hintergrund mit zusammengekniffenen Augen im Bett liegende Finni, die schützende Bettdecke nun ein Stück heruntergezogen, Wolfgang nicht entkommen kann. Eine ähnliche Komposition wird auch in *Gut, daß ich es gesagt habe* eingesetzt, wo der Onkel mit dem Rücken zum Betrachtenden im Vordergrund steht und somit regelrecht den Fluchtweg seines im Hintergrund stehenden Neffen abschneidet, dessen Gesichtsausdruck die Misslichkeit der Lage verdeutlicht. Zwar finden sich in *Finnis Geheimnis* keine Kuscheltiere oder Puppen, die Emotionen widerspiegeln, doch zeigt diese zweite Übergriffsszene ein auf dem Boden liegendes Papier mit der Abbildung einer grauen Pfote. Da auf einer der ersten Doppelseiten eine Zeichnung Onkel Wolfgangs das Wohnzimmer des Fuchsbaus schmückte, lässt sich erahnen, dass Finni die Zeichnung nach dem ersten Übergriff, in seiner Wut auf Onkel Wolfgang, zerrissen hat.

Fazit

Thieles Frage, ob das Bilderbuch über ein Repertoire an symbolischem Material zur Darstellung sexualisierter Gewalt verfügt, lässt sich – zumindest in Hinblick auf die bildliche und intermodale Dimension – in den hauptsächlich für die sekundäre und tertiäre Prävention intendierten Bilderbüchern, die Gegenstand der vorliegenden Analyse waren, bejahen. Um eine Überforderung oder Verängstigung junger Lesender zu vermeiden, wird sexualisierte Gewalt in Bilderbüchern oftmals nur im Schrifttext explizit angesprochen. Die Illustrationen bedienen sich größtenteils verschiedener bildnerischer Mittel, die das Machtungleichgewicht zwischen Kind und Täter implizieren: räumliche Positionierungen und Perspektiven, Größenverhältnisse, Blicke, Hände und Finger sowie Schatten. Auch ohne Worte sind die Einschüchterung und die Angst der Kinder durch die Anordnung und Darstellung der Körper, Körpersprachen und durch die Mimik erkennbar. Um die Emotionen der Kinder zu verdeutlichen und zu untermauern, werden diese häufig von Kuscheltieren und/oder Puppen widergespiegelt, die zudem als Trostspender fungieren und den Kindern die Kraft geben können Hilfe zu suchen.

Anhand der vorliegenden Darlegung lassen sich nur Vermutungen darüber anstellen, ob die gewählten Symboliken für junge Lesende verständlich sind oder sich gar für die primäre Prävention eignen, ohne die Kinder zu verunsichern und zu verängstigen. Sicher kann gesagt werden, dass es in Bezug auf die Thematisierung von sexueller Gewalt im Bilderbuch nicht den einen Text oder Ansatz gibt, der für alle Situationen angemessen ist. Stattdessen muss für jeden Kontext eine sensible Auswahl möglicher Texte und Lesarten vorgenommen werden, die die äußeren Umstände und kindlichen Rezipient:innen bedenkt; hierzu kann u. a. die Bilderbuchforschung beitragen. Allerdings wurden vor allem die neueren Bilderbücher über die Gewalt an Jungen (Endres und Birkenstock 2019, Lammertink und Talsma 2018, Link und Büchner 2021, Sanders und Smith 2023) noch nicht ausreichend erschlossen; eine Lücke, die auch dieser Beitrag nur bedingt schließen kann. Weitere Untersuchungen könnten daher hilfreiche Einblicke und Erkenntnisse über die Darstellung sensibler Themen im Bild- und Schrifttext des Mediums Bilderbuch geben, beispielsweise zu den Mitteln, die in der bildlichen Dimension verwendet werden, wie Farbgebung und visueller Stil, aber auch zu Aspekten der verbalen und narrativen Dimension.

Literatur

Primärliteratur

Deinert, Sylvia/Krieg, Tine/Boljahn, Ulrike (Ill.): Das Familienalbum. Oldenburg: Lappan, 1993

Endres, Brigitte/Birkenstock, Anna Karina (Ill.): Was ist los, Joschi Bär? Zürich: Aracari, 2019

Garbe, Elke/Suãrez, Kiki (Ill.): Anna in der Höhle. Ein pädagogisch-therapeutisches Bilderbuch mit Begleitheft für Erwachsene. Münster: Votum, 1994

Hessell, Jenny/Nelson, Mandy (Ill.): Gut, daß ich es gesagt habe. Übers. aus dem Engl. von Oliver, Ellen. München: Ellermann, 1993

Lammertink, Ilona/Talsma, Nynke (Ill.): Für das Geheimnis bin ich zu klein. Übers. aus dem Niederländ. von Fiedler-Tresp, Sonja. Hamburg: Ellermann, 2018

Lauer, Katrin/Bley, Anette (Ill.): Das kummervolle Kuscheltier. Ein Bilderbuch über sexuellen Missbrauch, das betroffene Kinder ermutigt, ihr Schweigen zu brechen, und beispielhaft zeigt, wie Hilfe gefunden wird. München: ArsEdition, 1996

Link, Caroline/Büchner, SaBine (Ill.): Finnis Geheimnis: Kinder stark machen, NEIN zu sagen! Hamburg: Edel Kids Books, 2021

Lundgren, Michael/Gustavsson, Ulf (Ill.): Das kleine Drachenmädchen. Übers. aus dem Schwed. von Elsässer, Regine. Berlin: Donna Vita, 1992

Markward, Renate/Neuhauss, Erika/Hartmann, Ulrike (Ill.): Darf ich das erzählen? Bobenheim: Engel & Bengel, 1996

Mezger, Erika/Weller, Eva-Regina/Bromundt, Corinna (Ill.): Rosa vom See. Berlin: Donna Vita, 1998

Pressler, Mirjam/Krömer, Astrid (Ill.): Nora ist mal so, mal so. Frankfurt/M.: Alibaba, 1996

Sanders, Jayneen/Smith, Craig (Ill.): Manche Geheimnisse sollte man nie für sich behalten. Übers. aus dem Engl. v. Rancho Park Publishing. Victoria, Aus.: UpLoad Publishing, 2013

Wachter, Oralee/Jacob, Eve (Ill.): Sophie spielt nicht mit. Eine Bilderbuchgeschichte über Ohnmacht. Esslingen: Esslinger, 1996

Sekundärliteratur

Arbeitsstab der Unabhängigen Beauftragten für Fragen des sexuellen Kindesmissbrauchs: Definition von Kindesmissbrauch (o. J.a). Unabhängige Beauftragte für Fragen des sexuellen Kindesmissbrauchs. https://beauftragte-missbrauch.de/themen/definition/definition-von-kindesmissbrauch (22.02.2023)

Arbeitsstab der Unabhängigen Beauftragten für Fragen des sexuellen Kindesmissbrauchs: Wer sind die Täter und Täterinnen? (o. J.b). Unabhängige Beauftragte für Fragen des sexuellen Kindesmissbrauchs. https://beauftragte-missbrauch.de/themen/definition/wer-sind-die-taeter-und-taeterinnen (16.07.2023)

Arbeitsstab der Unabhängigen Beauftragten für Fragen des sexuellen Kindesmissbrauchs: Wo findet Missbrauch statt? (o. J.c). Unabhängige Beauftragte für Fragen des sexuellen Kindesmissbrauchs. https://beauftragte-missbrauch.de/themen/definition/wo-findet-missbrauch-statt (09.07.2023)

Bickler, Katrin: Sexueller Missbrauch als Thema der neueren Kinder- und Jugendliteratur. Freiburg im Breisgau 2011

Braun, Brigitte: Die Notwendigkeit, Prävention sexualisierter Gewalt zu lehren oder ‚Wer erzieht die Erzieher?' (Karl Marx). In: Wazlawik, Martin/Christmann, Bernd/Böhm, Maika/Dekker, Arne (Hg.): Perspektiven auf sexualisierte Gewalt. Einsichten aus Forschung und Praxis. Wiesbaden 2020, 131–151

Bundeskriminalamt: Vorstellung der Zahlen kindlicher Gewaltopfer – Auswertung der Polizeilichen Kriminalstatistik 2021 (2022), https://www.bka.de/SharedDocs/Kurzmeldungen/DE/Kurzmeldungen/220530_PK_KindlicheGewaltopfer2021.html (25.02.23)

Caplan, Gerald: Principles of preventive psychiatry. London 1964

Enders, Ursula: „Das glaubst du doch selbst nicht!" Sexuelle Gewalt in Kindertagesstätten. In: Bange, Dirk/Enders, Ursula (Hg.): Auch Indianer kennen Schmerz. Sexuelle Gewalt gegen Jungen. Köln 1995, 230–236

Fobian, Clemens/Zels, Mirjam: Prävention durch Bilderbücher. Überlegungen und praktische Umsetzung. In: Fobian, Clemens/Ulfers, Rainer (Hg.): Jungen und Männer als Betroffene sexualisierter Gewalt. Wiesbaden 2021, 211–224

Guenin, Jaqueline/Niedermann, Albin: Sexueller Missbrauch – Prävention durch das Kinderbuch? In: VHN (Vierteljahresschrift für Heilpädagogik und ihre Nachbargebiete) 62 (1993) 3, 327–348

Habermacher, Gabi/Hüsser, Irène: Prävention mittels Bilderbücher? – Qualitative Textanalyse von Bilderbüchern zur Prävention sexueller Ausbeutung. In: Riedi, Anna Maria/Häubi-Sieber, Mirjam (Hg.): Sexuelle Ausbeutung von Kindern. Analysen zur öffentlichen Verwaltung privater Gewalt. Chur 1994, 81–110

Kiper, Hanna: Sexueller Mißbrauch im Diskurs. Eine Reflexion literarischer und pädagogischer Traditionen. Weinheim 1994

Koch, Helmut H.: ‚Sexueller Mißbrauch' als Thema des problemorientierten Kinder- und Jugendbuchs. Oder: Was hat das Fach Deutsch mit dem Leben zu tun? In: Becker-Mrotzek, Michael/Hein, Jürgen/Koch, Helmut H. (Hg.): Werkstattbuch Deutsch. Texte für das Studium des Faches. Berlin 1997, 225–252

Koch, Helmut H./Kruck, Marlene: „Ich werd's trotzdem weitersagen!" Prävention gegen sexuellen Mißbrauch in der Schule (Klassen 1–10). Theorie, Praxisberichte, Literaturanalysen, Materialien. Münster 2000 (Arbeitsbücher für Schule und Bildungsarbeit; 2)

Kruck, Marlene: ‚Sexueller Missbrauch' – ein Thema für die Kinder- und Jugendbuchliteratur? Präventives Arbeiten mit Bilder- und Kinderbüchern. In: Risau, Petra/Kruck, Marlene/Bender, Kathrin (Hg.): Sexualisierte Gewalt in der Alltags- und Medienwelt von Kindern. Wahrnehmen, benennen, präventativ handeln. Bad Heilbrunn/Obb. 2001, 191–218

Kruck, Marlene: Das Schweigen durchbrechen. Einsatzmöglichkeiten von Kinder- und Jugendliteratur zur Thematik des sexuellen Missbrauchs im Rahmen der schulischen Präventionsarbeit. Bd. 2. Berlin 2006a (Geschlecht – Gewalt – Gesellschaft; 3). Zugl.: Münster (Westf.), Univ., Diss., 2004

Kruck, Marlene: Das Schweigen durchbrechen. Sexueller Missbrauch in der deutschsprachigen Kinder- und Jugendliteratur. Bd. 1. Berlin 2006b (Geschlecht – Gewalt – Gesellschaft; 2). Zugl.: Münster (Westf.), Univ., Diss., 2004

Kruck-Homann, Marlene: Kinder- und Jugendliteratur im Kontext der Präventionsarbeit gegen sexuelle Gewalt. In: Schoden, Patrick (Hg.): Sexuelle Gewalt gegen Kinder. Information & Prävention. Münster 2008 (Geschlecht – Gewalt – Gesellschaft; 1), 117–133

Lampert, Jo: Sh-h-h-h: Representations of Perpetrators of Sexual Child Abuse in Picturebooks. In: Sex Education 12 (2012) 2, 177–185

Lampert, Jo/Walsh, Kerryann: 'Keep Telling until Someone Listens': Understanding Prevention Concepts in Children's Picture Books Dealing with Child Sexual Abuse. In: Children's Literature in Education 41 (2010) 2, 146–167
Marquardt-Mau, Brunhilde: Prävention in der Schule. In: Bange, Dirk/Körner, Wilhelm (Hg.): Handwörterbuch sexueller Missbrauch. Göttingen 2002, 438–446
McDaniel, Cynthia: Children's Literature as Prevention of Child Sexual Abuse. In: Children's Literature in Education 32 (2001) 3, 203–224
Nikolajeva, Maria/Scott, Carole: How Picturebooks Work. London 2001
Plieth, Carla: Menacing Men and Well-Meaning Women: Gender-Role Allocations in English- and German-Language Narrative Picturebooks on Child Sexual Abuse. In: Bookbird 60 (2022) 1, 55–66
Sethi, Dinesh/Bellis, Mark/Hughes, Karen/Gilbert, Ruth/Mitis, Franceso/Galea, Gauden (Hg.): European Report on Preventing Child Maltreatment. Kopenhagen 2013 (World Health Organization. Regional Office for Europe)
Staiger, Michael: Kategorien der Bilderbuchanalyse – ein sechsdimensionales Modell. In: Dammers, Ben/Krichel, Anne/Staiger, Michael (Hg.): Das Bilderbuch. Theoretische Grundlagen und analytische Zugänge. Berlin 2022, 3–28
Thiele, Jens: Wenn die Bilder dunkel werden. Zur Inszenierung kindlicher Probleme im Bilderbuch. In: Thiele, Jens/Wallach, Sabine (Hg.): Verborgene Kindheiten. Soziale und emotionale Probleme in der Kinderliteratur. Oldenburg 2007, 39–56

Blüten der Identitätspolitik? Körperbilder und Bilderbuchkörper in der neuen Aufklärungsliteratur für Kinder

Florenz Gilly

Abstract A new wave of sex ed books for children has emerged. They swamp the shelfs and window displays of our trusted bookstores. Books about bodies, books about sexuality and reproduction. Those books try to do things differently than their predecessors—to empower children rather than teach them 'from above' about anatomy, physiology. And yet they seem rigid at times. Diversity and inclusion have become the dominating aesthetic ideals. In this paper, I argue that even books, who claim that there is no normal, establish new norms that might exclude somebody. They do not represent reality as it is, bodies as they were, but a utopian, highly stylized version of ourselves. After all, the proclaimed attitudes towards our physical bare a much-needed class-consciousness.

'Identitätspolitik', in der öffentlichen Diskussion längst zum Kampfbegriff geworden,[1] ist auch an der zeitgenössischen Kinder- und Jugendliteratur nicht spurlos vorbeigegangen.[2] Nahezu allen Aufklärungsbücher, die in den letzten Jahren erschienen sind, ist anzumerken, dass sie auf die identitätspolitischen Debatten und ideologischen Grabenkämpfe unserer Gegenwart *irgendwie reagieren*, ja, dass es unmöglich scheint, sich als Autor:in von Kinder- und Jugendbüchern zur Sexualaufklärung im Jahr 2023 *nicht* zu den Feldern *Sex*, *Gender*, *Identität* & Co zu verhalten. Etwas ist in Bewegung geraten im Segment des Peinlichsten, Verbotenen, Intimen. Das Genre *Aufklärungsbuch* erlebt eine beispiellose Blütezeit und eine grundlegende Erneuerung. Allein zahlenmäßig

[1] Zur Debatte um dieses polarisierende Thema vgl. die Beiträge in Berendsen/Cheema/Mendel 2019.

[2] Siehe zur Diskussion in den USA Nel 2023.

F. Gilly (✉)
Wien, Österreich

A. Kagelmann et al. (Hrsg.), *Körper erzählen*, Studien zu Kinder- und Jugendliteratur und -medien 14, https://doi.org/10.1007/978-3-662-69255-4_13

schlägt sich das in der Tatsache nieder, dass in den ersten beiden Pandemiejahren 2020 und 2021 jeweils ein Dutzend neuer einschlägiger Titel publiziert wurden – deutlich mehr als in den Jahrzehnten zuvor.[3] Parallel dazu spielt sich vor unseren Augen, glauben wir Laury Penny, eine tiefgreifende „sexuelle Revolution" ab, im Zuge derer „Genderrollen und sexuelle [...] Regeln, [...] Arbeit und Liebe, Traumata und Gewalt, Lust und Macht" grundlegend neu verhandelt werden (2022, 16).

Der Körper als integraler Part unserer Identität – eine singuläre Entität, die definiert, wer wir sind und wie andere uns wahrnehmen – erhält in den Kinderbüchern der Gegenwart eine herausragende Bedeutung. „Warum sind Körper so wichtig?", fragt die kindliche Neugier und die Sexualpädagogin von heute antwortet: Es ist „wichtig, den Körper gut zu kennen und Bescheid zu wissen, wie er funktioniert", weil er einmalig ist „auf dieser Welt – und du mit deinen Gefühlen steckst mittendrin" (von der Gathen/Kuhl 2021a, Frage 1).

Auffällig ist, dass die Urheber:innen der zeitgenössischen Aufklärungsliteratur für Kinder in überwältigender Mehrheit Urheber*innen* sind, wodurch der Eindruck entstehen könnte, Sexualaufklärung sei Frauensache.[4] Die neuen Aufklärerinnen legen besonderen Wert darauf, wie was korrekt benannt wird (Abb. 1). Sie sind spürbar bemüht darum, niemanden auszuschließen, Stereotype zu dekonstruieren, Mythen zu entzaubern und den Kindern zu zeigen, dass jeder Körper anders aussieht, dass Penisse mal dicker, mal dünner sind, Vulvalippen verschieden geformt, dass (Frauen-)Brüste unterschiedlich groß und auch asymmetrisch oder behaart sein können, dass Sex mehr ist als nur Penetration, das Hymen als sprödes Jungfernhäutchen ein *medical myth* (vgl. Hälterlein/Franz 2020), dass die Klitoris viel raumgreifender ist, als man von außen vermuten würde,[5] dass Körpersäfte wie

---

[3] Vgl. das Diagramm bei Sager 2015, 339. – Eigene Hochrechnungen haben ergeben, dass in den zehn Jahren zwischen 2011 und 2021 im deutschsprachigen Raum durchschnittlich sieben Bücher zum Thema erschienen sind. Die beiden letzten Jahre markieren mit zehn (2020) bzw. elf (2021) Neuerscheinungen einen Höhepunkt; nur 2003 sind annährend viele Titel erschienen.

[4] Dem war nicht immer so. Christin Sager bemerkt, dass die Sexualratgeber der 1950er und 1960er Jahre überwiegend von Männern geschrieben wurden (2015, 269). – Nach 1968 überholen dann die Frauen die Männer. – Heute übernehmen Aufklärung z. T. jene Frauen, deren Stimmen in der #metoo Debatte zu hören waren oder die im Zuge derer politisiert worden sind. Womöglich ist eine Motivation, sich in den sexualaufklärerischen Diskurs einer Zeit einzuschalten, immer auch die Verarbeitung eigener sexueller Erfahrungen, also gewissermaßen therapeutisches Schreiben im Medium des Aufklärungsbuches für Kinder.

[5] Vgl. zur Klitoris und ihrer „*aufregende*[*n*] *Geschichte*" Lorenz 2022.

Abb. 1 Aufgeklärte Kinder nennen ihre Genitalien anatomisch korrekt beim Namen, so wie *Lina, die Entdeckerin* (Ausschnitt). (© Wien: ACHSE Verlag, 2021, S. [16])

Blut, Schweiß und Speichel, aber auch Popel,[6] Pickel und Haare, ja, sogar Ausdünstungen und Ausgeschiedenes[7] nichts sind, wofür man sich schämen muss, kurz: dass alles menschlich ist und dass „*es normal nicht gibt*", wie der Untertitel von *Wie siehst du denn aus?* (2020) der deutsch-schwedischen Illustratorin Amelie Persson und *Missy Magazine*-Herausgeberin Sonja Eismann postuliert.

[6] Vgl. zum „*geheime[n] Leben der Popel*" Sisteré 2021. – Es zeigt sich beim Griff in die Nase: Popeln ist wie Pornos schauen, alle tun es, die wenigsten wollen es gerne getan haben, geschweige denn dabei ertappt werden.

[7] Bücher über die Defäkation stehen bei den Deutschen hoch im Kurs. Vgl. exemplarisch das beliebte „*große Kacka Buch*" von Nadja Belhadj und Philippe de Kemmeler (übers. v. Marta Wajer, Ullmann 2021).

Eine Vorliebe für die Galerie

An *Wie siehst du denn aus?* zeigt sich in Reinform eine für das Genre typische Präferenz für die galeristische Darstellung. Statt ganzer Körper zeigen die Autorinnen auf 45 Doppelseiten jeweils nur Fragmente desselben, Teile von Körpern „in all ihrer Unvollkommenheit und Liebenswürdigkeit" (ebd., Klappentext): Bauchnabel, Ohren, Hände und Füße, Zähne, Augen und Haare ergeben ein Mosaik körperlicher Einzelteile, hinter dem der Körper als Ganzes verschwindet.

Zeitigt die Fragmentierung insbesondere des weiblichen Körpers in Werbung und Pornografie dessen Auflösung[8], lenkt die Zerlegung des Körpers in *Wie siehst du denn aus?* unsere Aufmerksamkeit auf die Vielgestaltigkeit der körperlichen Anlagen und ihrer individuellen Ausprägungen. Die isolierte Darstellung einzelner Körperteile ohne Abbildung ihrer Träger:in verhindert darüber hinaus die Zuordnung der abgebildeten Körperpartien zu einem bestimmten Geschlecht. „Alle [Menschen] haben eine Rückseite", stellt die Norwegerin Anna Fiske in *Alle haben einen Po* (2014, übers. von Ina Kronenberger 2019) fest, und von hinten sehen wir fast alle gleich aus. Das humane Gesäß erscheint hier als geschlechtsunspezifisches Merkmal, als kleinster gemeinsamer Nenner jedes Menschen, egal ob Mann oder Frau, cis, trans oder inter.[9]

Die Galerie erweist sich aber nicht nur als präferierte Darstellungsform der Vielfalt, sondern auch von körperlicher Entwicklung. „Verändert sich, [sic!] die Mumu [sic!] wen [sic!] man größer wird?", lautet eine der insgesamt 101 putzigen „authentischen Kinderfragen", die Katharina von der Gathen für ihr Ringbuch *Klär mich auf* gesammelt, kompiliert, arrangiert und mit der wünschenswerten Klarheit, Gründlichkeit und Nonchalance einer Sexualpädagogin beantwortet hat (von der Gathen/Kuhl 2021b, Frage 16).[10] Die Illustration zur Kinderfrage der Erika-Fuchs-Preisträgerin Anke Kuhl zeigt eben jene ‚Mumu', den Lendenbereich einer Frau im Zeitverlauf, wobei sich das Körperwachstum in dieser Galerie mit zeitlichem Index vor allem am Haarwuchs und an der Breite des Beckens bemisst bzw. ablesen lässt.

---

[8] Zum Orgasmus geöffnete Münder, flache Bäuche mit Bauchnabeln, in die sich sturzbachartig wahlweise Bier oder Schaumwein ergießen, lasziv übereinandergeschlagene, glattrasierte Frauenschenkel, kopflose Rümpfe und „rumpflose Beine in High Heels und mit Stilettoabsätzen" sind – Laurie Penny zufolge – Symbole einer für viele Menschen unzugänglichen Sexualität, „Schlüsselelemente" einer zu Werbezwecken genutzten Erotik", die einen „auf Frauen abzielenden Konsumimperativ" diktiert (Penny 2015, 24).

[9] Ein weiteres Po-Buch – *„Ich bin so froh über meinen Po"* der japanischen Bilderbuchkünstlerin Maki Saito – erschien im Sommer 2022 in deutscher Übersetzung, allerdings geht es dort um die Glutealmuskeln von Tieren.

[10] Diese Zettel mit Kinderfragen werden als Faksimile abgedruckt, im Original mit Schreibfehlern und in krakeliger Schrift, was den Authentizitätseffekt noch verstärkt. Darin deutet sich auch ein Paradigmenwechsel in der Kinder- und Jugendliteratur an: von der Aufklärung von oben, der Vermittlung exklusiven Wissens an die Kindergeneration, zur sexuellen (Selbst-) Bildung, in dem der Kinderperspektive Vorrang gegeben wird.

Die Spannung zwischen Gleichzeitigkeit der Darstellung und Ungleichzeitigkeit der dargestellten Entwicklungsphasen ist kennzeichnend für das Darstellungselement *Galerie*.

Während sich seine Zweckmäßigkeit schon in den Aufklärungsschlagern aus Ost- und Westdeutschland andeutet,[11] ist der *Galerie View* in der neuen Aufklärungsliteratur omnipräsent. Ein Beispiel hierfür: *Lina, die Entdeckerin*. Die Heldin dieses „humorvolle[n] Bilderbuch[s] [...] für Kinder im Kindergarten- und Schulalter" (Schönborn-Hotter/Sonnberger/Staffelmayr 2021, Klappentext) schrumpft auf die Größe einer Handfläche und bereist in einem die Grenzen des Körpers und der Körperlichkeit transzendierenden Akt der Fantasie (nachher war alles nur ein Spiel) ihren eigenen Körper.[12]

Als Pendant zur Vulvagalerie in *Lina, die Entdeckerin*, deren kreisrunde Ausschnitte an Profilbilder bei Instagram erinnern, finden wir in *Klär mich auf* auch eine Penisgalerie (von der Gathen/Kuhl 2021a, Frage 2, Abb. 2), zu der eine amüsante Anekdote existiert: Offenbar nahmen die Auftraggeberinnen der Übersetzung für den Neuseeländischen Verlag Gecko Press (2020) Anstoß an der Tatsache, dass die Penisse der Originalausgabe mehrheitlich hellhäutig waren – was zur Folge hatte, dass Illustratorin Anke Kuhl diese Penisse händisch nachkolorieren musste (vgl. ebd., Frage 2).[13] Doch damit nicht genug: In der englischen Übersetzung stoßen wir auf eine Seite, die in der deutschsprachigen Vorlage keine Entsprechung findet, Nummer 51, „*What dose* [sic!] *LGBT mean?*" (ebd., Frage 51). Rückseitig löst Übersetzerin Shelley Tanaka das Akronym Buchstabe für Buchstabe auf: „*L stands for ‚lesbian', G stands for ‚gay', B for ‚bisexual'*" usw. – In diesem Sinne treibt Identitätspolitik tatsächlich ihre Blüten: indem Kindern Fragen in den Mund gelegt werden, die sie sich gar nicht gestellt haben. Wie man das beurteilen mag, ob als programmatische Inkonsistenz, Etikettenschwindel, als Indoktrinationsversuch, wichtigen Zusatz oder schlicht als praktische Lebenshilfe – immerhin werden unsere Kinder früher oder später mit der Abkürzung und den dahinterstehenden Lebenswirklichkeiten konfrontiert sein –, soll jeder für sich entscheiden.

[11] Vgl. das ‚Fresko der Nackedeis', von jung bis alt, welches das Inhaltsverzeichnis von *Peter, Ida und Minimum* („So sehen wir aus". In: Fagerström/Hansson 1989) ziert oder auch das Tableau der Kernmitglieder der bürgerlichen Kleinfamilie, die, in paradiesischem Setting vor dem Apfelbaum der Erkenntnis, den christlichen Ursprungsmythos evozierend, nach Größe und Geschlecht aufgereiht sind (in: Brückner/Schallnau 1980, o. S.). – Diese Galerie vereint beides: das prozessuale Nacheinander körperlicher Entwicklungsphasen und die Simultanität verschiedener Körperformen im Spektrum des Normalen.

[12] So schlägt Lina ihr Zelt auf dem Venushügel auf, um sich davor auf einem Campingkocher ein Spiegelei zu braten oder sie bespiegelt sich mit einem Handspiegel von unten – die Institution der Vulva Watching-Workshops dürfte hierfür Modell gestanden haben. Vgl. dazu den Gonzo-Style-Erfahrungsbericht von Baden 2017.

[13] Sieht man genau hin, fällt auf, dass die Penisse 1, 4, 7 und 8 (in Leserichtung) in der englischen Übersetzung stärker pigmentiert sind als im deutschsprachigen Original.

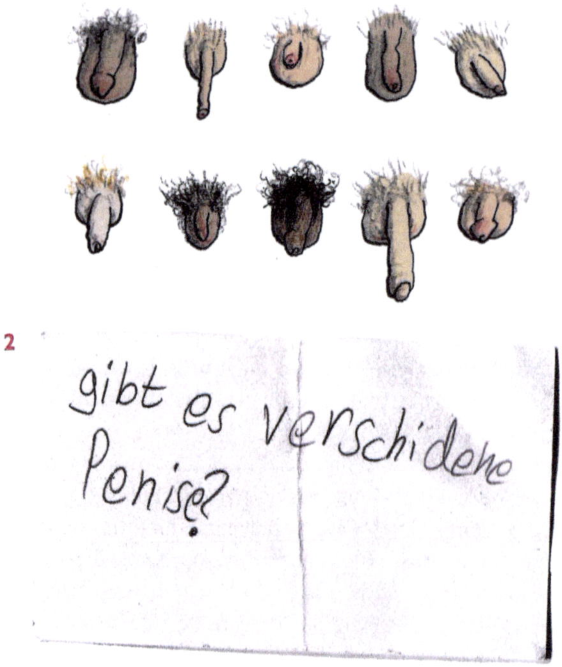

Abb. 2 Keiner wie der andere – Penisgalerie aus *Klär mich auf*, deutsche Originalfassung. (© Leipzig: Klett Kinderbuch, 2024, S. [7])

Genitaler Sprachfetisch

Neben ihrer Vorliebe für die Galerie als Darstellungsform zeichnen sich die untersuchten Aufklärungsbücher durch ein ausgeprägtes Sprachbewusstsein und eine gewisse Zentrierung auf die terminologisch korrekte Benennung des Körpers und seiner Einzelteile aus. „Das heißt Vulva!“, entdeckt Lina ihrem Vater, der herumdruckst, als es darum geht, ob Lina sich auch „untenrum“ gewaschen hätte (Schönborn-Hotter/Sonnberger/Staffelmayr 2021, o. A.).[14]

Sprachsensibilität ist indes kein Novum in der Tradition der Aufklärungsliteratur. Schon in *Peter, Ida und Minimum*, dem schwedischen Klassiker von

[14] Margarete Stokowoski lässt grüßen! Wie die Aufklärungsliteratur überhaupt gespickt ist mit intertextuellen Verweisen und selbstreferenziellen Bezügen: In *Erbsenklein Melonengroß* steht z. B. ein Exemplar von *Lina, die Entdeckerin* im Bücherregal. Beide Werke sind im aufstrebenden Wiener ACHSE-Verlag erschienen. Vgl. dazu das Interview mit den Verlagsgründer:innen Teresa Mossbauer und León Schellhaas auf dem Buchblog *Books in Vienna* (patandersson 2019).

Hansson und Fagerström,[15] findet sich der Hinweis, dass in jeder Familie andere Begriffe gebräuchlich sind, ob „Spalte und Glied", „Penis oder Scheide" (Fagerström/Hansson 1989, 15). Der genitalen Privatsprache innerhalb der Familie Lindström steht in den Aufklärungsbüchern der Gegenwart eine Sprachkritik gegenüber, die sich nicht so recht entscheiden kann zwischen „Und wie sagst du?" (Pfeifer/Blatt/Kawamura 2023, Untertitel) und dem Bestreben einer Korrektur oder wenigstens der Revision unserer sprachlichen Gepflogenheiten, die nicht selten normative Gültigkeit beansprucht. Die Autorinnen dieser Werke verwenden nicht nur *andere* Begriffe, sie reklamieren mitunter auch für sich, die *richtigen* Begriffe zu verwenden, etwa Vulva statt Vagina.[16] Oder sie versuchen, überkommene Begriffe durch neue zu ersetzen.[17] *Schamhaar*, *Schambereich*, *Schambehaarung* etwa – alles, was mit Scham zu tun hat, sollten wir am besten gleich aus unserem Wortschatz streichen, wobei die Tatsache ignoriert wird, dass das Sich-Schämen auch eine gesunde Schutzfunktion haben kann.

Hinter all dem steckt der Glaube, dass die flächendeckende Etablierung neuer sprachlicher Konventionen zum Abbau und zur Veränderung von (Körper-) Normen führen kann, die unserem *Sexual Wellbeing* im Weg stehen. Auch Katharina Schönborn-Hotter, Autorin von *Lina, die Entdeckerin*, moniert in einem Interview mit dem *Kurier* unsere Sprachlosigkeit im Umgang mit „dem da unten": Wenn Erwachsene zu stammeln beginnen, es ihnen offensichtlich unangenehm ist, über Genitalien zu sprechen, so würden das die Kinder sehr genau spüren: „Und dies wirkt sich auf ihr Körperbewusstsein und ihren selbstverständlichen Umgang mit ihrem Geschlechtsorgan aus" (Sonnberger 2022).

Hieß es schon im Vorwort zu *Lina, die Entdeckerin*, dass „Sprache Wirklichkeit schafft und Realität gestaltet", heißt es auch im Vorwort zu *Erbsenklein Melonengroß* von Cornelia Lindner und Verena Tschemernjak (2021) über die geschlechtsneutrale Hauptfigur Toni lakonisch „Sprache ist Macht". Was klingt wie ein Allgemeinplatz, ist im Buch konsequent umgesetzt: Statt Mann wird „Person mit Penis und Hoden" gesagt, statt Frau das Denotat „Person mit Vulva und Uterus" verwendet (ebd.). Womöglich sind es genau diese Sprachblüten, die – neben Genderstern, Gendergap und Doppelpunkt – den Zorn der selbsternannten Mehrheitsgesellschaft auf sich ziehen und die Hüter [sic!] der deutschen

[15] Das 1977 erstveröffentlichte, mit dem Deutschen Jugendbuchpreis ausgezeichnete Werk war lange alternativlos das Beste, was das Genre zu bieten hatte, und ist inzwischen in der 23. Auflage erschienen.
Auch der Verf. (Jahrgang 1991!) hatte noch das Vergnügen, mit dem Werk aufgeklärt zu werden.

[16] Vgl. die Kulturgeschichte der Vulva von Sanyal 2018. – Zusammen mit Gunda Windmüller hat die Autorin auch eine Petition initiiert, um das Wort „Schamlippen" im Duden durch „Vulvalippen" zu ersetzen, da ersteres „eine falsche, […] verschämte" und „lustfeindliche Vorstellung von Körpern und Sexualität wieder[gebe]" (Windmüller/Sanyal 2018).

[17] Der Neologismus „Vulvina", welcher wahrscheinlich auf die Kölner Sexualpädagogin Ella Berlin (Pseudonym) zurückgeht, ist ein solcher Fall.

Sprache auf den Plan rufen. Dabei offenbart sich in der Umständlichkeit der Formulierungen die Komplexität und Krux in der Sache: Wenn wir das soziale konsequent vom biologischen Geschlecht trennen, können auch Papas schwanger werden und Mamas Hoden haben.[18]

Sex ist kein Tabu mehr

Stellenweise lesen sich die neuen Aufklärungsbücher wie eine Bebilderung jener sprachsensiblen Sexualpädagogiken, die mit traditionellen Rollenbildern und -zuschreibungen aufräumen wollen, etwa der vermeintlichen Passivität von Frauen beim Sex. In *Lina, die Entdeckerin* erhält der 2016 von Bini Adamczak als Gegenbegriff zu „Penetration" eingeführte Begriff der Circlusion (auch Circumclusion), also das Umschließen, die Aufnahme des Penis durch die Vagina, grafische Gestalt. Auch die Macher von *Liebe machen* haben die Idee der Circumclusion in einen Reim gegossen: „Und wenn sie so zusammenfinden, lässt sie den Penis ganz verschwinden/ Knapp unterm Bauch in ihrer Scheide. Das ist sehr angenehm für beide" (Schmidt/Német 2021). Das hört sich alles ganz anders an als in den Aufklärungsbüchern der Siebziger Jahre. In *Peter, Ida und Minimum* liegt der Mann zwar unten, die Frau oben. (Überraschend fortschrittlich für die Zeit.) Dennoch steckt er sein Glied „in Mamas Scheide" (Fagerström/Hansson 1989, 17).[19] Und in *Vater, Mutter, Kind* von Kinderarzt Dr. Brückner wird Sex gar nur als „Samenübergabe" bezeichnet.[20] Ansonsten halten sich die Bücher, was sexuelle Akte angeht, eher bedeckt, was in Anbetracht des Alters der Zielgruppe und im historischen Bewusstsein der Causae Odenwald, Canisius Kolleg und anderen Missbrauchsfällen verständlich ist. Eingedenk jener unzumutbaren Vorkommnisse sowie in Vorwegnahme einer weit verbreiteten sexistischen, übergriffigen Kultur des Machismo versucht die Literatur, das Bewusstsein der Kinder für die eigenen Grenzen zu schärfen und ihre Artikulationsfähigkeit zu fördern.

[18] Noch weiter gehen die Autorinnen von *Samira und die Sache mit den Babys* (*AlSabah/Sakalkesen 2021*). Fragen nach dem Geschlecht von Samiras neugeborenem Geschwisterchen werden ausgewichen; ob Hedi ein Junge oder Mädchen ist, bleibt bis zum Schluss offen. Auch war es nur eine Frage der Zeit, bis die Modeindustrie auf diesen Zug aufspringen würde: Zum Muttertag 2022 postete der Unterwäschehersteller Calvin Klein eine Fotoserie auf Instagram, die das brasilianische Transgender-Pärchen Roberto Bete (mastektomiert – mit Babybauch) und Erika Feeh zeigte.

[19] Dies in meinen Augen eine seltsam ödipale Formulierung.

[20] Vgl. Brückner/Schallnau 1980, o. S. – Die korrespondierende Doppelseite variiert das Motiv der verkehrten Welt: Nicht die Kinder verlustieren sich auf dem Spielplatz, sondern „Oma und Opa". Was für Kinder vordergründig witzig ist, wird für Erwachsene spätestens durch die mümmelnden Hasen am Bildrand als doppelbödige Allegorie auf die Wonnen menschlicher Sexualität auch im Alter lesbar.

Ausgespart bleibt der Sex in der aktivistischen Aufklärungsliteratur für Kinder aber dennoch nicht. Wurde Geschlechtsverkehr in den frühen Aufklärungsbüchern auf die beiden Momente „Penetration und Reproduktion“ reduziert (Sager 2015, 279), ist Sex zum ‚bloßen‘ Lustgewinn für die gegenwärtige Literatur kein Fremdwort mehr. Sogar Autoerotik, historisch besonders aufgeladen,[21] ist ein Thema. In *Erbsenklein Melonengroß* sehen wir eine Madonnen-Figur in zärtlicher Berührung ihrer eigenen Schultern. „Draußen war es der Nervenkitzel,/zu spielen mit dem kleinen Spitz'l“, heißt es in *Lina, die Entdeckerin* – gemeint ist die Klitoris, das, was umgangssprachlich auch als ‚Kitzler‘ bagatellisiert wird. Meist jedoch tritt der Unterschied zwischen erwachsener und infantiler Sexualität deutlich hervor.[22]

Die notorische Frage nach dem Ursprung der Kinder – wie kommt das Baby in den Bauch (und wieder heraus)? –, nach Sigmund Freud „die älteste und brennendste Frage der jungen Menschheit“ (1994, 164), steht am Anfang vieler Aufklärungsgespräche, und in keinem Buch fehlen die Urszene der Befruchtung, der Besuch bei der Gynäkologin oder die Entbindung im Kreissaal.[23] Entbunden wird in den Werken zudem nicht mehr nur physiologisch. Die neuen Aufklärungsbücher kennen auch Kaiserschnitt, *in vitro*-Fertilisation und Leihmutterschaft und wollen zur Entstigmatisierung der früher mal sog. ‚Retortenbabys‘ beitragen, die unter kräftiger Mithilfe der Reproduktionsindustrie in „Wunschkinder“ umgetauft wurden.[24]

Inklusion und Diversität als ästhetische Norm

Zurück zum Körperlichen: Der gesunde, reproduktionsfähige Normkörper, der bis in die 2000er Jahre das deutschsprachige Aufklärungsbuch dominierte (vgl. Sager 2015), hat Gesellschaft bekommen. Gerade im Vergleich mit den Klassikern des

[21] Zu denken wäre bspw. an die Anti-Masturbationskampagnen des 18. Jahrhunderts, ans Onanieverbot und Michael Hanekes Dorfpanorama *Das weiße Band. Eine deutsche Kindergeschichte* (2009) (vgl. König 2020).

[22] Letztere besteht laut Volkmar Sigusch weniger „aus Fantasien“, als vielmehr „aus körperlichen Sensationen“ wie Druck, Berührung, Streicheln, Spielen, Vibration (2015, 157). Diese Grenze im Kinderbuch zu markieren, ist zweifellos eine herausfordernde Gratwanderung, wie das Beispiel *Bruno will hoch hinaus* zeigt (vgl. Ziegelwanger/Staffelmayr/Horak 2022, dort insb. die angedeutete morgendliche Erektion Brunos oder dessen automatisierte Selbstertastungen).

[23] Vgl. exemplarisch das inklusive Aufklärungsbuch *Making a Baby* von Rachel Greener und Clare Owen (2020).

[24] Hierzu lohnt ein Blick in *Zwei Mamas für Oscar* von Susanne Susanne und Annabelle von Sperber (2021). – Die Szene der ‚Samenübergabe‘ (Brückner) an das lesbische Pärchen durch ihren gemeinsamen Freund Hans, ist grotesk als selbstlose Schenkung inszeniert, welcher die lückenlose Vermessung des Menschen und eine gründliche Prüfung des Männerkörpers mit Lupe und Maßband vorausgeht.

Genres, deren Personal sich auf die bürgerliche Kleinfamilie beschränkt, fällt auf, dass das Spektrum größer und diverser geworden ist. Gezeigt werden nicht mehr ausschließlich (die weißen) Körper von Otto Normal und Lieschen Müller oder die geschönten, gestrafften, makellosen Körper, die uns von Instagram-Profilen her anlächeln, auf Tinder posieren und bei TikTok tanzen, sondern auch unvollkommene, versehrte, asymmetrische, fleckige, scheckige und behaarte Körper, Menschen im Rollstuhl, Menschen mit Prothesen, Menschen mit Down-Syndrom (Abb. 3). Was in der Gesellschaft nur unzureichend gelingt, wird im Kinderbuch zur ästhetischen Norm: Inklusion.

Im Zentrum steht dabei, möglichst allen Kindern ein gutes Körpergefühl zu geben und ihr Selbstbewusstsein zu stärken. *Empowerment* – nicht oder nicht primär Aufklärung, lautet die Devise. Damit rücken die Autorinnen in eine Nähe zur *Body Positivity*-Bewegung, wie sie im angloamerikanischen Raum von der Rapperin Lizzo, in Österreich von Elisabeth Lechner (vgl. 2020/2021) und in Frankreich durch die DJane Baraba Butch repräsentiert wird. Zugleich deutet sich damit ein Paradigmenwechsel im sexualaufklärerischen Diskurs an: Die Ablösung eines autoritativen Modells ‚von oben herab' durch einen Ansatz auf Augenhöhe – mit seinen jeweils eigenen Aporien. Körper werden in der neuen Ermutigungsliteratur für Kinder als Übergangsformen verstanden und in ihrem transitorischen Charakter transparent gemacht. Imaginiert werden sie nicht als etwas Statisches, Unveränderliches, sondern als etwas, das sich fortwährend verändert, wächst und auch wieder schrumpft, altert und letztlich auch vergeht.[25]

So dynamisch wie die Körper in den Aufklärungsbüchern dargestellt werden, so dynamisch ist auch die gesellschaftliche Situation, in denen diese Bücher entstehen. Selbst zwischen Titeln derselben Autorinnen lassen sich Weiterentwicklungen beobachten, die die Ephemeralität zeitgeistiger Trends und Moden vor Augen führen. Katharina von der Gathens Urteil, ihr zweites *Klär mich weiter auf* sei diverser geworden, korreliert mit einer anderen Entwicklung: dass nämlich die Kinderfragen ‚krasser' geworden seien.[26] Das Vokabular der Pornografie, vielleicht die größte Herausforderung moderner Sexualpädagogik,[27] ist längst auch an Kinderohren gedrungen und verlangt nach Antworten, die über die Verteufelung und das Verbot von Pornos hinausgehen.[28]

[25] Der Tod bleibt, trotz seiner engen Verbindung zur Sexualität, eine Leerstelle. Vgl. die Familienaufnahmen in *AnyBody* (von der Gathen/Kuhl 2021c), in denen von Jahr zu Jahr neue Personen hinzukommen und ältere fehlen.

[26] DINGSDABUMSDA (Gilly/Vetters 2021a), Ep. 5.

[27] Vgl. dazu (u. a.) Nitschke 2014 sowie das Webangebot „Sexualität und Pornografie im Netz" der Schweizer Plattform zur Förderung von Medienkompetenz (Jugend und Medien o. J.).

[28] Ich bezweifle, dass die Betonung der Unterschiede von Porno und ‚echtem Sex', wie sie die *Klär mich auf* Reihe vornimmt (vgl. von der Gathen/Kuhl 2021a sowie dies. 2021b.), den sexuellen Wirklichkeiten unserer Gegenwart gerecht wird, hat der inszenierte Koitus doch erheblichen Einflusss auf die Geschehnisse und Abläufe in den Schlafzimmern dieser Welt und umgekehrt.

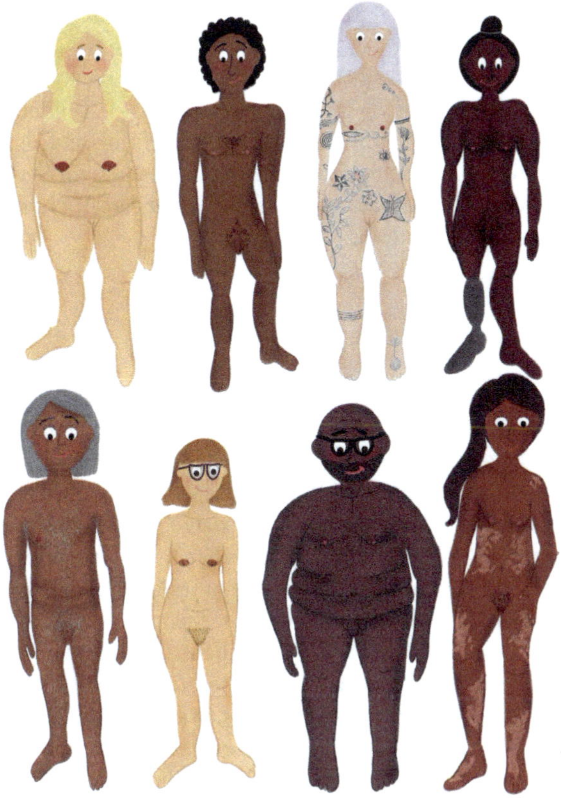

Abb. 3 Dünn oder dick, Vitiligo oder Tattoos, schwarz oder weiß, *Erbsenklein Melonengroß* (Titel) – nackt sehen wir fast alle gleich aus. (© Wien: ACHSE Verlag 2021, S. [18])

Die Gretchenfrage, wie es die Kinderbuchautorinnen und Botschafterinnen der neuen, inklusiven Sexualmoral mit der Identitätspolitik halten, beantwortet sich vielleicht nirgendwo deutlicher als in der Affirmation und Repräsentation von trans Personen. Während *Alle haben einen Po* und *Liebe machen* sich dem Paradigma der Geschlechterbinarität verpflichtet bleiben, hat die trans Person in Kuhls und von der Gathens kongenialem Körperbuch *AnyBody* ein eigenständiges Lemma (von der Gathen/Kuhl 2021c, 80 f.). Allerdings stehen „Tom" und „Tina", die erst durch die Schrift (und ggf. ihre Frisuren), als trans Personen erkennbar werden, zwischen den Zeilen. In *Klär mich weiter auf* von 2018 standen sie noch im Aus. Auf die Frage, ob auch Jungs ihre Periode bekämen, antwortete die Autorin dort: „Jungen in der Pubertät bekommen nicht wie Mädchen ihre Tag" und könnten auch nicht schwanger werden (von der Gathen/Kuhn 2021b, Frage 3). Linus Giese, Schöpfer der Autobiografie *Ich bin Linus. Wie ich der Mann wurde, der ich schon immer war* (2020) und Buchhändler des kontrovers diskutierten

Berliner Buchladens *She said*,[29] kritisiert, dass damit die Lebensrealität von trans Personen ausgeschlossen werde (vgl. Gilly/Vetters 2021b, Episode 4). In *Erbsenklein Melonengroß* hingegen reihen sich inter- und transsexuelle Menschen wie selbstverständlich ein in den ewigen Körperreigen (vgl. Lindner/Tschemernjak 2021). Das Zwischengeschlechtliche, von der Medizin bis auf den heutigen Tag pathologisiert, immer nur in seiner Vorläufigkeit dargestellt, im Stadium des Noch-nicht-Operierten oder Schon-bald-in-die-eine-oder-andere-Richtung-Korrigierten, wird zur anerkannten Lebensform.

Kleine Körper-Utopien

Natürlich bildet auch die neue Aufklärungsliteratur keine realen Verhältnisse ab – die Körper, wie sie sind, den Sex, den wir haben – sondern so, wie manch eine:r sie sich wünscht. Es sind allesamt kleine Körper-Utopien, die den Körperbildern und Bilderbuchkörpern in den Massen- und sozialen Medien etwas entgegensetzen wollen; Visionen einer Welt, in der wir zufriedener sind mit unserer materiellen Seite. Dabei steht zu befürchten, dass Darstellungsmodi und Diversitätsanspruch dem naturalistischen Kurzschluss Vorschub leisten, dass die gezeigten Körper „nach der Natur" gezeichnet wären (Natürlichkeitssuggestion) bzw. dass sie die Vielfalt der Geschlechter/Menschen/Körper (vollständig) abbilden würden, was natürlich nie der Fall sein kann. Und das, was wir sehen, sind keine Naturphänomene, sondern stilisierte, fiktive, überzeichnete und auch groteske Körper. Dass keine Norm weit genug ist, um wirklich ausnahmslos alle miteinzuschließen, ist eine Binsenweisheit. Selbst Normen der Vielfalt produzieren Ausschlüsse. Die eigentlich spannende Frage lautet demnach nicht „Wer ist zu sehen?", sondern „Wer fehlt?"

In den Aufklärungsbüchern, die für diesen Beitrag gesichtet wurden, sind es jene Körper, die im medialen Diskurs so allgegenwärtig sind, dass sie wohl kaum eine:r vermisst, wenn sie einmal nicht da sind. Jene Körper, die ‚objektiv', d. h. gesellschaftlich betrachtet, als schön gelten. Indem, mit Ausnahme von *AnyBody*, fast alle der hier besprochenen Bücher diese Realitäten ausblenden, unterschlagen sie auch die Tatsache, dass körperliches Aussehen nicht zuletzt davon abhängig ist, unter welchen Bedingungen wir aufwachsen und in welchen Milieus wir uns bewegen. Der Körper ist nicht unser Schicksal, keine biologisch-genetische Tatsache, sondern ein Produkt der sozioökonomischen Umstände, in die wir hineingeboren werden. Er ist etwas Geformtes, eine Wachsfigur, in die sich die Zeichen der Produktionsverhältnisse einprägen: Waschfrauen-

[29] Vgl. zu der von den beiden Insta-Aktivistinnen Moshtari Hilal und Sinthujan Varatharajah angestoßenen Debatte um den sogenannten „Nazihintergrund" von *She said*-Gründerin Emilia von Senger den Beitrag von Hoffmann 2021.

hände, Akademikerfüße, kaputtes Kreuz, vernarbte Unterarme, zersetzte Lungen. Während die Aufklärungsbücher der Gegenwart ein feinsinniges Gespür für die Historizität und kulturelle Variabilität von Schönheitsidealen besitzen, geht ihnen ein Bewusstsein für die Interdependenz von Körper und Klasse weitgehend ab. Vor die Wahl gestellt, die Kinder zu *empowern* oder dem Konformitätsdruck der Wirklichkeit nachzugeben, entscheiden sich die meisten Autorinnen für den Wohlfühlpluralismus. Einen Körper, der es seiner Träger:in ermöglicht, ohne Scham sie selbst zu sein, muss man sich eben auch leisten können.

Was sich darin womöglich auch reproduziert, ist jener weiße Blick, den Hengameh Yaghoobifarah beim Gang durch das ach so aufgeklärte Berlin allzu oft auf der eigenen Haut gespürt hat. „Statt Körpervielfalt zu zelebrieren", würden sich viele

> junge PoC [*People of Color*, Anm. F.G.] nach einem Aussehen [sehnen], das sie nie oder nur sehr schwer erlangen können. […] Die Haare oder die Haut zu bleichen, die Gesichtszüge operativ zu ändern oder Gewicht abzunehmen kostet nicht nur Zeit, Geld und Energie, es stärkt häufig auch den Hass auf den eigenen Körper, vor allem dann, wenn die einzige Motivation die Anpassung an weiße Schönheitsnormen ist. Trotzdem verurteile ich als white passing Person solche Eingriffe von anderen PoC nicht. […] Erstens ist jede_r Chef_in des eigenen Körpers. Ungefragt meine Meinung zu einem so persönlichen und sensiblen Thema kundzutun wäre bevormundend. […] Wer wie ich und eben auch weiße Personen vom Colorism profitiert, kann sich nicht vorstellen, was es eigentlich bedeutet, den Körper unter Schmerzen modifizieren zu wollen. (Yaghoobifarah 2021, 75 f.)

An diesen Einlassungen besticht in meinen Augen die Enthaltsamkeit in der Frage, wie die invasiven und nicht-invasiven Körpermodifikationen moralisch zu bewerten sind. Die hier behandelten Aufklärungsbücher beantworten sie, indem sie die Realität gewisser, mehr oder weniger eng gesteckter Körpernormen ausblenden oder als Beauty Irrsinn, Schönheitskult und Selbstausbeutung abtun.[30] Dabei sind sie heute wohl mächtiger denn je. Vergeblich sucht man die ‚Tussen' und ‚Pumper', die Gelifteten, Geschminkten, die Botoxlippen und gemachten Brüste, die flachen Bäuche und Muskeln und guten Figuren, die manche gerne hätten. In ihrer Abwesenheit steckt das Urteil. Was aber machen wir mit dem Befund, dass es immer mehr Menschen gibt, die sich operieren lassen? Ihr Ausschluss verkennt die Tatsache, dass man es sich leisten können muss, Schönheitsnormen *nicht* zu entsprechen. Ein gutes Körpergefühl zu haben, obwohl man das Körperideal einer Gesellschaft verfehlt, erfordert eben Rückhalt und Ressourcen, ‚Zeit', ‚Geld', ‚Energie' (Hengahmeh) – und ein dickes Fell.

---

[30] Einzig *AnyBody* fällt hier positiv auf. Es widmet dem in bestimmten Kreisen verpönten *Body Enhancement* eine ganze Doppelseite unter dem Motto „Schön sein früher und heute" (von der Gathen/Kuhl 2021, o. S.).

Wozu Sexualaufklärung heute?

Wenn ein Ziel der Kinder- und Jugendliteratur ist, Heranwachsenden Angebote zur Identifikation und Integration in die herrschende Gesellschaftsordnung zu machen, stellt sich die Frage, wie sich die hier behandelten Aufklärungsbücher in diese Aufgabe einfügen? Anders gefragt: Wozu Aufklärung in „sexualitätsdurchtränkte[r]“ Zeit (Sager 2015, 7)? Wo sich Jugendliche und auch Kinder die Informationen, die sie benötigen, überall holen können, aus dem Internet, von Social Media, in Podcasts oder von der BZgA? Ist die neue Aufklärungsliteratur Wegbereiterin der großen „sexuellen Befreiung“, die den meisten Menschen heute noch vorenthalten bleibt? Oder ist sie ‚Steigbügelhalterin‘ jenes neoliberalen Wirtschaftssystems, das vor allem auf der körperlichen Ausbeutung von Frauen beruht, nur dazu da, um uns die Akquise und Akkumulation sexuellen Kapitals zu erleichtern (vgl. Illouz/Kaplan 2021)? Doch ist mediale Repräsentation nicht die *conditio sine qua non* für eine gerechte, gleichberechtigte Gesellschaft?

Antworten auf diese Fragen werden sich wohl erst mit dem *Coming of Age* der Adressatengruppe der hier besprochenen Bücher zeigen. Es sollte deutlich geworden sein, dass diese Bücher nicht nur das Ziel haben, nützliches Körperwissen zu kompilieren oder die Kinder in Akzeptanz zu schulen – ihnen zu zeigen, wie unterschiedlich Körper aussehen können und sie zu beruhigen: „Du bist okay so, wie du bist“; darüber hinaus sollen der Zielgruppe auch sexuelle Kompetenzen vermittelt werden. Eine so verstandene sexuelle Bildung ist nicht nur gut zur Vermeidung von ungewollten Schwangerschaften oder von Ansteckung mit Geschlechtskrankheiten, sondern auch, um gelingende sexuelle Begegnungen zu ermöglichen. Gerade wird – aus gutem Grund – das NEIN in der Aufklärungsliteratur für Kinder noch großgeschrieben, also NEIN zu ungewollten Berührungen, NEIN zu Übergriffen, NEIN zu dem, was ich anscheinend tun sollte, weil es offenbar von mir erwartet wird – als Frau, als Mann, als vergeschlechtlichter Mensch –, aber was ich nicht tun will, weil es sich gar nicht gut anfühlt – also NEIN! Es sagt jedoch wenig aus über das, was die Neinsager:innen stattdessen tun sollen. Für die Zukunft wäre deshalb eine Kinder- und Jugendliteratur wünschenswert, die es schafft, Kindern jeden Geschlechts das Selbstbewusstsein zu vermitteln, später einmal, wenn sie erwachsen sind, JA zu sagen: JA zur Lust, JA zu ihrem Körper, JA zu den Körpern anderer.

Literatur

Primärliteratur

AlSabah, Souzan/Sakalkesen, Özlem: Samira und die Sache mit den Babys. Köln: stolzeaugen. books, ^{2}2022

Brückner, Heinrich/Schallnau, Thomas: Mutter, Vater, Kind. Berlin: Kinderbuchverlag, 1980

Eismann, Sonja/Persson, Amelie (Ill.): Wie siehst du denn aus? Warum es normal nicht gibt. Weinheim [u. a.]: Beltz & Gelberg, 2020

Fagerström, Grethe/Hansson, Gunilla (Ill.): Peter, Ida und Minimum. Familie Lindström bekommt ein Baby [schwed. EA 1977]. Ins Dt. übertr. von Angelika Kusch. Ravensburg: Ravensburger Buchverlag 1989

Fiske, Anna: Alle haben einen Po. Übers. von Ina Kronenberger [norweg. EA 2014]. München 2019

Gathen, Katharina von der/Kuhl, Anke (Ill.): Klär mich auf. 101 echte Kinderfragen rund um ein aufregendes Thema [EA 2014]. Leipzig: Klett Kinderbuch [12]2021 (2021a)

Gathen, Katharina von der/Kuhl, Anke (Ill.): Klär mich weiter auf. Noch mehr echte Kinderfragen zu einem aufregenden Thema [EA 2018]. Leipzig: Klett Kinderbuch [3]2021 (2021b)

Gathen, Katharina von der/Kuhl, Anke (Ill.): AnyBody. Dick & dünn & Haut & Haar. Das große Abc von unserem Körper-Zuhause. Leipzig: Klett Kinderbuch 2021 (2021c)

Gathen, Katharina von der/Kuhl, Anke (Ill.): Tell me. What children really want to know about bodies, sex and emotions [dt. EA 2014]. Übers. von Shelley Tanaka. Wellington, NZ: Gecko Press, 2020

Greener, Rachel/Owen, Clare: Making a Baby. An Inclusive Guide to How Every Family Begins. New York, NY: Dial Books, 2020

Hälterlein, Oliwia/Franz, Aisha: Das Jungfernhäutchen gibt es nicht. Ein breitbeiniges Heft. Augsburg: Maro, 2020 (Maro-Hefte; 2)

Lindner, Cornelia/Tschemernjak, Verena (Ill.): Erbsenklein Melonengroß. Wien: Achse Verlag 2021

Saito, Maki: Ich bin so froh über meinen Po! Illustriertes Bilderbuch über Vielfalt und Unterschiede ab 2 Jahren [jap. EA 2018]. Übers. von Janna Heimberg. München: Dorling Kindersley, 2022

Schmidt, Hans-Christian/Német, Andreas: Liebe machen. Leipzig: Klett Kinderbuch, 2021

Schönborn-Hotter, Katharina/Sonnberger, Lisa Charlotte/Staffelmayr, Flo: Lina, die Entdeckerin. Illustr. von Anna Horak. Wien: Achse Verlag [4]2021

Sekundärliteratur

Adamczak, Bini: Come on. Über die Erfindung eines neuen Wortes, das sich aufdrängt – und unser Sprechen über Sex revolutionieren wird. In: Missy Magazine (2017), https://missy-magazine.de/blog/2016/03/08/come-on/ (31.07.2023)

Baden, Rebecca: Ich habe mir beim Vulva Watching fremde Pussys angesehen. In: Vice (2017), https://www.vice.com/de/article/59zw48/ich-habe-mir-beim-vulva-watching-fremde-pussys angesehen (28.07.2022)

Berendsen, Eva/Cheema, Saba-Nur/Mendel, Meron (Hg.): Trigger Warnung. Identitätspolitik zwischen Abwehr, Abschottung und Allianzen. Berlin 2019

Freud, Sigmund: Zur sexuellen Aufklärung der Kinder. Offener Brief an Dr. M. Fürst [1907]. In: Ders.: Gesammelte Werke. Hrsg. von Alexander Mitscherlich. Bd. 5: Sexualleben. Frankfurt/ Main 1994, 159–168

Ghodsee, Kristen R.: Why Women Had Better Sex Under Socialism. In: New York Times (2017), https://www.nytimes.com/2017/08/12/opinion/why-women-had-better-sex-under-socialism.html (22.07.2022)

Gilly, Florenz/Vetters, Camilla (Mod.): Klärt uns auf mit „Klär mich auf" [Werkstattgespräch mit Katharina von der Gathen und Anke Kuhl]. In: Dingsdabumsda. Ein Podcast über... na, ihr wisst schon... was uns zwischen den Beinen wächst (oder auch nicht), wie wir es anrufen und was das mit uns macht. Berlin 2021a, https://anchor.fm/dingsdabumsda/episodes/Klrt-uns-auf-mit-Klr-mich-auf-e15j5f9/a-a6a0847 (19.07.2023)

Gilly, Florenz/Vetters, Camilla (Mod.): Linus Giese von she said (and what he said). In: Dingsdabumsda. Ein Podcast über... na, ihr wisst schon... was uns zwischen den Beinen wächst (oder auch nicht), wie wir es anrufen und was das mit uns macht. Berlin 2021b, https://anchor.fm/dingsdabumsda/episodes/Linus-Giese-von-she-said-and-what-he-said-e15j56j/a-a6a070o (29.07.2023)

Hoffmann, Jule: Deutsch und nicht normal. In: Zeit Online, zul. akt. am 12. März 2021, https://www.zeit.de/kultur/2021-03/ns-vergangenheit-nazihintergrund-she-said-buchladen-emilia-von-senger (28.07.2023)

Illouz, Eva/Kaplan, Dana: Was ist sexuelles Kapital? Übers. von Michael Adrian. Berlin 2021

König, Julia: Kindliche Sexualität. Geschichte, Begriff und Probleme. Frankfurt/M. 2020

Lechner, Elisabeth: Beyond Disgust. The postfeminist politics of body positivity. Wien 2020 (Diss.)

Lechner, Elisabeth: Riot, don't diet! Aufstand der widerspenstigen Körper. Wien 2021

Lorenz, Louisa: Clit. Die aufregende Geschichte der Klitoris. München 2022

Maluck, Christian: Hedwig von Beverfoerde: Shitstorm gegen Kinderkanal. In: männer* – das Internetportal (2017), https://www.maenner.media/gesellschaft/community/shitstorm-gegen-kinderkanal/ (29.07.2023)

Nel, Philip: Wer hat Angst vor multikulturellen Kinderbüchern? In: Geschichte der Gegenwart (2023), https://geschichtedergegenwart.ch/wer-hat-angst-vor-multikulturellen-kinderbuechern/ (23.08.2023)

Nitschke, Jörg: Jugend und Pornografie. Herausforderungen für die sexualpädagogische Arbeit mit Jungen. In: Möller, Kurt/Farin, Klaus (Hg.): Kerl sein. Kulturelle Szenen und Praktiken von Jungen, Berlin 2014 (Archiv der Jugendkulturen), 109–128

patandersson (Pseud.): Achse Verlag. Kleiner Verlag mit großem Anspruch traut sich aus der Nische (2019). In: Books in Vienna, https://booksinvienna.wordpress.com/2019/10/23/achse-verlag-kleiner-verlag-mit-grossem-anspruch-traut-sich-aus-der-nische/ (31.07.2023)

Penny, Laurie: Fleischmarkt. Weibliche Körper im Kapitalismus. Übers. von Susanne von Somm. Hamburg ^{6}2015

Penny, Laurie: Sexuelle Revolution. Rechter Backlash und feministische Zukunft. Übers. von Anne Emmert. Hamburg 2022 (Nautilus Flugschrift)

Pfeifer, Noa Lovis/Blatt, Linu Lätitia/Kawamura, Yayo (Ill.): Untenrum. Und wie sagst du? Weinheim 2023

Sager, Christin: Das aufgeklärte Kind. Zur Geschichte der bundesrepublikanischen Sexualaufklärung (1950–2010). Bielefeld 2015

Sanyal, Mithu M.: Vulva. Die Enthüllung des unsichtbaren Geschlechts. Aktual. und mit einem neuen Nachw. Berlin 2018

Sanyal, Mithu M./Windmüller, Gunda: Weg mit der Scham: „Vulvalippen" in den Duden!, Online-Petition, läuft seit Oktober 2018, https://www.change.org/p/weg-mit-der-scham-vulvalippen-in-den-duden (31.07.2023)

Scheerer, Susanne/von Sperber, Annabelle: Zwei Mams für Oscar [2018]. Wie aus einem Wunsch ein Wunder wird. Hamburg ^{3}2021

Sexualität und Pornografie im Netz. Online-Dossier der Nationalen Plattform zur Förderung von Medienkompetenz Jugend und Medien, https://www.jugendundmedien.ch/themen/sexualitaet-pornografie (31.07.2023)

Sigusch, Volkmar: Sexualitäten. Eine kritische Theorie in 99 Fragmenten. Frankfurt; New York ^{2}2015

Sonnberger, Charlotte: Ohne Tabu und Scham. Warum Kinder Vulva sagen sollten. In: Kurier (2022), https://kurier.at/freizeit/leben-liebe-sex/ein-kinderbuch-das-das-weibliche-geschlechtsteil-enttabuisiert/401177449 (28.07.2023)

Vulvina. Glossar von Ella Berlin, http://wordpress.ellaberlin.de/vulvina-endlich (27.07.2023. Aufruf am 01.12.2023: „Maintenance mode")

Yaghoobifarah, Hengameh: Blicke. In: Dies./Aydemir, Fatma (Hg.): Eure Heimat ist unser Albtraum. Berlin ^{3}2021, 69–81

Ziegelwanger, Sabine/Staffelmayr, Flo/Horak, Anna: Bruno will hoch hinaus, Wien 2022

GPSR Compliance

The European Union's (EU) General Product Safety Regulation (GPSR) is a set of rules that requires consumer products to be safe and our obligations to ensure this.

If you have any concerns about our products, you can contact us on ProductSafety@springernature.com

In case Publisher is established outside the EU, the EU authorized representative is:

Springer Nature Customer Service Center GmbH
Europaplatz 3
69115 Heidelberg, Germany

Batch number: 07941977

Printed by Printforce, the Netherlands